Friedrich von Schroetter

Die brandenburgisch-preußische Heeresverfassung unter dem Großen

Kurfürsten

Friedrich von Schroetter

Die brandenburgisch-preußische Heeresverfassung unter dem Großen Kurfürsten

ISBN/EAN: 9783743387164

Hergestellt in Europa, USA, Kanada, Australien, Japan

Cover: Foto ©Suzi / pixelio.de

Manufactured and distributed by brebook publishing software (www.brebook.com)

Friedrich von Schroetter

Die brandenburgisch-preußische Heeresverfassung unter dem Großen Kurfürsten

Die

brandenburgisch-preußische Heeresverfassung

unter dem Großen Kurfürsten.

Von

Dr. Friedrich Freiherrn von Schroetter.

Leipzig,
Verlag von Duncker & Humblot.
1892.

Inhaltsübersicht.

	Seite
Einleitung	1
Hülfsmittel	1
Werbung und stehendes Heer	3
I. **Lehnsfolge und Landaufgebot**	7
Ihre Unzulänglichkeit	7
Ihre Verwendung in den verschiedenen Landen	9
II. **Heeresorganisation**	16
Entwickelung bis zum dreifsigjährigen Kriege	16
Die prima plana	19
Der Regimentsstab	22
Die höheren Offiziere und Behörden	25
Die Militärgerichtsbarkeit	28
III. **Die Verpflegung**	34
Die Entwickelung der Truppenverpflegung bis 1640	34
Die Beschaffung der Mittel	41
Kriegssteuern und Subsidien	41
Die Assignationen	42
Die Militärexekutionen	45
Beute und Lösegeld	48
Die Verwendung der Mittel	49
Werbegelder	50
Die Verpflegungsordonnanzen	52
Die Einschränkung der Quartierverpflegung	62
Das Magazinwesen	69
Das Bekleidungswesen	74
Die Remontierung	77
IV. **Die Kommissare**	79
Die Entstehung der Kommissariatsbehörden im dreifsigjährigen Kriege in Brandenburg und in den westlichen Landen	79
Die Übertragung des Kreis- und Landkommissariats auf die übrigen Provinzen	82
Die Thätigkeit der Kreis- und Landkommissare	84
Die Entwickelung des Kriegskommissariats bis 1660	85
Das Kriegskommissariat seit 1660	89
Das Verhältnis der Kriegskommissare zum Heere und Lande	92

	Seite

V. **Die Gemeinen** 96
    Die Ergänzung der Gemeinen 96
        Aushebung vom Lande 96
        Die Werbung 97
        Schutz der Einwohner gegen die Werber 99
    Die sociale Stellung der Gemeinen 101
        Ihr Verhältnis zur Bevölkerung 102
        Die Traktamentsverhältnisse 103
        Die Reduzierungen 105
        Die Alters- und Invalidenversorgung 106

VI. **Die Offiziere** 109
    Der Einfluſs des dreiſsigjährigen Krieges auf die Offiziere 109
    Die Stellung der Offiziere in Gesellschaft und Staat . . . 111
        Das Verhältnis der Offiziere zur Bevölkerung 111
        Das Verhältnis der Offiziere untereinander 113
        Das Verhältnis der Offiziere zum Fürsten 116
        Die Vorschüsse 119
        Die Finanzerei 122
    Die Regeneration des Offizierstandes 124
        Die Musterungen 124
        Die Kapitulationen 132
        Der Bildungsgang 138
        Die Regimentsoffiziere 141
        Die Generale 142
    Die Altersversorgung 143

VII. **Die Artillerie** 145
    Die Zunft der Büchsenmeister 145
    Die Artillerieoffiziere Friedrich Wilhelms 149
    Die Hülfsmannschaften 151
    Die Bespannung 152
    Die Verpflegung 154

Schluſs 156

Abkürzungen
einiger häufig benutzter Quellen.

R = Repositurnummer des Geheimen Staatsarchivs Berlin.
Kr. Min. = Geheimes Archiv des Königlich preuſsischen Kriegsministeriums.
Mscr. Bor. = Manuscripta Borussica der Königlichen Bibliothek Berlin.
M = Ch. O. Mylius, Corpus constitutionum Marchicarum.
UA = Urkunden und Aktenstücke zur Geschichte Friedrich Wilhelms des Groſsen Kurfürsten von Brandenburg.
Orlich = Leopold von Orlich, Geschichte des preuſsischen Staats im siebzehnten Jahrhundert. 3 Bde. Berlin 1838.

Einleitung.

Wann und wo immer über die Anfänge des preußsischen Staates, also über die Regierung des Großsen Kurfürsten, gesprochen und geschrieben wurde, da hat ein Eingehen auf die militärischen Verhältnisse nicht vermieden werden können. Denn es war dieser Staat gleichsam geboren aus dem Schoßse einer Zeit, in welcher die Menschen vergaßsen, daß man auch im Frieden leben könne, er wuchs dann empor durch die Macht seiner Waffen. Die Schlacht von Warschau machte den brandenburgischen Namen Europa bekannt und die von Fehrbellin begründete die Großsmachtsstellung des preußsischen Staates.

Wie aber kam es, daß dieses arme Land sich eine Kriegsmacht schaffen konnte, die im stande war, nach einem langwierigen Rheinfeldzuge die Schweden aus der Heimat zu verjagen? Und wie war es möglich, eine so bedeutende stehende Armee zu unterhalten, ohne das Land zu verderben, ohne die Leiden des großsen Krieges zu verewigen?

Es mußs von Interesse sein, die innern Gründe dafür, oder, was dasselbe sagt, das Wesen, die Verfassung dieses Heeres kennen zu lernen.

Hülfsmittel.

Das Thema ist schon in einigen Arbeiten behandelt worden. Zunächst ist das Buch Stuhrs zu erwähnen [1]. Sein Material setzt sich zusammen aus den Urkunden des Mylius, den Königschen Handschriften der berliner Königlichen Bibliothek, einigen dar-

---

[1] P. F. Stuhr, Brandenburgisch-preußsische Kriegsverfassung zur Zeit Friedrich Wilhelms, des Großsen Kurfürsten. Berlin 1819. I. Nur der erste Teil ist erschienen.

stellenden Werken wie Pufendorf, Baczko und Städtegeschichten; Archive standen ihm nicht zu Gebote. Seine Darstellung ist doch nicht viel mehr als eine sorgfältige Excerpierung der genannten Quellen und eine Aneinanderreihung dieser Auszüge. Sehr erschwert wird die Benutzung der Arbeit durch den Mangel einer Einteilung in bestimmte Abschnitte.

Auch in dem Kapitel, das L. v. Orlich der Heeresverfassung widmet, beeinträchtigt die rein chronologische Aufzählung der verschiedenen Verordnungen und Ereignisse das Verständnis der allmählichen Entwickelung[1]. Der Urkundenteil ist für die militärischen Verhältnisse von großem Werte.

Ein bedeutender Fortschritt ist nicht zu verkennen in dem viel benutzten, tüchtigen Werke von H. von Gansauge[2]. In systematischer Ordnung bespricht er kurz und bündig die früheren Formen der Landesdefension, die Waffengattungen und ihre Organisation, die Offiziere, die Verwaltung, Disciplin, Stärke der Armee, Waffen, Fortifikation, Taktik. Man vermißt dagegen besonders eine Darstellung der für die damalige Zeit so wichtigen Verpflegungsverhältnisse und der Stellung der Obersten.

Hierauf geht zuerst näher ein R. de l'Homme de Courbière in seiner Geschichte der brandenburgisch-preußischen Heeresverfassung (Berlin 1852) und in einem Aufsatz über die brandenburgisch-preußische Heeresverwaltung[3]. Obgleich die Zeit des Großen Kurfürsten im ersten Werke auf nur 16, im zweiten auf nur 13 Seiten behandelt wird, so machen die mit ganz wenigen Ausnahmen zuverlässigen und auf das innere Wesen der Sache eingehenden Erörterungen beide Arbeiten wertvoll. Wenn ich einige seiner Auffassungen als irrtümlich nachzuweisen suche, so soll damit nicht gesagt sein, daß die früheren Werke frei von diesen Irrtümern sind; vielmehr wende ich mich allemal gegen Courbière, weil ich dessen Arbeiten über unser Thema für die besten halte, und weil sie auch zuletzt erschienen sind.

In den 33 Jahren, welche seit der Herausgabe des letztgenannten Werkes verstrichen sind, ist nun die historische Forschung gewaltig weitergeschritten und läßt alle jene Arbeiten als ungenügend erscheinen[4]. An Material sind 14 Bände Urkunden und Aktenstücke zur Geschichte des Großen Kurfürsten erschienen, für die drei ersten Regierungsjahre Friedrich Wilhelms

---

[1] Orlich II 329—415.
[2] Das brandenburgisch-preußische Kriegswesen um die Jahre 1440, 1640, 1740. Berlin, Posen und Bromberg 1839.
[3] Im „Archiv für Landeskunde der preußischen Monarchie". V. 1859. — Von demselben Verfasser kommt auch in Betracht „Grundzüge der deutschen Militärverwaltung". Berlin 1882.
[4] Das wurde schon öfter empfunden. S. z. B. R. Koser, Umschau auf dem Gebiete der brandenburgisch-preußischen Geschichtsforschung. Brandenb.-preuß. Forschungen I 34.

ergänzt durch Protokolle und Relationen des Geheimen Rats; einige Truppengeschichten, das Buch v. Mülverstedts, zwei Aufsätze von F. Hirsch und G. Lehmann bringen diplomatische Beiträge[1]; die Geschichte der preußsischen Politik von J. G. Droysen, die Aufsätze G. Schmollers und Isaacsohns Werk über das preußsische Beamtentum erweitern und vertiefen unsere Kenntnis der äußern Politik, der innern Verwaltung des großen Fürsten. Die Geschichte der Kriegswissenschaften von M. Jaehns ist nicht nur als kritische Quellenkunde, sondern auch durch sehr eingehende Auszüge wertvoll.

Somit wird der im folgenden gemachte Versuch, einige Kapitel aus der brandenburgisch-preußsischen Heeresverfassung von neuem zu bearbeiten, nicht ungerechtfertigt erscheinen.

Das bedeutende Material, welches noch in den Archiven verborgen liegt, kann nur nach und nach hervorgeholt werden. Es war mir vergönnt, das berliner Königliche Geheime Staatsarchiv und einige Akten des Königlich preußsischen Kriegsministerialarchivs zu benutzen[2].

Werbung und stehendes Heer.

Spricht man von den Reformen des Großen Kurfürsten auf militärischem Gebiete, so hat man dabei vor allem die Einführung der Heeresergänzung durch Werbung und die Überführung des Söldnertums „auf Zeit" in das Institut des miles perpetuus im Sinne. Beide Einrichtungen sind wie so viele andere des zum zweiten Male gegründeten Staates keine neuen. Seit die italienischen Condottieri sich mit ihren Geworbenen den Republiken und Fürsten verdangen, seit dem Reisclaufen der Schweizer, und seitdem Maximilian I. in den geworbenen Landsknechten wieder eine deutsche Infanterie geschaffen hatte, verdrängte die Söldnerei immer mehr das Lehnssystem.

Auch das stehende Heer kannte man schon lange. Es wurde mit dem nationalen Abschluß der Staaten gegen die mittelalterlichen universalen Tendenzen des Kaisers und Papstes zur Notwendigkeit. Es begannen zwischen den konsolidierten Monarchieen andauernde Kriegskonflikte, welche man nicht mit Einrichtungen bestehen konnte, die nur für einen rasch vorübergehenden Krieg

---

[1] G. A. v. Mülverstedt, D. brand. Kriegsmacht unter d. Gr. Kurf. Magdeburg 1888. — G. Lehmann, D. brand. Kriegsmacht unter d. Gr. Kurf. Brand.-preufs. Forschungen I 451 ff. — F. Hirsch, Die Armee des Gr. Kurfürsten 1660—1666. Histor. Zeitschr. 53. Bd. S. 320 ff. — Daß mir G. Schmollers Aufsatz „Die Entstehung des preußsischen Heeres", Deutsche Rundschau III 1877, als Programm vorgelegen hat, wird man unschwer erkennen; in Schmollers Seminar ist die vorstehende Arbeit entstanden; ich bin ihm und den Archivbehörden für mancherlei Hinweise und Unterstützung zu Danke verpflichtet.

bestimmt waren. Die Hussiten- und Türkenkriege zeigten, dafs man die Vasallentruppen nicht in längeren Kriegen auf entfernterem Boden verwenden könne[1]. Schon 1445 hatte Karl VII. von Frankreich seine berühmten 15 Ordonnanzkompagnieen aufgestellt, ihm folgte mit grofsen stehenden Armeen Philipp II. von Spanien. Die englische Invasion und die das Land verheerenden Söldnerscharen hatten die französischen Stände bewogen, ihrem Könige die nötigen Mittel zu bewilligen, das Silber von Potosi machte es den Spaniern möglich, ihr Heer im Frieden beizubehalten. Daran, dafs man in Deutschland zu keiner regelmäfsigen Steuer gelangen konnte, scheiterten hier alle Versuche, die zur Einführung des stehenden Heeres gemacht wurden. Ein solches konnte erst mit der Bildung eines abgeschlossenen, auf sich selbst gestellten Territorialstaates entstehen. Dieser Staat war für das stehende Heer wie gesagt, ebenso nötig wie dieses für ihn. Warum aber kamen denn damals nicht alle deutschen Territorialstaaten zu einem stehenden Heere? Weil ihnen die Hauptsache fehlte, ein Fürst mit Einsicht und starkem Willen. Der Hohenzoller erkannte das Heil der Zukunft in den für eine mächtige Streitmacht dargebrachten Opfern der Gegenwart. Noch waren keine 20 Jahre seit Friedrich Wilhelms Regierungsantritt vergangen, da stand sein Staat schon als eine Macht da, ohne welche die europäischen Politiker ihre Rechnung nicht machen durften.

Die Vorteile des stehenden Heeres wurden in Deutschland schon früh eingesehen. Aventinus rät, eine Kriegsrentstube und stehendes Kriegsvolk einzuführen, Markgraf Albrecht von Brandenburg stellt das „desiderium" des stehenden Heeres auf[2], und Wallhausen weist darauf hin, dafs, indem man die Soldaten nur ein paar Sommermonate unter den Waffen halte, diese nur ungenügend zum Kriegsdienste ausgebildet werden könnten. Die mehr als 100 Griffe mit der Muskete lernten sich doch viel schwerer als das einfache Exercitium mit dem Spiefse. Ferner wüfsten die Offiziere im Winter ohne Sold ihr Leben kaum zu fristen, die Soldaten aber zögen gartend durch die Lande, verlernten das Waffenhandwerk und die Disciplin[3].

Dafs der Gedanke des miles perpetuus Friedrich Wilhelm immer vorgeschwebt hat, beweisen seine fortwährenden Versuche, die Stände seiner Lande zur Bewilligung gröfserer Mittel zu bewegen; er deutet dabei immer auf die von Polen, Schweden, Franzosen und Türken drohenden Gefahren hin, denen er mit seinen wenigen Festungsbesatzungen nicht werde widerstehen

---

[1] Karl Knies, Das moderne Kriegswesen. Berlin 1867. S. 17.
[2] M. Jachns, Gesch. der Kriegswissenschaften. S. 693.
[3] Johann Jakobi von Wallhausen, Kriegskunst zu Fufs. Oppenheim 1615.

können. Auch in seiner Instruktion für die Gesandten zum Reichstage von Regensburg 1603, wo es sich um Abwehr der Türken handelte, sagt er: „es sei zur Sicherheit des Reiches nötig, daſs ein perpetuus miles im h. röm. Reich unterhalten wurde, welcher nicht so sehr in numero als in robore und in geübten und tapferen Soldaten und Offizieren bestunde, und daſs dieselben ordentlich und ohne Abgang besoldet würden"[1].

Betont muſs aber werden, daſs, wenn der Kurfürst auch die Notwendigkeit des stehenden Heeres erkannte, wenn es auch in den letzten 2 Jahrzehnten zu einem solchen gekommen war, dieses doch nur immer als ein Ausnahmezustand angesehen wurde: Gesetzlich bestand unter Friedrich Wilhelm noch kein stehendes Heer. (S. S. 74.)

In der Heeresverfassung knüpften sich an den Übergang vom Söldner „auf Zeit" zum miles perpetuus alle jene Reformen, welche der Gestaltung derselben bis zur Gegenwart ihren Weg vorzeichnen sollten. Was bisher auf Willkür, auf vorübergehenden Abmachungen beruht hatte, nahm feste bleibende Formen an, das Überlieferte, Herkömmliche wurde zum Gesetz. „Aus seiner bisherigen nahezu privatrechtlichen Stellung wurde das Kriegswesen hinübergeführt in den organischen Zusammenhang mit allen anderen Gewalten und Lebensformen des Staates"[2].

Zugleich war das Söldnerwesen dem ihm von Grund aus entgegengesetzten Feudalismus entgegengetreten[3]. Auf dem Systeme der Werbung aber beruhte das stehende Heer. Die Stände wuſsten sehr wohl, daſs dieses ihr Steuerbewilligungsrecht einzuschränken, ja zu beseitigen drohe, daſs es der Hauptfeind ihrer Libertät war; darum verlangten sie immer, der Staat solle mit einigen Festungsgarden, der Lehnsfolge und dem Aufgebot des Landes und der Städte auskommen.

Friedrich Wilhelm muſste sie vor der Hand als selbständige Obrigkeiten anerkennen, denn sein erstes Ziel war der militärische Schutz seiner Staaten nach auſsen. Um diesen Preis erlangte er von ihnen die Mittel für das Heer. Erst nachdem dessen Existenz notdürftig gesichert war, wandte man sich den Reformen der innern Verwaltung zu, die dem Heere gegenüber als bloſses Mittel erscheinen. Wie sehr auch der Monarch für das Wohl seiner Unterthanen besorgt war, er war es immer in erster Linie,

---

[1] UA XI 191.
[2] M. Jachns a. a. O. S. 1141.
[3] Die sich hier bekämpfenden aristokratischen und demokratischen Tendenzen kamen wohl selten zu einem so starken und charakteristischen Ausdruck, wie damals, als der florentinische Kondottiere Paolo Vitelli den gefangenen Schioppetieri (Büchsenschützen) die Augen ausstechen und die Hände abhauen lieſs, „weil es ihm unwürdig schien, daſs ein wackerer und oft adliger Ritter von einem verachteten und gemeinen Fuſssoldaten verwundet und niedergestreckt würde". J. Burckhardt, Die Kultur der Renaissance in Italien. 4. Aufl. I 99.

um sie leistungsfähig zu machen, um durch das Heer dem Staate dessen Wesen, die Macht, zu geben und zu erhalten.

Die Armee selbst aber mufste von allen provinzialen, lokalen und genossenschaftlichen Hemmnissen befreit und zu einem nur staatlichen, also fürstlichen Werkzeuge umgeschaffen werden. Auf sie gestützt machten sich Friedrich Wilhelm und seine Nachfolger absolut nach aufsen und nach innen. Diefser Prozefs ist auf allen Gebieten der Heeresverwaltung zu beobachten: Die ständischen Armeeverwaltungsorgane versagen — ein staatliches, nur dem Fürsten verpflichtetes Beamtenpersonal entsteht; mit dem Verpflegungswesen kommen die Stände auf keinen grünen Zweig — es wird in einheitliche fürstliche Verwaltung übergeführt; die Landesaufgebote waren von den Ständen abhängig — sie werden verworfen, der Fürst allein wirbt die Truppen; die Kontrakte der Obersten, durch welche sie autonome Herren der Regimenter waren, beschränken die Freiheit des Monarchen — sie werden allmählich ganz in den Hintergrund geschoben, Friedrich Wilhelm ist Herr der Soldaten, er giebt die Regimenter, wem er will.

Wie dieses alles erreicht wurde zu zeigen, ist die Aufgabe dieser Arbeit.

I.

Lehnsfolge und Landaufgebot.

Unzulänglichkeit.

Wie man in Brandenburg während des friedlichen 16. Jahrhunderts nicht gezwungen war, sich viel mit Kriegsrüstungen zu plagen, sondern sich damit begnügen konnte, einige Führer in Wartegeld zu nehmen, die dafür im Falle des Krieges eine bestimmte Anzahl Soldaten zu stellen sich verpflichteten, wie man sich sonst auf die Lehnsdienste der Ritterschaft und das Aufgebot des Landes verliefs, so hielt man auch noch am Anfange des 17. Jahrhunderts an diesen Mafsregeln fest, ja man schritt sogar nach dem Beispiele anderer Fürsten zur Einrichtung von Defensionsordnungen, d. h. „zu Versuchen, die alte Lehns- und Landfolge zu reorganisieren und zu militärischer Verwendbarkeit auszubilden"[1].

Die Erfahrungen von 1610 und 1620 in Brandenburg[2], von 1622 in Preufsen[3] legten die gänzliche Unzulänglichkeit dieses Ersatzmodus an den Tag[4]. Der Adel hatte den Kriegsdienst verlernt. „Wallhausen jammert noch, dafs sich für seine vornehmste

---

[1] F. Meinecke, Reformpläne für die brandenburgische Wehrverfassung zu Anfang des 17. Jahrhunderts. — Brand.-preuss. Forsch. I 445. Dietzel sieht das Unterscheidende der Defensionsordnungen von Ritterdienst und Landfolge darin, dafs in jenen ein militärischer Charakter gleich anfangs erstrebt wurde: Zur Militärverfassung Kursachsens im 17. und 18. Jahrhundert, Archiv f. sächs. Gesch. II 422 f.
[2] F. Meinecke a. a. O. und Courbière, Verfassung S. 20 u. 26.
[3] Gausauge a. a. O. S. 168 ff.
[4] In den späteren Jahren des dreifsigjährigen Krieges kam das Landesaufgebot nur sehr wenig zur Geltung, da es sich meist als vollkommen unbrauchbar erwies. An seine Stelle trat der von Städten und Dörfern zu stellende „Soldat unterm Landvolk". Er wurde geworben — das Laufgeld betrug 2 Thaler —, war also wohl ein Soldat von Be-

Waffe, die gepanzerten Lanzenreiter, keine Leute mehr finden wollten [1]. 1622 setzten die Junker in Preufsen Schuster, Schneider, Schulmeister „und andere Handwerker" auf die Pferde, sie selbst kümmerten sich mehr um ihre Besitz- und Standesinteressen als um ihre militärische Leistungsfähigkeit, sie waren zu einem unkriegerischen agrarisch-feudalen Besitzadel geworden [2]. Zierlich zur Musterung gehen, in schöner Rüstung prangen, sagt ein Bericht aus jener Zeit, und mit Leuten scharmützen, die weifse Schürtzen tragen, da sollt sich ein Jeder brauchen lassen, aber zu Feld liegen, Städte und Festungen belagern, stürmen und einnehmen, oder Feldschlachten thun: das ist Geckswerk [3].

Nicht besser stand es mit dem Aufgebot der Städte und des Landes. In Sachsen sehen wir die Regierung mit immer wiederkehrenden Versuchen der Defensionsverfassung auf die Beine zu helfen sich abplagen, aber vergebens. Sie mufste Rücksicht nehmen auf „die Nahrung" der Unterthanen; die Beamten, die Stadt- und Dorfbehörden gingen ohne alle Lust ans Werk, es fehlte an geübten Offizieren, die Lokalexerzierung war eine viel zu kurze — 1663 nicht über 4 Mal jährlich je 2 Tage —, um den bescheidensten Vergleich mit Berufssoldaten zu erlauben. Die Aufgebotenen mufsten Weib und Kind zu Hause lassen, im Felde hungerten sie, denn der Regierung fehlte Geld. Dafs sie sich in der Schlacht nur durch die Schnelligkeit ihrer Flucht auszeichneten und jede Gelegenheit benutzten, ihre Penaten aufzusuchen, kann somit nicht Wunder nehmen [4]).

In Brandenburg spielten solche Versuche, zu einer Art von allgemeiner Wehrpflicht zu gelangen, unter der Regierung Friedrich Wilhelms keine Rolle. Man möchte sagen, der Kurfürst hatte dazu keine Zeit. Da er sah, dafs mit der alten Ersatzart nichts anzufangen sei, so rekrutierte er sein Heer eben

---

ruf, und von den Gemeinden ausgerüstet und unterhalten. — Ernst Friedlaender, Protokoll über die Kontributionen und Kriegskosten des Oberbarnimschen Kreises aus den Jahren 1630 bis 1634. Märk. Forsch. XVII. Berlin 1882. Der „Soldat unterm Landvolk" bildet meist den letzten Posten.

[1] Wallhausen, Kriegskunst zu Pferd. Frankfurt a. M. 1616.

[2] Schon 1555 sagt Jakob Fugger, Maximilian I habe den „loblich betlerischen orden der Landfsknecht" aufgerichtet, weil die Stände keine tüchtigen Kriegsleute geschickt hätten, sonder des mehrern thail schuester auch schneider vnnd andere Handwerkfsleut, welche des Kriegfs geprauch khainen beschaid gewufst, auch, wie man sagt, weder reitten noch faren, defsgleichen weder waten noch schwimmen khunden" H. Meynert, Geschichte des Kriegswesens und der Heeresverfassungen in Europa. Wien 1868/69. 3. Bd. II 46. — Wie in den deutschen Staaten, so war auch in Frankreich das Lehnsaufgebot, der arrière-ban, bis zum 17. Jahrhundert verfallen. Ebenda III 81.

[3] G. Droysen, Beiträge zur Geschichte des Militärwesens in Deutschland während der Epoche des dreifsigjähr. Krieges. Zeitschr. f. deutsche Kulturgesch. N. F. IV 394.

[4] v. Friesen, Das Defensionswesen im Kurfürstenthum Sachsen. Archiv f. sächs. Gesch. I.

nur durch Werbung von Berufssoldaten. Denn was konnte ihm bei seiner realen Politik, die auf sichtbaren Gewinn lossteuerte, die „eilende Hülfe" der Defensioner zu Fuſs, welche nicht über die Grenzen hinausgeführt werden durften, helfen? „Daſs mans aber auf einen Ausschuſs vom Landvolk richten sollte, finden S. Ch. D. gar nicht gerathen zu sein. Sintemaln die klägliche Erfahrung in dem langwierigen Kriege fast durchs ganze Reich erwiesen, wie wenig auf dergleichen zum Teil unwillige und mit andern Handtierungen distrahirte Leut auf den Nothfall sich zu verlassen sei", werden die kurmärkischen Stände 1654 beschieden[1]. Von dem Landobersten, den die preuſsischen Stände, weil er von ihnen abhängig war, immer so gern zu haben wünschten, will der Kurfürst nichts wissen, die ganze Landesdefension tauge dort nichts[2]. In seinem Testament von 1667 rät er seinem Nachfolger, den Landobersten den Ständen ganz abzuschlagen[3].

Verwendung.

In Brandenburg.

Daſs trotzdem Friedrich Wilhelm sein gutes Recht, die Dienstpflichtigkeit seiner Unterthanen für die Landesverteidigung zu beanspruchen, nicht aus der Hand gab, läſst sich denken. Im Herbst 1656 hatte er deshalb einen Konflikt mit den märkischen Ständen. Als er die Lehnsdienste der Ritterschaft, das Aufgebot des Landes und 4000 Städtemilizen verlangte, entschuldigte sich der Adel mit seinem Unvermögen, auch sei der geforderte Ausschuſs der Untertanen aus den Dörfern ungebräuchlich, worauf ihnen der Statthalter andeutet, daſs der Kurfürst das Recht habe, den dritten Mann, ja sogar das Land Mann für Mann aufzubieten. Ihr Angebot, statt der Lehnspferde 500 Reiter zu werben, wies Friedrich Wilhelm zuerst zurück, denn auf die Lehnspferde, Jägerkompagnieen und Aufgebot könne er zur Deckung der Grenzen gegen Polen nicht verzichten[4],

---

[1] UA X 312. 23. Dez. 1654. — Maximilian von Bayern gab sich viele Mühe mit dem Ausschuſs vom Landvolk, als aber 1632 der erste Versuch damit miſslang, wollte er nichts mehr davon wissen, hob die Einrichtung auf und verlieſs sich von da an nur auf Werbung. Jachus S. 1079. Schon 1589 meinte in Österreich Rudolf II, die Mannschaften des Aufgebots und der Lehnpferde seien, wie jedermann wisse, „maistes Thaills vnabgerichtes, vnerfahrnes vnd vnuersuechtes gesindl"; es sei besser, statt des dreiſsigsten Mannes und des Pferdes bar Geld zu nehmen und die Truppen zu werben. Meynert a. a. O. S. 155. Es fehlte hier freilich der Mann, der das für richtig Erkannte durchzuführen die Energie hatte.
[2] UA IX 831. Kurfürst an Schwerin. 26. Juli 1661.
[3] L. v. Ranke, Gesch. des preuſs. Staates I 499 ff.
[4] Ganz dasselbe spielte sich 1½ Jahrhunderte früher in Österreich ab, als die Ritterschaft ob der Enns (1529) darum bat, zum Kampf gegen

später nahm er sie doch, denn in der Kostenberechnung der Stände vom 29. Juni 1657 finden sich für Dezember 1656 bis April 1657 die Posten für „5 Kompagnieen zu Pferd anstatt der Lehnpferde Unterhalt"[1]. Jenes Aufgebot aber, in dem noch einmal die allgemeine Wehrpflicht der Einwohner betont wird, geschah mittelst Patents vom 4. Dezember 1656: Von je 20 sefshaften Bürgern soll „ein wohlbewehrter, tüchtiger und zum Kriege geschickter Mann, auch womöglich geworbener Soldat, gestellet und geliefert werden"[2]. Schlagend zeigt sich hierdurch, wie man von der ungeübten Bürgermiliz nichts haltend, gleichwohl das Recht auf ihre Dienstpflicht nicht aufgibt, diese sich aber in anderer, nützlicherer Weise leisten lassen will. Öfters wurden Garnisonsmannschaften zur Bildung von Truppenteilen verwandt und der Abgang durch die Landfolge ersetzt. So mufste im Juni 1655 die hinterpommersche Regierung für die aus Kolberg genommenen Völker durch 400 Mann Landfolge Ersatz schaffen. Jeder Amtsunterthan mufste dazu einige Leute aufbringen[3].

Eine Ablösung der Lehnspferdestellung durch Geld finden wir in Brandenburg schon in den dreifsiger Jahren[4]. Durch die häufigen Lehndienstaufgebote (1661, 1663, 1669, 1678) meint Courbière, habe man die 1660 entlassene Kavallerie für den Notfall ergänzen wollen[5]. Doch ist dieses wohl nur zum allerkleinsten Teile gelungen: Im März 1672 werden nicht nur die Lehnspferde aufgeboten, sondern die Städte sollen auch den zehnten Mann stellen; da es beiden aber zu schwer würde, sollen die Lehnsleute für das Pferd 40 Thlr.[6], die Städte für den

---

die Türken statt ihres Kontingents 500 Reiter werben zu dürfen. Meynert a. a. O. II, 133.
[1] UA X 330 ff.
[2] M III 1, 17.
[3] R 30, 116 und R 30, 221—224 und J. G. Droysen a. a. O. III, 2. S. 57.
[4] Man nahm statt des Pferdes dessen Wert, 20 Rthlr. H. von Petersdorff, Beiträge zur Wirtschafts-, Steuer- und Heeresgeschichte der Mark im dreifsigjähr. Kr. Brand.-preufs. Forsch. II, 1. S. 25. 1632 nahm man für das Pferd in Kursachsen nur 15 Rthlr., 1639 dagegen schon 30, wofür die Ritterschaft auf ein Jahr von Ritterdiensten entbunden sein sollte. G. Droysen a. a. O. S. 391 f. 1657 wurde hier gegen die Abgabe der Präsent- oder Donativgelder die persönliche Dienstleistung der Lehnsreiterei ganz aufgehoben, O. Schuster und F. A. Francke, Gesch. der sächsischen Armee I 8. Leipzig 1885.
[5] Verfassung S. 56. — Dafür spricht auch ein Bericht des kaiserl. Gesandten Frhrn Joh. v. Goess vom 15. Juni 1671 an den Kaiser. „Wann nun ein Krieg auskommt, so machen die Lehenpferd eine considerable Anzahl in Cavallerie, mafsen die Mark Brandenburg allein deren auf 1500 gibt." UA XIV 488.
[6] Das Ablösungsgeld hatte laut Edikt vom 22. September 1663 45 Rthlr. betragen. R 24 G G. In dem Abdruck M III, 2, 36 nur 40 Rthlr.

Mann 8 Thlr. — also das Werbegeld[1] — zahlen. Auf viele daraufhin einlaufende Reklamationen armer und durch Brand und anderes Unglück geschädigter Städte wird manchen die Zahlung ganz erlassen, manche brauchen nur 4, manche nur 6 Thlr. zu geben[2].

Die bekannte Verteidigung von Haus und Hof durch die Bevölkerung in den Jahren 1674 und 1675 gegen die Schweden konnte von einem irgendwie nennenswerten Erfolge nicht sein. Am 26. September 1674 befahl Friedrich Wilhelm dem Statthalter, 400 Mann zu werben, erst im Falle der Not würde man sich der Lehndienste und des Aufbots zu bedienen haben[3]. Als dann diese Not kam, widersetzte sich die Ritterschaft wieder der Ausschreibung vom Lande, „denn die Herbeischaffung einiger Mannschaft vom Lande sei ein plane insolitum und ein onus, so ordentlich den Städten zukäme, auch daſs es sich vom Lande nicht würde thun lassen." Indessen hielt man sich nicht weiter mit Widerlegung dieser Gründe auf, nahm auch ein ritterschaftliches Geldangebot, das nach der Quotisation doch die Städte am meisten belastet hätte, nicht an, sondern brachte den Ausschuſs aus Amts- wie ritterschaftlichen Dörfern zusammen, und machte daraus ein Regiment mit 8 Kompagnieen, das zum Chef den Kurprinzen erhielt, während ein Major Sommerfeld zum Kommandeur ausersehen wurde[4].

In Kleve-Mark.

Auch in den westlichen Landen wurde für die erste Not öfters das Aufgebot angeordnet, so 1651, als der Waffenstillstand mit Pfalz-Neuburg abgelaufen war, 1654 gegen den lothringischen Einfall. Wie gesagt, war das immer nur ein Notbehelf. Als 1656 die Stände, um die Werbungen abzuwenden, gegen Condé die Defension selbst in die Hand nehmen wollten, wurde ihnen dieses abgeschlagen[5]. Das Gleiche geschah 1660. Wollte man wirklich das Aufgebot gebrauchen, so versagte es. Deshalb befahl man 1655 den Beamten, statt jedes Pferdes 15, jedes Knechts 3 und jedes Heerwagens 8 Thlr. zu erheben oder die Schuldigen anzuweisen, sich damit in natura bereit zu halten[6].

---

[1] S. S. 50.
[2] R 24 Z. 2. — Köln, den 3. Jan. 1672 und 26. März 1672.
[3] Orlich III 215. Mühlacker in Württemberg.
[4] G. Lehmann a. a. O. S. 157 ff.
[5] Am 31. Oktober 1656 schreibt darüber Daniel Weimann, der Gesandte im Haag: „Nun die Deputierten merken, daſs wir zu der Defension schreiten, als haben selbe heute begehret und vorgeschlagen, man solle zulassen, daſs die Stände in ihrem Namen werben und das Land defendiren möchten, holla! holla! — welches ihnen belobt und in allen Gnaden abgeschlagen ist." UA V 871.
[6] J. J. Scotti, Gesetzessammlung für Kleve-Mark I 319. Düsseldorf 1829.

1664, als Kleve-Mark zur Türkenhülfe sein Kontingent von 365 Pferden stellen sollte, erklärte sich Friedrich Wilhelm ähnlich wie in den Marken: „weil es mit wirklicher Sistierung der Lehnpferde schwer daher gehet, für jedweden Dienst 40 Thlr. anzunehmen und solche Gelder zu Behuf der Werbung anwenden zu lassen"[1]. Bald darauf wurde aber die Ritterschaft von der Türkenhülfe gänzlich eximiert. Weitere Aufgebote zur Bereithaltung der Lehnspferde wurden hier 1669, 1671 und 1672 erlassen[2]. 1672 ist wieder ein Regiment Landvolk aufgestellt worden, wohl um die Pässe und festen Plätze zu besetzen[3]. 1674 werden die Adligen angewiesen, anstatt jedes zu stellenden Pferdes binnen 6 Wochen 125 Thlr. an die klevische Kriegskasse zu zahlen, 1683 werden sie wieder zur Musterung oder Ablösung befohlen[4].

In Preußen.

Eine besonders wichtige Rolle spielte das Aufgebot in Preußen. Hier hatte man seit lange in den Unterthanen der vielen Domänen, den sogen. Amtsmusketieren oder Wybranzen, ein sehr tüchtiges Material, das allerdings erst dann seine Aufgabe erfüllte, wenn es in Regimenter eingestellt, eine zeitgemäße Ausbildung und Disciplin sich angeeignet hatte.

Ohne Bewilligung der Stände durften Musterungen nicht abgehalten werden, bei ihnen lag also das Recht der Kriegführung. Nach manchen vergeblichen Versuchen Georg Wilhelms kam 1626 eine Reorganisation des Defensionswerkes zu Stande[5]. Da jeder sich nur für seinen Ort verpflichtet gefühlt hatte, so wurde verordnet, daß von 10 Hufen immer ein Mann zur Grenzverteidigung dienen sollte. Diese Leute waren die eigentlichen Wybranzen[6], ausgehobenes Volk vom Lande, wohl meist von den Ämtern. Sie genossen Abgabenfreiheit und unterlagen auch im Frieden militärischer Kontrolle. Die Städtemilizen gehörten wohl nicht zu ihnen. Jedoch war diese ganze Einrichtung von sehr mäßigem Erfolge. 1629 kamen von 1845 Pflichtigen nur 201. Nachdem die Oberräte 1643 und 1648 wegen der polnischen Unruhen die

---

[1] UA V 992. — Kurfürst a. d. Statthalter. Köln, 5. Febr.
[2] Scotti, ebenda.
[3] Berechnung Meinders' vom $\frac{27. XI.}{7. XII.}$ 1672. UA XIII 366.
[4] Scotti, ebenda S. 540, 576.
[5] Das Folgende aus P. Hassel, Die Heeresverbesserungen des Gr. Kurfürsten. Preuß. Jahrbücher XIV 623 ff. und Muser, Bor. Fol. 317.
[6] Wybrancy ist ein polnisches Wort und heißt „ausgehobene Rekruten". Lengenich, Gesch. der Lande Preußen, S. 376, übersetzt es treffend mit „Hufensoldaten".

Grenzen mit dem „Landvolk" hatten besetzen lassen, was der Landoberst Sigismund v. Wallenrodt ausführte[1], dankte Friedrich Wilhelm es 1649 ganz ab. 1650 wurden jedoch wieder Offiziere ernannt, Albrecht v. Schönaich zum Landobersten und für die 3 Kreise je ein Offizier. Aber die Zustände waren und blieben kläglich. Fort und fort müssen Befehle erlassen werden, dafs die Leute sich pünktlich stellen. Als 1653 dem Burggrafen Fabian von Dohna vom Geheimen Rat befohlen war, das Landvolk bereit zu halten, berichtete er, dafs wegen der vielen unerfahrenen Offiziere und schlecht bewaffneten und ungeübten Völker von demselben mehr Konfusion als Nutzen zu erwarten sei. Ebenso übel stand es mit den Lehnspferden. Unter diesen war 1646 die Insubordination so grofs, dafs die Offiziere nicht wagen durften, nachdrückliche Befehle zu geben, ohne Gefahr zu laufen, von ihren Untergebenen verwundet oder erschossen zu werden.

Erst als die Not des schwedisch-polnischen Krieges kam, schritt man zu einer gründlichen Reorganisation, die durch den Grafen Waldeck ausgeführt wurde. Er fand das Landvolk — ähnlich wie die Musterherrn 1622 — ganz unexerziert, ohne Offiziere, ohne Fahnen. Zunächst erlangt er von den Ständen Bewilligung der nötigen Kontribution, dann erläfst er ein Patent: Wer seiner Pflicht, ein Ritter- oder Dienstpferd zu stellen, nicht nachkommt, zahlt zum ersten Male 50, zum zweiten 100, zum dritten 300 Thlr. Strafe; auf dem Lande müssen immer 20 Hufen, in den Städten 10 ganze oder 20 halbe Häuser oder 40 Buden einen Mann stellen oder 10 Thlr. geben[2]. Aus den Dienstpflichtigen bildet er 4 Regimenter zu Pferd, ein Dragonerregiment, aus den Wybranzen 5 zu Fufs[3]. Besonders die Dragoner ergänzten sich weiter aus Wybranzen, in welchem Rekrutierungsmodus man eine erste Spur des Aushebungswesens erblicken kann[4]. Im Winter beurlaubte man man die Wybranzen in die Heimat[5].

Aber man blieb auch hier nicht bei dieser Art der Heeresergänzung. Den Grund dafür giebt Friedrich Wilhelm in einer Sitzung des Geheimen Rates vom 9. August 1646, wo er sagt: „Auf die Lehnpflichtigen ist sich nicht zu verlassen, Landvolk sind 500 ohngefähr Wibrantzen, seind nichts nütze"[6]. und in

---

[1] UA I 137 und 245.
[2] Stuhr a. a. O. S. 170.
[3] J. G. v. Rauchbar, Leben und Thaten des Fürsten G. F. von Waldeck I 74 ff. Es wurden noch andere Regimenter aus „Landbedienten" und „Wildnifsbereitern" formiert.
[4] Stuhr a. a. O. S. 172. — S. auch S. 96 f.
[5] R 24 Z 2. Verpflegungsentwurf für die in Preufsen gelassenen Truppen vom 11. Okt. 1657.
[6] F. Hirsch a. a. O. S. 241.

dem Testament von 1667 mit den Worten: „Die preufsische Landesmiliz taug zu keinem Kriege, wie Ich solches selbsten erfahren hab: Darumb mufs man dahin trachten, das die Freien und Fiberantzen ein gewisses geldt von ihren Diensten jahrlich geben." Schon 1657 hatten die Ämter statt der Leute Geld gegeben[1]. Doch finden wir noch weiter Einstellung der Wibranzen in Regimenter. Die 400 Rekruten, welche 1677 dem Regiment Graf Dönhoff aus Preufsen zukamen, werden Wybranzen gewesen sein[2]. In dem Etat von 1687 stehen unter dem Posten „Memel" 2 Unteroffiziere mit 60 Wybranzen[3]. Die 1678 beim Einfall der Schweden aufgestellten Wybranzenkompagnieen erfreuten sich nur eines sehr geringen Zutrauens des Obersten Grafen Dönhoff, sie leisteten auch so gut wie nichts[4]. Da viele zur Defension Schuldigen die Mannschaft gar nicht stellten, mufste der Advocatus fisci gegen sie vorgehen, hernach gingen sowohl viele Milizen als sogar einige Offiziere zum Feinde über[5].

Ziemlich genaue Nachrichten haben wir von der Umbildung der hinterpommerschen Lehnpferde in ein reguläres Regiment[6]. Am 24. Juni 1655 meldet die Regierung, die Landfolge sei in „6 Kompagnieen" geteilt, deren 3 schon Rittmeister hätten. Im Januar 1656 wird als deren Oberst ein v. Zastrow[7] genannt, der für seine „8 Kompagnieen" 14400 Thlr. erhält Er beklagt sich am 28. Juni 1656 bei Derfflinger, das Regiment habe seit 1½ Monaten keinen Heller bekommen, auch nicht den Mustermonat; eine ziemliche Anzahl der Lehnspferde habe sich unter das Regiment stellen lassen, er bitte um Exekution, damit die Offiziere ihre Vorschüsse für Werbung und Montierung zurückerhielten. Darauf befiehlt der Statthalter der Regierung, das Regiment zu mustern und die Reste für die Lehndienste, „als auch sieder der Zeit, da das Regiment in geworbene Völker transferieret worden", zu bezahlen. Im Laufe des Jahres war die Truppe in Preufsen, wo Zastrow in polnische Gefangenschaft geriet[8].

Folgerung.

Nach dem bisher Gesagten glaube ich nicht, dafs die von Courbière an mehreren Orten ausgesprochene Behauptung, schon Friedrich Wilhelm habe geplant, „sein Land und Volk wehrhaft

---

[1] Stuhr, ebenda S. 171.
[2] v. d. Oelsnitz, Gesch. des Kön. preufs. 1. Inf.-Regiments. S. 152. Berlin 1855.
[3] Muser. Bor. Fol. 320.
[4] v. d. Oelsnitz a. a. O. S. 61.
[5] Orlich III 295.
[6] R 30, 221—224.
[7] Courbière, Verfassung S. 49, nennt für 1655 den Oberst von Manteuffel.
[8] Muser. Bor. Fol. 317.

zu machen" und sich von den Zufälligkeiten der freiwilligen Werbung zu befreien, ferner aufrecht erhalten werden kann¹. Er meint, der Grund für die unter dem ersten Könige vorgenommenen Versuche einer allgemeinen Landesbewaffnung sei schon von dessen Vater gelegt, und nur wegen des Mangels an schriftlichen Überlieferungen seien viele Einrichtungen des Grofsen Kurfürsten seinen Nachfolgern zu Gute geschrieben worden². Während ich aber oben einige dieser Ansicht direkt widersprechende Äufserungen Friedrich Wilhelms anführen konnte, ist es mir nicht gelungen, eine einzige zu Gunsten der Landmiliz zu entdecken. Wurden Rekrutierungen befohlen, so geschah das nur im einzelnen Notfall, und immer ward eine Gestellung von geworbenen Berufssoldaten durch die Gemeinden vorgezogen. Ich erkenne nicht in dem Vorgange seines Vaters den Grund, welcher Friedrich I zu jenen wiederholten, sich nicht bewährenden Versuchen bewog, sondern sehe ihn einzig und allein in den schon angeführten Experimenten Kursachsens. In der Circularverordnung Cölln, den 1. Februar 1701 heifst es, der König beabsichtige, „nach dem löblichen Exempel anderer benachbarter Könige, Kur- und Fürsten, einige beständige, wohl ausgeübte Landmiliz richten zu lassen"³. Unter den benachbarten Königen und Kurfürsten mufs man aber wohl zuerst an August II, König von Polen und Kurfürsten von Sachsen denken.

Professor Dietzel hat eingehend auseinandergesetzt, wie der Gedanke einer Landesdefension auf die Gestaltung des Militärwesens einwirkte, wie man „nur in diesem Sinne den Gedanken einer Militärpflicht erfassen und aussprechen konnte", wie sie und ihr Gegensatz, „die im Interesse des Landesherrn geworbene Mannschaft sich erst nach langem Versuche zu einer Art eigenen Systems durch das Mittel der „Rekrutierung vom Lande" verbinden"⁴. In Kursachsen gab man sich während des ganzen 17. Jahrhunderts mit diesen Versuchen ab, in Brandenburg fallen sie in die Zeiten Johann Sigismunds, Georg Wilhelms und Friedrichs III (I), die von uns zu behandelnde Epoche hat mit ihnen nichts zu thun.

Nur mit dem geworbenen Heere haben wir uns von nun an zu beschäftigen Wir wollen zuerst dessen äufsere Gliederung und Organisation unserer Betrachtung unterziehen, denn deren Kenntnis mufs für das Spätere vorausgesetzt werden.

---

[1] Courbière, Verfassung S. 65, 74.
[2] Ebenda S. 61.
[3] Ebenda S. 66.
[4] Dietzel a. a. O. S. 421 f.

II.

Heeresorganisation.

Entwickelung bis zum dreifsigjährigen Kriege.

Die Offizier- und Unteroffizierchargen der Armeen des dreifsigjährigen Krieges hatten sich schon im 16. Jahrhundert gebildet. Die Mischung der Nationalitäten in den gleichwohl für das Interesse des einzelnen Staates kämpfenden Heeren, die Möglichkeit, dafs eine Truppe heute für Frankreich, morgen für Spanien und übermorgen für den Papst focht, liefsen die Heereseinrichtungen und die Kampfesweise, welche bisher jedem Volke eigentümlich gewesen waren, schnell zum Gemeingut aller werden. Man sah einander das Praktische ab, liefs Überlebtes fallen, suchte sich sowohl die Vorzüge der Fremden als auch deren Untugenden und Laster anzugewöhnen.

Dieser Prozefs nahm seinen Anfang mit dem Ausgange des Mittelalters, mit dem Beginn der nationalen Kriege, mit den Siegen des schweizer Fufsvolkes über das Ritterheer Karls des Kühnen. In ganz Europa wurde das Söldnerwesen „auf Zeit" zum herrschenden Wehrsystem. Wenn wie schon früher in Italien, so jetzt in Deutschland diese Söldnerei im Gegensatz zu den feudalen Ritterheeren auftrat, so wirkte der dem Mittelalter eigentümliche korporative Geist noch so stark, dafs er die genossenschaftliche Verfassung der Landsknechte bestimmte, dafs man diese damals sogar einen Orden nannte[1]. Es entstanden die Fähnlein mit ihren Ämtern, welche durch Wahl entweder des Hauptmanns, der das Fähnlein geworben hatte, oder der Geworbenen selbst aufgestellt wurden. Der Hauptmann wählte seinen Staat oder Stab[2], den Sergeanten oder Feldwebel, welcher die ganze

---

[1] S. S. 8, Note 2.
[2] „Staat" bezieht sich auf die Administration, ist gleich dem spä-

taktische Anordnung hatte, und ein Spiel — Trommler und Pfeifer; bald traten dazu noch ein Stellvertreter des Hauptmanns, der Lieutenant, Locumtenens, und der Fähnrich. Dieses waren die oberen Befehle. Die Landsknechte wählten als Mittelspersonen die Gemeinwebel und Gerichtsgeschworenen, meist zwölf, endlich je zehn Mann einen Rottmeister. Ein oberster Hauptmann oder kurz „Obrister" hatte mit dem Kriegsherrn über Aufrichtung eines Regimentes über eine bestimmte Anzahl Fähnlein einen Vertrag geschlossen. Die Ämter der einzelnen Fähnlein waren aus der Mitte der Landsknechte hervorgegangen, es waren lediglich Vertrauensstellungen, welche nur solange dauerten, als das Fähnlein geworben war, also nicht über einen Feldzug hinaus. In der Schlacht stand der Hauptmann im ersten Gliede, der Lieutenant „mit den grofsen Hansen" im letzten. Bei Pavia tritt Georg von Frundsberg mit der Hellebarde in das erste Glied seiner Knechte, er ist der lebendige Mittelpunkt der Schlachtordnung; nichts bezeichnet so sehr die demokratische Verfassung dieser Heere[1].

Diese Infanterie kam nun auf dem Kampfplatz Europas im 16. Jahrhundert, in Italien, in Berührung mit Italienern, Franzosen, Spaniern. Die lächerlichen Scheinschlachten der Condottieri und der Schrecken, den die wirklichen Krieger der Deutschen und Eidgenossen auf Jahrhunderte den Italienern einflöfsten, sind bekannt. Dennoch blieben diese dadurch nicht ohne Einflufs auf das Kriegswesen, dafs sie zuerst und auch später noch am rationellsten den Krieg theoretisch behandelten und als Kunstwerk darzustellen suchten[2]. Von ihnen stammen die Bezeichnungen Kapitän, Bataillon, Eskadron, Kompagnie u. a.

Die Franzosen brachten die ersten ständigen Kanoniere nach Italien und zeigten, wie man andere Völker für sich kämpfen lassen konnte.

Ein allen bisherigen Gewohnheiten entgegengesetztes System befolgten die Spanier. Nicht eilten in ihrem Lande wie in Deutschland Leute von einem gewissen Wohlstande zu den Fahnen, sondern man griff vielmehr alles mögliche Gesindel auf, das sich in der Fremde aneinander anschlofs, Kameradschaften bildete und mit der den Spaniern eigenen Unterwürfigkeit, Ausdauer und Geschicklichkeit sich fort und fort vervollkommnete. Bald trat auch der spanische Kleinadel ein, und dieses mit den antiken

---

teren „Etat". — Der „Stab" war das Zeichen der Macht des Richters. Der Oberst führte ihn als Gerichtsherr des Regiments, der Hauptmann als der der Kompagnie; später führten die Oberoffiziere bis zum Lieutenant den „Stab" oder das „Regiment". Mit dem „Regiment" dürfen sie ihre Untergebenen züchtigen. G. Droysen a. a. O. S. 585. Bei den Spaniern führte der Sargento mayor den palo corto des Richters. M. Jachns a. a. O. S. 757.

[1] Dieser demokratische Charakter verlor sich freilich schon in den dreifsiger Jahren.

[2] J. Burckhardt a. a. O. I, 9. Kap. „Der Krieg als Kunstwerk"

Waffen, der Tartsche und dem kurzen Schwerte, bewaffnete Fufsvolk nahm es bald mit den deutschen Pikenieren auf[1]. Gonsalvo d'Aghilar, der grofse Kapitän, bildete zuerst in Italien die berühmten spanischen Schlachthaufen durch die Verbindung spanischer, italienischer und deutscher Fufsvölker zu einem Treffen[2].

Der Erfolg der spanischen Arkebuseros bei Pavia richtete dann die Aufmerksamkeit Europas in erster Linie auf die Handfeuerwaffe. Der Name „Landsknechte" verschwand allmählich[3], man nannte am Ende des 16. Jahrhunderts die Infanteristen „Knechte" und unterschied Pikeniere und Musketiere[4].

Die Reiterei war bis dahin noch meist in der alten Art durch Aufgebot des Lehnsadels aufgebracht worden, hatte sich jedoch in vielem die Formen des Fufsvolkes, eine ähnliche Art der Gerichtsbarkeit und dessen Ämter angeeignet. Aber schon um jene Zeit finden wir, dafs der Adel aus Unlust über die Schwierigkeit, den Feuerwaffen und den Pikenigeln mit Erfolg entgegenzutreten, und die Unmöglichkeit, in der mittelalterlichen Art der Turniere die Schlachten auszukämpfen, sich vom Kriege zurückzieht. Man fing daher an, auch Reiter zu werben, was im schmalkaldischen Kriege schon fast durchweg geschah. Es wäre überhaupt ein Irrtum, zu denken, dafs damals die Reiterei eine untergeordnete Rolle spielte: Karl V konnte 1546 an der Donau doch erst offensiv vorgehen, als die niederländische Kavallerie zu ihm gestofsen war und bei Mühlberg war die Reiterei die ausschlaggebende Waffe[5]. Als dann der dreifsigjährige Krieg kam, wurde das Fufsvolk von der Reiterei ganz in den Hintergrund gedrängt, wie das Rüstow näher auseinandersetzt[6]. Aufser einem 1644 geworbenen Regimente Arkebusierreiter kommen unter Friedrich Wilhelm an Kavalleriegattungen nur die Reiter (Kürassiere) und Dragoner vor[7].

Dadurch, dafs man die Armeen länger beibehielt, wie es zuerst die Spanier in Italien thaten, mufsten die Fähnleinämter einen höheren Einflufs gewinnen, mit ihrer längeren Dauer stieg die Verantwortlichkeit und Mühe, aber auch die Routine. Der Hauptmann zog mit seinem Fähnlein von einem Dienst in den andern, das übertragene Amt wurde zum ständigen, man nannte

---

[1] W. Rüstow, Geschichte d. Infanterie I 213 f. Nordhausen 1864.
[2] L. v. Ranke, Geschichten der romanischen und germanischen Völker. S. 157. 1874.
[3] Aber doch nicht ganz. Die Bezeichnung „Lantz", mit der sich die Landsknechte gegenseitig anriefen, (Meynert II 55), hat sich unter den deutschen Soldaten bis zum heutigen Tage erhalten.
[4] Über beide s. G. Droysen a. a. O. S. 458.
[5] M. Lenz, Die Kriegführung der Schmalkaldener gegen Karl V am der Donau. Histor. Zeitschrift 49. — M. Lenz, Die Schlacht bei Mühlberg. Gotha 1879.
[6] Rüstow a. a. O. II 1 ff.
[7] Über Dragoner s. S. 77 f., über Artillerie Abschnitt VII.

dessen Träger Offizier[1]. Mit der Aussonderung eines besondern Standes von Vorgesetzten ging parallel die Zurückdrängung der Rechte der Gemeinen. Zwar wurde diesen ihr Wahlrecht nicht plötzlich entzogen, aber man begnügte sich, wenn gegen die bei der ersten Musterung vorgestellten gemeinen Befehlshaber kein Einspruch erhoben wurde[2]. Auch diese Vorstellung liefs man dann fallen, die Ernennung sämtlicher Offiziere kam an den Hauptmann oder Obersten. Die anfänglichen wenigen Ämter genügten bald nicht mehr, es trat eine weitgehende Arbeitsteilung ein in Kommando und Administration. Wie dieselbe sich bis zum 17. Jahrhundert gestaltet hatte und dann mit geringen Veränderungen beibehalten wurde, soll jetzt gezeigt werden.

Die prima plana.

Der Stab der Kompagnie, wie jetzt durchweg das Fähnlein genannt wurde, hatte einen anderen Namen, er hiefs prima plana. Dieser Ausdruck stammte von der Musterrolle. Bei den Landsknechtsfähnlein wurden auf einem ersten Blatte die auch im ersten Gliede stehenden Knechte erster Klasse oder Doppelsöldner, meist Adlige und Patriziersöhne, verzeichnet, auf dem zweiten standen die einfacher ausgerüsteten freien Bauern und freien Handwerker. Als sich aber das Personal verschlechterte, kam der Gebrauch auf, alle Landspassaten[3], Gefreite und Gemeine auf das zweite Blatt zu schreiben, während das erste den Offizieren, Beamten und Spielleuten vorbehalten wurde[4]. Zugleich fing man an, dieses zu übersetzen, man sagte in der ersten Zeit Friedrich Wilhelms noch erstes Blatt, primir Blatt, erste plana, später aber

---

[1] Die Unklarheit, welche noch im dreifsigjährigen Kriege über den Begriff „Offizier" herrschte (G. Droysen a. a. O. S. 570), findet man unter Friedrich Wilhelm nicht mehr; Spielleute gehören nicht mehr zu den Offizieren.

[2] Manuskript von 1612. M. Jachus S. 922.

[3] Marino Sanuto — bei Muratori XXII 990 f. — führt die Truppen auf, welche Venedig 1426 geworben hatte. Aufser den Condottierlanzen 138 „lance spezzate", die H. Leo — Gesch. der italien. Staaten III 128 — mit „einzelne Gleven" übersetzt. Ihm folgt Meynert a. a. O. I 138. — Dieser Ausdruck ging in die Ordonnanzen Franz' I über. Meynert II 219. — Montgomery, la milice françoise, 1610, leitet das Wort anders her. En ce temps-là (während der piemontesischen Kriege) le chevau-léger qui en un combat avoit rompu sa lance honorablement, cas avenant que son cheval fust tué, l'on le mettoit dans l'infanterie avec la paye de chevau-léger, attendant mieux et le nommoit-on lance spezata, comme qui diroit lance rompue ..." Der Lanspessade, später anspessade, wurde der französische Gefreite. — In den deutschen Heeren fungierte der Landspassat als Lieutenant des Korporals und hatte unter diesem das Kommando über die zweite Hälfte der Korporalschaft. G. Droysen a. a. O. S. 467.

[4] Bei den Kaiserlichen gehörten die Korporale nicht zur prima plana. Feldzüge des Prinzen Eugen von Savoyen, herausgeg. von der Abteilung f. Kriegsgesch. des k. k. Kriegsarchivs. I, 1, Wien 1876. S. 207.

nur prima plana oder Primeplan. Erst unter den Nachfolgern Friedrich Wilhelms bezeichnete man mit Primaplana auch die Stärke der ganzen Kompagnie und sprach von Primaplanen des Regiments, d. h. den Kapitäns.

Die Primaplanen der brandenburgischen Verpflegungsordonnanz vom 25. November 1656 sind folgende: (S. Tabelle I, Abschnitt III.)

zu Rofs	Dragoner	zu Fufs
1 Rittmeister	1 Kaptän	1 Kapitän
1 Lieutenant	1 Lieutenant	1 Lieutenant
1 Kornet	1 Fähnrich	1 Fähnrich
1 Wachtmeister	1 Wachtmeister	3 Sergeanten
1 Fourier	1 Fourier	
	1 Gefreiter Korporal	
1 Musterschreiber	1 Musterschreiber	wie Dragoner
	1 Capitän des armes	
3 Korporals	3 Korporals	
1 Feldscher	1 Feldscher	
2 Trompeter	2 Tambours	3 Tambours
1 Fahnenschmidt	1 Fahnenschmidt	1 Pfeifer
1 Sattler	—	—

Wallhausen sagt, nach dem Soldatensprichwort sei eine Kompagnie wohlbestellt:

Wann der Hauptmann sorgfältig für seine Knecht,
Ein Leutnampt weis' und verständig,
Der Fähndrich frewdig und behertzt,
Drey fleifsige Chergeanten oder Feldweibel,
Wachende Korporal und Landpassaten,
Närrische Trommelschläger etc.[1],

und später nannten die Soldaten den Kapitän den Vater, den Lieutenant den Teufel und den Fähnrich die Mutter oder den Engel der Kompagnie.

Wendelin Schildknecht, der pommersche Ingenieur und Architekt, giebt in seinem Friedrich Wilhelm gewidmeten Werke[2] die Funktionen der einzelnen Kompagnieoffiziere in so treffender und die damaligen Zustände bezeichnender Weise an, dafs ich seine Reime wenigstens für einige Chargen anführen will.

„Der Kapitän commandiret, gouverniret und regiret alle

---

[1] Kriegskunst zu Fufs.
[2] Harmonia in fortalitiis construendis etc. Alten-Stettin 1652. — Die anderen Angaben sind besonders aus L. Fronsperger, Kriegsbuch, herausgegeben von Böhm 1819; den angeführten Werken Wallhausens, G. A. Böckler, Schola militaris moderna, Frankfurt 1665, 1685; J. S. Gruber, Die heutige Kriegsdisciplin, Augspurg 1697; Franz Müller, Die kais. österr. Armee, Prag 1845.

Officirer, die ihm untergeben sind? Er erwehlet, bestellet und erhält die gantze Compagnie: Was Vollk er wirbt und wieder stirbt, und was zum öftern ihm entlaufft, auch in dem Hänffen-Strick ersauft; die Hungers halben sterben müssen, die mufs er zu ersetzen wissen." Der Hauptmann oder Rittmeister hatte also besonders die ganze Ökonomie der Kompagnie, wozu ihm vom Obersten eine Pauschsumme zu freier Verfügung übergeben wurde; er war für den richtigen Bestand an Mannschaften, Pferden, für ausreichende Bewaffnung und Bekleidung verantwortlich. Daher blieb ihm für die Exerzierausbildung wenig Zeit übrig. Diese besorgte sein Stellvertreter.

„Der Lieutenant, der die gantze Kompagnie nach dem Kapitän commandirt, der die Soldaten exerzirt, auch zur Wacht und Schlacht auff und ab führet," er richtet und schlichtet, er striegelt und prügelt seine Soldaten, dafs sie zum Schlagtodt wohl gerathen." Der Lieutenant war also der Exerziermeister, er „hat die Vorsichtigkeit und Mühe".

Der Fähnrich wurde wohl deshalb, weil ihm die Sorge für die Kranken oblag, und er das Recht hatte, für einen zum Tode Verurteilten um Gnade zu bitten, die Mutter der Kompagnie genannt; im Gefecht trug er die Fahne, die auf dem Marsche einem Unteroffizier anvertraut war; er spricht den Soldaten Mut ein, „er hat das Fähnlein und die Koragie". Zur Zeit Friedrich Wilhelms wurde er auch schon als Gehülfe des Lieutenants gebraucht.

Bei der Parade führten die Oberoffiziere ihr Gewehr auf der rechten Schulter ohne Stock, den ein Tambour trug, die Unteroffiziere das ihrige mit Stock auf der linken.

Die ersten der Unteroffiziere sind die Wachtmeister bei der Kavallerie und den Dragonern, die Sergeanten bei der Infanterie. „Beides der Feldwebel und Sergiant commandiren nach dem Lieutenant, die trillen und stellen die Soldaten in Ordnung, führen die Wachen auff, versehen und gehen die Ronden, und legen den schlaffenden Schildwachen die Träume aus durch den Propheten von Hagedorn." Der Feldwebel der Landsknechte stand den Oberoffizieren gleich, er hatte die ganze Taktik der Gevierthaufen; die Feldwebel oder Sergeanten nach dem dreifsigjährigen Kriege sind dagegen ziemlich dasselbe wie die heutigen Feldwebel, aufser dafs auf diese auch die Geschäfte des Musterschreibers übergegangen sind. Die Zahl der Sergeanten bei der Infanterie richtete sich nach der Stärke der Kompagnie, meist findet man drei. Sie empfingen die Parole und Regimentsbefehle vom Adjutanten, kommandierten die Wachen, machten Repartitionen für Detachements und mufsten deshalb gut rechnen und schreiben können. Beim Marsch waren sie bald vor bald hinter der Kompagnie. Auch bei der Kavallerie hatten die Wachtmeister ihre taktischen Geschäfte an den Oberstwachtmeister und Adjutanten verloren.

„Der Musterschreiber hat Register von allen Soldaten, auch von vielen, die zwar Nahmen haben, aber noch nicht jung worden sind, auch von Geld, Proviant, Gewehr und Munition: der ist ein Freyherr und niemands als dem Kapitän unterworfen; der schmutzt sich mit keinem Pulfer als nur am Dintfafs, er schöfse denn nach Raben und Storchen." •Er ist der Buchhalter des Kapitäns,• hat immer eine Kompagnierolle bei sich und teilt die Löhnung aus. Wir werden sehen, wie der Kurfürst Leute, „die noch nicht jung worden sind", sich nicht gefallen liefs. Jedenfalls ist es sehr bezeichnend, mit welcher Harmlosigkeit Schildknecht von diesen Betrügereien spricht.

Der Gefreite Korporal führt die Ablösung der Schildwachen auf. Die übrigen Chargen entsprechen den heutigen.

Auf die prima plana folgen die Gemeinen und zwar meist in drei Korporalschaften, an der Spitze die Landspassaten und Gefreiten. Erstere verschwinden mit den sechziger Jahren, letztere nahmen dieselbe Stellung ein, wie die heutigen. In der Aufstellung stand an der Spitze jeder Rotte, die sechs Mann hoch war, ein Gefreiter, so dafs also das ganze erste Glied aus Gefreiten gebildet war. Darum kommt in den Verpflegungsetats auch immer auf sechs Mann ein Gefreiter; er bezog ein um 3 Gr. höheres monatliches Traktament als der Gemeine. • Die Reiter- und Dragonerkompagnieen hatten keine Gefreiten, sie waren meist 40 bis 100 Mann stark, die Infanteriekompagnieen 100 bis 200. •

Der Regimentsstab.

Auch der Oberst hatte seinen Stab, seinen Lieutenant, Wachtmeister und Fourier (Quartiermeister), die aber alle Oberoffiziere waren. Das Regiment war nicht das Ursprüngliche, man errichtete es vielmehr über eine Anzahl Kompagnieen als Oberbefehl; daher ist die Zahl der Kompagnieen verschieden, doch findet man sehr•selten weniger als 4 und mehr als 12.• In einer Specifikation der Armee von 1673 haben die Infanterieregimenter 4 oder 8, die Kavallerieregimenter fast alle 6, die beiden Dragonerregimenter 4 und 2 Kompagnieen [1]. 1685 beschlofs der Kurfürst, seine sämtlichen Infanterieregimenter auf gleichen Fufs zu setzen, jedes sollte 8 Kompagnieen mit je 150 Mann zählen, (das ganze Regiment 1200 Mann inkl. der Offiziere). In dem Etat von 1687 sind denn auch die Regimenter zu Fufs meist 1200 Köpfe stark, die zu Pferd haben durchweg 300 Gemeine (6 pr. pl.), 2 Dragonerregimenter je 512 (8 pr. pl.), eins 128 Gemeine (2 pr. pl.)[3].

• Es gab auch kleine Regimenter, die Eskadrons, später auch Bataillons, genannt wurden, erstere Bezeichnung für Infanterie

---

[1] UA XIII 419.
[2] G. Lehmann a. a. O. S. 162.
[3] Muscr. Bor. Fol. 320.

und Kavallerie geltend." Sie hatten nie mehr als 4 Kompagnieen. Wurde eine Kompagnie keinem Regiment oder keiner Eskadron unterstellt, so hiefs sie •Freikompagnie; besonders bei den Reducierungen liefs man eine Freikompagnie bestehen und stellte in sie die besten Mannschaften ein. •Die Eskadrons und Bataillons hatten meist einen halben Stab, kommandiert wurden sie von einem Oberstlieutenant oder Oberstwachtmeister.•

Der Ausdruck „Bataillon" hatte aber auch noch seine alte Bedeutung von Schlachthaufen, bataglia. Als solcher wurde es zum Kampfe in ganz verschiedener Gröfse gebildet, es konnte aus einer Kompagnie, auch aus mehreren Regimentern bestehen. Gegen Ende der Regierung Friedrich Wilhelms bildete man aber schon aus dem Regimente 2 Bataillons zu je 4 Kompagnieen [1], unter Friedrich III zu 5. Im spanischen Erbfolgekriege bildete sich das Bataillon zur taktischen Einheit heraus und blieb rein taktischer Körper bis 1806.

Es ist nicht gesagt, dafs die Regimenter immer dieselben Chargen haben mufsen, kleine hatten weniger, grofse mehr. Dem Oberst v. d. Goltz werden in seiner Kapitulation (S. S. 133 f.) z. B. zwei Wachtmeisterlieutenants zugestanden. Nach der schon angeführten Ordonnanz von 1656 umfafste der Stab des Obersten folgende Chargen:

Zu Rofs und Dragoner	Zu Fufs
Oberst	Oberst
Oberstlieutenant	Oberstlieutenant
Oberstwachtmeister	Oberstwachtmeister
Regimentsquartiermeister	Regimentsquartiermeister
Adjutant	Wachtmeisterlieutenant
Regimentsprediger	Regimentsprediger
Regimentsauditeur	Regimentsauditeur
Regimentssekretär	Regimentssekretär
Regimentswundarzt	Regimentswundarzt
Regimentswagenmeister	Regimentswagenmeister
Regimentsprofos	Regimentsprofos
(Regimentspauker erst später)	Regimentstambour
Scharfrichter	Scharfrichter
Steckenknecht	Steckenknecht

•Der Oberst war zugleich Chef der ersten, der Oberstlieutenant der zweiten, der Oberstwachtmeister der dritten Kompagnie.• Die des Obersten wurde von ihrem Lieutenant, der bei der Infanterie Kapitänlieutenant hiefs, geführt [2].

---

[1] Dieses geschah z. B. Anfang 1686 mit dem Regimente Graf Dönhoff, das eine Bataillon zog nach Ungarn gegen die Türken. v. d. Oelsnitz a. a. O. S. 185.

[2] Ursprünglich hatten die Obersten keine Kompagnie, sondern nur

Der Oberstlieutenant war Stellvertreter des Obersten, was besonders bei Regimentern vorkam, deren Obersten Generale oder junge Prinzen waren. Jedoch hatten soche Regimenter in Brandenburg neben ihrem Chef meist einen zweiten Oberst als Kommandeur. Bei den Kaiserlichen überwachte der Oberstlieutenant Bekleidung, Ausrüstung und Menage.

(Der Oberstwachtmeister, den man auch schon anfing, Major zu nennen [1], „hat die meiste Mühe mit dem Regiment". Er beaufsichtigt das Exerzieren und kommandiert die Wachen. Sein Gehülfe — nicht wie heute der des Kommandeurs — ist der Adjutant.

Diese Charge nahm in Brandenburg später die des Regimentsquartiermeisters in sich auf. Er ist „gleichsam das perpetuum mobile beim Regiment, es werden aber aus solchen Leuten gemeiniglich gute Officiers, mafsen sie bei ihrer Funktion vieler Sachen kündig werden, die ein anderer nicht so leicht erfährt". Er bringt die Parole den Stabsoffizieren und Sergeanten der Kompagnieen, er hilft dem Major beim Stellen des Regiments in Schlachtordnung. Simplicissimus sagt: „er stellt das Regiment in bataglia".

Der Quartiermeister ist auf Märschen mit den Kompagniefourieren voraus, er steht unter dem Generalquartiermeister, er mufs das Lager abstecken und daher etwas von Fortifikation verstehen.

Der Auditeur versah später auch die Geschäfte des Sekretärs und wurde aufser als Inquirent und Protokollführer bei den Kriegsgerichten besonders bei Musterungen gebraucht [2]. Er hatte auch die Marketender zu beaufsichtigen.

Der Profofs oder Gewaltiger war zur Zeit der Landsknechte der Ankläger von Verbrechern vor dem Kriegsgericht gewesen. Jetzt versahen er und seine Leute die Geschäfte der heutigen Gensdarmerie. Er hatte die Aufsicht über die Arrestanten und das Stockhaus, liefs durch den Henker und die Steckenknechte an den Delinquenten die körperlichen Strafen vollziehen und sie schliefsen, wozu jeder Steckenknecht „das Geschmeide" führte. Auch diente der Profofs dem Auditeur als Gehülfe beim Ab-

---

einige Trabanten, 1543 deren 8 (F. Müller a. a. O. II 10* Bestallung für Alba); diese wurden beständig vermehrt, endlich fielen sie dem Beutel zu schwer, und man brachte sie in die Verpflegung der Truppen. W. Rüstow a. a. O. II 24. Vergl. dagegen Courbière, Verwaltung S. 52. Über die wichtige Veränderung in der Stellung der Obersten handelt Abschnitt VI.

[1] Courbière, Verwaltung S. 53, sagt, die lateinischen Schriftsteller jener Zeit hätten Oberst mit „Maximus" übersetzt, der Oberstwachtmeister habe den Komperativ „Maior" erhalten. In Frankreich, woher der Titel (Majeur) nach Deutschland kam, hatte er nicht Offiziersrang, in Brandenburg war er ein Hauptmann, seit 1648 erhielt er den Rang über den Hauptleuten.

[2] S. S. 129.

schätzen der Waren im Lager und bei der Beaufsichtigung der Marketender.

Zwischen den Regimentern und den Oberverwaltungsbehörden gab es keine Zwischeninstanz, wenn auch den Militärgouverneuren wie Eller und Spaen im Westen, Schwerin in Pommern und Dönhoff in Preufsen eine Beaufsichtigung der Truppen zustand.

Die höheren Offiziere.

Was die höheren Offiziere angeht, so hatte in den kaiserlichen Heeren der Landsknechtszeit der Kaiser einem Obersten als oberstem Feldhauptmann die Führung übertragen. Später nannte man diesen Generaloberst. Als oberster Kriegsherr galt jedoch immer der Kaiser oder der kriegführende Fürst. Die höchste Offizierscharge im kaiserlichen Heere blieb der Stellvertreter des Kaisers, der Generallieutenant, in Frankreich war es der Lieutenant-General du royaume; in Deutschland war ihm als General über die Kavallerie der Feldmarschall, über die Artillerie und später auch die Infanterie der Feldzeugmeister untergeordnet. Im brandenburgischen Heere machte sich jedoch eine andere Rangordnung geltend. Sparr wurde bekanntlich 1649 als Generalfeldzeugmeister angestellt und 1657 zum Generalfeldmarschall befördert, welche Charge von da an die oberste geblieben ist; ihr folgte die des Generalfeldzeugmeisters als Höchstkommandierenden der Artillerie, dann kamen die Generale über die Kavallerie und Infanterie, endlich die Generalwachtmeister oder Generalmajors.

Alle Generale waren zugleich Obersten und bezogen als solche auch das Traktament neben ihrem Generalsgehalt. Sparr wurde Oberst zweier Regimenter und einer Garnisoneskadron zu Fufs und eines Dragonerregiments[1] Derfflinger hatte drei, der Fürst von Anhalt zwei Regimenter. Selbstverständlich konnten diese neben ihren vielen anderen Geschäften nicht auch ihren Regimentern vorstehen, besonders nicht im Kriege, das war vielmehr Sache der Oberstlieutenants oder zweiter Obersten, die aber nur Oberstlieutenantsgage genossen.

Für die Arbeitsteilung, wie sie heute in den obersten Militärbehörden, dem Kriegsministerium für die Verwaltung, dem Generalstabe für die Führung der Armee besteht, lassen sich im Allgemeinen damals schon einige Anfänge erkennen. Seit dem schwedisch-polnischen Kriege stand an der Spitze der Militärverwaltung der Generalkriegskommissar, dessen Thätigkeit unten näher auseinandergesetzt werden soll[2] Völlige Selbständigkeit hatte er nicht. Zunächst war er Mitglied des Geheimen Rates und mufste mit diesem über die wichtigsten Armee- und Finanzangelegenheiten verhandeln. Sodann war ihm übergeordnet der

---

[1] G. Lehmann a. a. O. S. 191, 197, 198.
[2] S. Abschnitt IV.

Generalfeldmarschall, zuerst Sparr, später Derfflinger. Beide waren nie gewillt, dieses Verhältnis aufzugeben. Als Grumbkow 1678 zum Geheimen Kriegsrat ernannt wurde — er versah schon die Geschäfte des Generalkommissars —, hielt es Derfflinger für nötig, in das Patent die Bestimmung einzuschieben, daſs die Verordnungen Grumbkows „auch allemal Unserm Feldmarschall kommuniciret werden"[1].

Der Kriegsrat, wie er unter Friedrich Wilhelm bestand, war keine, wie der Geheime Rat, regelmäſsig tagende kollegialische Behörde, vielmehr wurden in allen Landesteilen höhere Offiziere zu Geheimen Kriegsräten ernannt, die als solche bei den Regierungen, in Berlin beim Geheimen Rate, Sitz und Stimme hatten.

Der Generalstab.

Endlich bleibt uns noch der Generalstab zu besprechen. Er war insofern etwas ganz anderes als der heutige, als sich von einer, künftige Feldzüge nach den Erfahrungen früherer vorbereitenden Thätigkeit nichts findet. Wie das Regiment, die Eskadron, die Kompagnie, so hatte auch der General seinen Stab, d. h. eine bestimmte Anzahl Adjutanten und Beamte, die ihm bei Führung der Armee als Gehülfen dienten. 1657 berechnet der Generalkommissar Platen die Gebührnisse der Stäbe Sparrs, Waldecks, Derfflingers und Görtzkes Zum Stabe Waldecks z. B. gehören folgende Personen: 1 Generaladjutant, 1 Kommissar, die Kanzlei, 1 Medikus, 1 Prediger, 2 Trompeter, 1 Wundarzt, 1 Wagenmeister, 1 Pauker, 1 Gewaltiger nebst Knechten, 1 Scharfrichter[2]. Später wurde dem General kein besonderer Stab mehr gewährt, alle auſserhalb der Regimenter oder über denselben stehenden Personen gehörten nach der S. 60 f. angeführten Tabelle von 1660 zu dem Generalstabe. Wie diese Tabelle zeigt, fielen nach dem Friedensschluſs mehrere Chargen ganz fort. Ein Generalproviantmeister[3] und Generalauditeur[4] waren begreiflicherweise immer nötig, einen Generalquartiermeister und Generalgewaltigen ernannte man nur bei der Mobilmachung, von der an sich der ganze Generalstab im Hauptquartier befand. Wurden zwei Armeen aufgestellt, so gab es natürlich auch zwei Generalstäbe, indem sich dann bei der kleineren der General-Auditeurlieutenant etc. befand.

Der Generalquartiermeister, dessen Geschäft zuerst ein rein ökonomisches gewesen war, da er die Quartierung und Proviantierung der Truppen im Felde zu besorgen hatte[5], wurde mit der

---

[1] Eigenhändiger Zusatz Derfflingers im Konzept. Kr. Min. XVIII 2. d. 3. I.
[2] R 9 A 1.
[3] Über den Gen.-Proviantmeister s. S. 72.
[4] Über den Gen.-Auditeur s. S. 81 f.
[5] Eine bayerische Instruktion von 1619 für den Generalquartier-

Zeit zum Oberingenieur des Heeres und wird auch meist Ingenieur genannt.) so Holst, Belckum, de Chièze, der Erbauer des Mülroser Kanals. Er muſs das Lager abstecken, Wege ausbessern und deshalb mit der Situation des Landes vertraut sein. Durch seine Ingenieure läſst er Karten und Pläne anfertigen. Er muſs Festungen bauen und reparieren können, die Batterieen und Laufgräben bei der Belagerung anordnen. Fur den Marschdienst unterstehen ihm die Adjutanten, Quartiermeister und Fouriere. Er hatte „eine sehr mühselige und verdrieſsliche Charge, und soll der erst geboren werden, der es allen kann recht machen".

Da man einen guten Ingenieur auch im Frieden zu Kriegs- und Friedensbauten brauchte, so wurde seit de Chièze, der 1673 starb, diese Stelle immer besetzt. Ihm folgte der Oberingenieur der pommerschen Festungen Steutner von Sternfeld; untergeordnet war ihm der Quartiermeisterlieutenant Oberst Blesendorf. Steutner kam später nach Preuſsen, wo schon ein Generalquartiermeister Scheiter war. 1679—1682 ist ein General-Quartiermeisterlieutenant de Maistre in Handels- und Manufaktursachen und bei der pommerschen Fluſsregulierung thätig[1], seit 1682 erscheint in der gleichen Charge ein gewisser Margace[2].

Der Generalwagenmeister ist der Trainkommandant, ihm unterstehen die Wagenmeister der Regimenter, welche sich am Tage vor dem Aufbruche von ihm die Marschordnung der Truppen holen und die einzuschlagende Straſse angeben lassen. Mit einigen Reitern sorgt er für die Ordnung der Bagage[3].

Dem Generalgewaltigen[4] lag die Inspektion über die Regimentsprofoſse ob, auch half er dem Generalauditeur bei Überwachung der Marketender und geleitete den Proviant in das Lager. Er hat alle Unordnungen zu bestrafen, reitet mit einem Kavalleriedetachement die Gegend, in der die Armee liegt, ab und arretiert Leute, die sich herumtreiben[5]. 1672 muſste man aber wohl den Bock zum Gärtner gemacht haben, denn als Friedrich Wilhelm einmal in sein Quartier kam, fand er den Ort vom Generalgewaltigen total ausgeplündert[6].

---

meister beschäftigt sich nur mit Quartiersachen. M. Jaehns a. a. O. S. 1080.

[1] O. Meinardus, Beiträge zur Gesch. der Handelspolitik des Gr. Kurfürsten. Hist. Zeitschr. 66. Bd. 1891.
[2] Diese Personalien aus K. W. v. Schöning, Hist. biogr. Nachrichten z. Gesch. der brand.-preuſs. Artillerie. Berlin 1844. I 379 und U. v. Bonin, Gesch. des Ingenieurkorps und der Pioniere in Preuſsen. Berlin 1877. S. 16, 17. 255.
[3] Orlich III 197. Kurfürst an Anhalt. Rysselheimb, 2. Nov. 1672.
[4] 1510 bestellte Maximilian I einen beständigen Oberprofoſs. Meynert II 64.
[5] Patent für den Generalgewaltigen Oberst Sickell vom 18. Juni 1659. R 9 A 1. — R 63, 30.
[6] Orlich III 199. — Kurfürst an Anhalt. Sachsenberge, 15./25. Dezember 1672.

Die Militärgerichtsbarkeit.

Wir werden hier am füglichsten eine Darstellung der Militärjustiz, wie sie sich unter dem Grofsen Kurfürsten entwickelte, anschliefsen. Wenn sich im Laufe dieser Arbeit noch öfter Gelegenheit ergeben wird, über einzelne Fälle zu sprechen, so wollen wir hier einige Worte über das Formale derselben vorausschicken.

Die Kriegsartikel.

Das römische Recht, welches im Laufe des 13. und 14. Jahrhunderts in Deutschland festen Fufs gefafst hatte, konnte, sobald sich ein Stand von Berufssoldaten entwickelte, für diesen weder ausreichen, noch ihm auf der anderen Seite die nötige Freiheit lassen. Es bildete sich daher unter den Söldnern ein Gewohnheitsrecht aus, das teils aus dem altdeutschen Volksgericht, teils aus dem Zunftwesen und teils aus dem römischen Rechte seine Bestimmungen entnahm[1]. Dieses Gewohnheitsrecht wurde, so viel wir wissen, zum ersten Male vom Kaiser Maximilian I unter Benutzung von Karls des Kühnen Militärreglement von 1473[2] in seinem Artikelsbrief für die Landsknechte 1508 schriftlich fixiert, und dieser ward dann zur Grundlage für die Kriegsrechte aller Heere Europas. Der Tenor desselben klingt aus dem Kriegsrechte des Grofsen Kurfürsten wieder, er ging über in die königliche Armee, ja wir erkennen in einigen altertümlichen Wendungen der heutigen Kriegsartikel und des Fahneneides die Formeln des 16. Jahrhunderts. Für die Kavallerie erliefs Maximilian II 1570 eine „Reiterbestallung".

Durch die peinliche Halsgerichtsordnung Karls V war dann an Stelle der vielen deutschen Strafrechte ein einheitlicher Kriminalkodex getreten, der für gemeine Verbrechen auch in den deutschen Heeren zur Anwendung kam; 33 Artikel desselben wurden den Kriegsgesetzen der Generalstaaten angehängt[3]. Wie diese holländischen Kriegsartikel im 17. Jahrhundert zum Vorbilde für die Kriegsrechte der meisten deutschen Reichsstände wurden, so kamen sie auch mit dem Umwege über Schweden nach Brandenburg.

Bis dahin hatte man jedem Truppenführer einen Artikelsbrief gegeben, auf den er seine Untergebenen vereidigen mufste. In den 33 Artikeln für das Regiment Wittgenstein von 1651 werden zuerst die Vorgesetzten bestimmt, alle Offiziere sollen Wittgenstein gehorchen, das Regiment soll dem Kurfürsten und seinem Hause treu sein, es folgen Sold- und Musterungsbestimmungen, endlich Strafen für einige Hauptvergehen[4]. Für die gro-

---

[1] F. Müller a. a. O. I 276.
[2] Meynert a. a. O. II 215.
[3] Pappus v. Tratzberg, Holländisch Kriegsrecht. Frankfurt am Main 1632.
[4] R 24 E 1. — Kleve, 9. August 1651.

fsen Armeen des schwedisch-polnischen Krieges erschienen dann allgemein gültige Kriegsartikel, das in handlichem Duodezformat gedruckte brandenburgische Kriegsrecht von 1656, welches für die ganze Regierungszeit Friedrich Wilhelms Gültigkeit behielt [1]. Es ist nichts anderes als eine fast wörtliche Übersetzung des schwedischen [2]. Dieses hatte Gustav Adolf selbst bald nach seiner Ankunft in Pommern verfafst, es unterscheidet sich von dem kaiserlich-niederländischen durch eine gröfsere Humanität. In diesem ersten brandenburgisch-preufsischen Militärstrafgesetzbuche sind für viele Vergehen keine besonderen Strafen angegeben, es war dann der Übelthäter „nach Kriegsrecht" zu strafen, d. h. nach dem, welches sich allmählich durch den Gebrauch bei den Militärgerichten herausgebildet hatte. Wie in der Carolina, so war man auch in den Kriegsrechten mit der Todesstrafe schnell bei der Hand, und der auf den Bildern des 17. Jahrhunderts „nie fehlende, stets stark bevölkerte Galgen" (Jaehns) macht es begreiflich, dafs in keinem Regimentsstabe der Scharfrichter fehlte. Strafen, wie Nasen- und Ohrenabschneiden, die bei den Kaiserlichen und Franzosen noch lange gang und gebe waren [3], finden sich unter der menschlichen Regierung Friedrich Wilhelms nicht. Sein Nachfolger führte sie 1711 wegen der überhand nehmenden Desertionen ein; da aber damit doch nichts gebessert wurde, wurden sie 1712 wieder abgeschafft [4].

In dem Kriegsrechte beziehen sich § 1—7 auf Gottesfurcht, § 8—17 auf Gehorsam, § 18—48 auf Lagerordnung, Wachtvergehen, Meuterei, Feigheit, Verrat, Fahnenflucht, § 49—67 auf Ehebruch, Diebstahl, Mord, Raub, Beschädigung und Wegwerfen der Waffen, § 68—71 auf Zuteilung und Auslösung der Gefangenen, § 72—79 auf Musterungsvergehen, § 80—87 auf Solduntersclagungen, § 90 bestimmt, dafs künftige Zusätze ebenso gültig sind. § 91, dafs diese Artikel alle Vierteljahr vorzulesen sind.

Dieses Kriegsrecht galt in gleicher Weise für Soldaten, wie für Offiziere. Noch bestand kein „specifischer", sondern nur ein „gradueller" Unterschied zwischen beiden. Der Gemeine hörte, wie seinem Offizier wegen Vorenthalten des Soldes mit dem Kriegsgericht, wegen unrechtmäfsiger Forderungen mit dem Tode gedroht wurde. Kam es doch vor, dafs die Bürger Prenzlaus einen Fähnrich zwei Monate lang die Muskete tragen und auf Wache ziehen sahen, weil er einen Einwohner dieser Stadt geschlagen hatte [5]; und als Derfflinger 1676 einen Lieutenant Steinwehr mit seinem Stocke schlägt, scheint der Kammerjunker von Buch nur

---

[1] M III 1, 25.
[2] Sehr ähnlich ist das Züricher.
[3] Feldzüge Eugens I. I 340. — Gleich nach seinem Regierungsantritt verbot Friedrich Wilhelm die grausamen Strafen wie Nasen- und Ohrenabschneiden. O. Meinardus, Protokolle u. Relationen I 220.
[4] F. Müller a. a. O. II 172.
[5] Orlich II 398 nach Sekt, Gesch. Prenzlaus IV 112.

darum hiermit nicht einverstanden zu sein, weil der Offizier ein sehr tüchtiger Mensch war [1].

Das Kriegsgericht.

Bis zum Anfange des 17. Jahrhunderts war das pedantische und formelreiche Gerichtsverfahren der Landsknechtsgenossenschaften, wie es Fronsperger als Kriegsrecht und Recht der langen Spiefse (Standrecht) darstellt, schon wesentlich vereinfacht worden, und bewegte sich ziemlich in den Formen der heutigen Militärgerichte. Im Lager Gustav Adolfs bestanden ein Obergericht aus Generalen, Obersten und Oberstlieutenants unter Vorsitz des Feldmarschalls und die Regimentsgerichte, welche sich aus 13 Ober- und Unteroffizieren aller Grade zusammensetzten [2].

Unter Friedrich Wilhelm hiefs das ordnungsmäfsige Gerichtsverfahren Kriegsrecht; eigentliches Standrecht war das, was „auf dem Marsch beim Ertappen auf frischer That ohne weiteren Umstand und Examinierung durch Aufhänckung an den nächsten Baum" vollzogen wurde [3]. Hierbei fungierte der Generalgewaltige als Polizist, Ankläger, Richter und Exekutor.

Das Kriegsgericht bestellte der Oberst aus Offizieren und Gemeinen; diese fällten in Chargenklassen das Urteil, bestimmten Art und Mafs der Strafe, die der Profofs durch den Nachrichter und die Steckenknechte vollziehen liefs.

Bei einem im Feldlager zu Coldingen am 15./25. Juli 1659 abgehaltenen Kriegsgerichte über einen Musketier, der bei einem Tummult einen Bürger erschossen hatte, lauten die einzelnen vota folgendermafsen:

1) 3 Musketiere. Sie fassen den Fall als Notwehr auf und verhängen 2 Monate Fesselung in Eisen.

2) 3 Gefreite. Ebenso, aber 3 Monate.

3) 3 Korporals. Sie nehmen übereilte Notwehr an und verhängen 4 mal Spiefsrutenlaufen.

4) 3 Sergeanten. Der Korporal, welcher die Truppe führte, soll wegen Mifsbrauchs seines Amtes deschargiert werden und 3 Monate bei Wasser und Brot karren, der Musketier 7 mal Spiefsruten laufen.

5) 2 Lieutenants. Dem Korporal könne niemand beweisen, dafs er Feuer befohlen, er soll 4 Monat in Eisen liegen. Der Thäter ist zu enthaupten.

6) 2 Hauptleute. Der Korporal soll 6 Monat in Eisen liegen, der Thäter ist zu arkebusieren. Die Bürger sind wegen Aufruhrs zu bestrafen.

---

[1] G. v. Kessel, Tagebuch von S. v. Buch. 2 Bde. Jena und Leipzig 1865. I 192.
[2] M. Jaehns a. a. O. S. 1084.
[3] S. Gruber a. a. O.

7) 2 Oberstwachtmeister. Der Korporal soll 3 Monat in Eisen liegen. Sonst wie vor.
8) 2 Oberstlieutenants. Wie vor.
9) Der Dominus præses schickt sein Votum „per maiora" ein [1].
Beim Kriegsgerichte über Generale scheinen nur Generale, über Stabsoffiziere nur solche, über Subalternoffiziere keine Unteroffiziere als Richter zugezogen worden zu sein. Als 1674 über einen Oberst ein Kriegsgericht befohlen wird, erklärt der General, v. Schwerin, dazu fehlten ihm die nötigen Stabsoffiziere [2]; 1677 sind bei einem Kriegsgerichte über einen Hauptmann Richter: 1 Oberstlieutenant als Präses, 3 Hauptleute, 1 Kapitänlieutenant, 4 Lieutenants, 4 Fähnriche [3]. Ein Judicium mixtum endlich wurde eingesetzt, wenn es sich um einen Fall zwischen Militär- und Civilpersonen handelte. Als 1660 über einen Korporal Johann Besche, genannt Federhans, vom Regiment Weimar, der einen Rentmeister geohrfeigt, verwundet und dann seinen Soldaten zugerufen hatte, den Fliehenden niederzumachen, Gericht gehalten werden sollte, wurde das Judicium mixtum aus Beamten der hinterpommerschen Regierung und Oberoffizieren des Delinquenten gebildet [4].

Das Auditoriat.

Seitdem Friedrich Wilhelm die autonome Justiz der Obersten einzuschränken und sich die Bestätigung oder Verwerfung der kriegsgerichtlichen Urteile vorzubehalten angefangen hatte [5], bedurfte er auch eines juristischen Beirats, einer ständigen Ober-Militärjustizbehörde. Schon 1651 findet man einen Generalauditeur Lindner [6]. Als dieser 1663 starb, folgte ihm der altmärkische Quartalgerichtsrat Hoyers. Aufser dem Generalauditeur gab es Oberauditeure, 1670 findet sich in Preufsen ein Oberauditeur Joh. Georg Schmidt [7]. Ein gewisser Salomon, der 1650 Schultheifs beim Regiment Burgsdorff, 1653 Obereinnehmer in Frankfurt war [8], wurde 1655 märkischer Garnisonsauditeur, 1662 Oberauditeur. 1673 passierte der seltsame Fall, dafs ein Kammergerichtsadvokat Andr. Libertus Müller um des Salomon Stelle bat, da er gestorben sei, worauf der empörte Salomon den Kurfürsten bittet, er möchte jenem Menschen doch den voreiligen Successionseifer nehmen und vielmehr seinen, Salomons, Schwiegersohn, Pfreund, zum Nachfolger machen. Überhaupt scheinen

---

[1] R 30, 121—124.
[2] R 24 Z b.
[3] v. d. Oelsnitz a. a. O. S. 155 f.
[4] R 30, 221—24.
[5] Dieses wird unten dargestellt werden S. 135 ff.
[6] Das Folgende meist aus R 9 A 19.
[7] v. d. Oelsnitz a. a. O. S. 124.
[8] R 24 M b 5.

diese Stellen sehr erwünscht gewesen zu sein. Schon als Lindner starb, bat Salomon um dessen Amt, nach Hoyers' Tode 1674 meldete sich dazu ein gewisser Stoschius, doch wurde der bisherige Generalauditeurlieutenant v. Portz Hoyers' Nachfolger.

Mit diesen geschulten Juristen mufste das römische Recht gegenüber dem alten Gewohnheitsrechte weitere Fortschritte machen. Sodann bedienten sich die juristischen Fakultäten, denen oft die Akten zur Begutachtung übersandt wurden, natürlich nur des römischen Rechtes. Endlich wurde mit dem stehenden Heere auch ein Bedürfnis nach detaillierten feststehenden Bestimmungen und Erklärungen fühlbar. Der Generalauditeur Hoyers arbeitete 1665 eine Erklärung des Kriegsrechtes aus, wobei besonders das römische Recht, dann auch die Bestimmungen anderer Staaten, des Reichs, Frankreichs, Schwedens berücksichtigt wurden. Dafs dieses Buch während der Regierung Friedrich Wilhelms noch zwei Auflagen resp. Umarbeitungen erlebte, spricht für seine damalige Unentbehrlichkeit [1].

Die brandenburgische Disciplin.

Wenn auch aus den letzten Kriegsjahren des Kurfürsten manche Fälle von Plünderung und Diebstahl der Gemeinen, von Rohheit und Insubordination der Offiziere vorliegen, so würden wir doch sehr irren, wollten wir daraus schliefsen, dafs die brandenburgische Disciplin eine für die damalige Zeit schlechte gewesen sei. Alle jene Beispiele sind Einzelheiten und bezeugen, dafs solche Excesse nie ungeahndet blieben, dafs selbst ein Fürst wie Friedrich Wilhelm einer langen Zeit bedurfte, ehe er die Gepflogenheiten der verkommenen Söldnerhaufen des dreifsigjährigen Krieges aus Offizieren und Soldaten ausgerottet hatte. Nur ein Vergleich mit anderen Armeen kann einen Mafsstab für die Disciplin in der eigenen abgeben.

Was aus den Kriegern Gustav Adolfs geworden war, ist bekannt; ihr Benehmen 1675 in Brandenburg empörte ihren eigenen General. Wie sehr Ludwig XIV die eigenen Unterthanen schützte, — sobald seine Regimenter die Grenzen überschritten hatten, liefs man der Zügellosigkeit der Soldaten freien Lauf. Plündern, Stehlen, Rauben und Schänden der Bewohner des feindlichen Landes entehrte nach der Meinung des allerchristlichsten Königs und seiner Generale nicht die französischen Truppen [2]. Wenig besser stand es bei den Kaiserlichen. 1672 beklagte sich Friedrich Wilhelm bitter über dieselben, sie würden bald das ganze

---

[1] E. Hoyers, Brandenb. Kriegsrecht. Berlin 1665. E. Hoyers, Corpus iuris militaris. Berlin 1672 und 1686. Dazu gab ein Nachfolger Hoyers' J. F. S(chultze) 1692 Additiones heraus.

[2] Feldzüge Eugens I, I 541 ff. — Buch schreibt im März 1675, man habe Abscheu, die von den Franzosen in den Niederlanden verübte Barbarei zu erzählen. Tagebuch I 102.

Land ruiniert haben¹, am 22. Dezember 1674 bittet er den Kaiser um Untersuchung der Desordren, dann werde sich ergeben, in wie schlechtem Zustand dessen Armee sei². Am 3./13. Februar 1676 schreibt er eigenhändig dem Kaiser, er wünsche nur zu haben, was die kaiserlichen Offiziere und Generale über den Sold von den armen Leuten erpressen, „da woll einer undt der ander zu 80000 undt 30000 Thaler in Ihren quarttiren genossen undt aufser dem Reich, Ja gar bis in Italien übermacht haben, undt werden Ew. Kay. May. von Dero eigenützigen officiren hinttergangen . . . ."³. Der Kurfürst kannte aber nun seine Leute. Wegen der Ausschreitungen des kaiserlichen Regiments Erbey 1685 beim Marsch durch seine Lande hielt er einfach einen Offizier als Geisel zurück, bis Satisfaktion geschehen war⁴.

Auf der anderen Seite sind der ehrenden Aussagen über die Disciplin der Brandenburger genug vorhanden. Berichtet doch schon im März 1658 des Kaisers Gesandter Fernemont über die kurfürstliche Armee aus Berlin: „Was ich unterwegs und hier gesehen, kann ich bezeugen, dafs ich mich selbst verwundert habe, und ist bei solcher Menge der Völker fast im Lande nicht zu spüren, dafs fast eine Armee vorhanden seie, so scharf werden sie eingehalten"⁵. Ebenso wissen die französischen Gesandten Frischmann 1659 und Colbert 1666 nur Gutes von der Zucht der Brandenburger zu berichten⁶.

Das erreichte Friedrich Wilhelm durch strenge Gerechtigkeit, er erreichte es durch seine stete Gegenwart bei den Truppen, wo er alles mit eigenen Augen sah⁷. Wer sich etwas zu Schulden kommen liefs, es mochte sein, wer es wollte, dem wurde die Strafe nicht geschenkt. Einen sehr scharfen Tadel mufste sich sogar einmal der Fürst von Anhalt gefallen lassen. Wenn es eben das Wohl des Ganzen galt, so verschwand bei dem Monarchen die Rücksicht gegen den höchsten General und Freund wie gegen den letzten Musketier, es ist dieselbe Sinnesweise, die wir bei den meisten seiner Nachkommen finden, der echt königliche Sinn der Hohenzollern.

---

¹ Orlich III 202. — An Anhalt. Lippstadt, 30. Dez. 1672.
² UA XIII 702.
³ UA XIV 848 f.
⁴ UA XIV 1185. Fridag an d. Kaiser. Berlin, 10. Sept. 1685.
⁵ UA XIV 79.
⁶ UA II 217 und 370.
⁷ Son Altesse est continuellement à cheval pour donner ordre à tout. Bericht de Lumbre's 31. Dezember 1655. J. G. Droysen, Gesch. der preufs. Politik III. 2, S. 489. — Der Kurfürst reitet alle Tage an der Spitze seiner Armee. Bericht Amerongens, 24. September 1672. UA III 290. — Den besten Beweis bietet das ganze Journal Buchs.

III.

Die Verpflegung.

Die Subordination wird in einer Armee um so leichter aufrecht zu erhalten sein, je geordneter die Verpflegung ist. Ein Mangel darin hat eine nachteilige Wirkung auf Disciplin und Leistungsfähigkeit stets im Gefolge. Wir wenden uns jetzt den Vorbedingungen für den Bestand des Heeres, den Verpflegungsverhältnissen zu.

Die Entwickelung der Truppenverpflegung bis 1640.

Um uns die Thätigkeit des Grofsen Kurfürsten auf diesem Gebiete klar zu machen, haben wir die Entwickelung der Truppenverpflegung bis zu seinem Regierungsantritt einer kurzen Betrachtung zu unterziehen.

Die Ernährung von Mann und Pferd, die Naturalverpflegung, geschieht heute auf dreierlei Art[1]: Entweder in Gelde (Selbstverpflegung) oder durch die Gemeinden der bequartierten Ortschaften[2] oder unmittelbar durch die Militärverwaltungsbehörden (Magazinverpflegung).

Indem ich nun an dieser Einteilung für die ganze von mir zu behandelnde Periode festhalte, aber so, dafs ich unter sie nicht nur das, was man heute unter Naturalverpflegung versteht, sondern die gesamte Heeresverpflegung bringe, unterscheide ich:

1) Das Barbezahlungssystem, wobei der Einzelne alle und jede Gebührnisse in Geld empfängt und sich dafür verpflegt. Der Staat giebt das Geld.

---

[1] Courbière, Grundzüge S. 220.
[2] Dieses ist die „Quartierverpflegung, Verpflegung durch die Wirte", im feindlichen Lande auch „Requisition".

2) Die Quartierverpflegung, welche darin besteht, dafs die Gemeinden Quartier, Lebensmittel und Sold aufbringen und dem Soldaten direkt aushändigen.

3) Die Magazinverpflegung durch die Militärverwaltungsbehörden[1].

Diese Einteilung nach der Person des Leistenden erscheint mir für unsere Epoche am zweckmäfsigsten. Eine solche in Geld- und Naturalverpflegung kann erst mit Erfolg angewandt werden, wenn eine Person, der Staat, alle Bedürfnisse liefert, wenn also ein ausreichendes, regelmäfsiges Steuersystem eingeführt ist. Freilich bildet die Zeit des Grofsen Kurfürsten eine Hauptperiode in der Verdrängung der Natural- durch die Geldwirtschaft. Aber beide sind in der Quartierverpflegung enthalten; von dieser ging man nicht deshalb ab, um die Naturalwirtschaft zu beseitigen, sondern man beseitigte die Naturalwirtschaft, um sich von der unkontrollierbaren Quartierverpflegung befreien zu können[2].

Im Anfange des 16. Jahrhunderts tritt uns die bemerkenswerte Thatsache entgegen, dafs schnell nacheinander die beiden ersten Systeme in ziemlicher Reinheit auftauchen. Die Magazinverpflegung aber wurde damals und noch später wegen ihrer, besonders durch die mangelhafte Kontrolle der Proviantbeamten verursachten, Kostbarkeit immer nur als Hülfsmittel gebraucht; erst im 18. Jahrhundert gewann sie eine grofse Bedeutung, die ihr zum Teil wieder von dem ersten Napoleon genommen wurde. Vorerst bespreche ich nur die beiden ersten Systeme, die Magazinverpflegung für sich später besonders.

Das Söldnerwesen, „auf Zeit", wie es seit Maximilian I in ganz Europa aufgekommen war, hatte zur Basis das reine Geldsystem. Das Wort: keine Kreuzer — keine Schweizer galt bald für alle Nationalitäten. Nur derjenige Staat konnte grofse

---

[1] Um diese Einteilung gleich an einem praktischen Beispiele zu erläutern, so findet man in dem Heere Karl Gustavs IX. von Schweden die drei Systeme nebeneinander und getrennt voneinander. Es wurden hier die Truppen entweder von den Bauern gegen Steuernachlafs verpflegt (Quartierverpflegung), oder die Soldaten erhielten höheren Sold, wofür sie sich dann ihre Bedürfnisse kaufen mufsten (Barbezahlungssystem), oder endlich man gab ihnen die Lebensmittel von den Schlössern (Magazinverpflegung). Die Bekleidung erhielten sie von der Krone. Meynert a. a. O. II 258. —

G. Droysens „Sold" entspricht dem Barbezahlungssystem, seine „Löhnung und Verpflegung" der Quartierverpflegung ziemlich genau. A. a. O, S. 596 ff. Über seine „Lehnung" rede ich unten. S. S. 39, Note 3.

[2] Man darf daher die Quartierverpflegung nie mit Naturalverpflegung verwechseln. Bei dieser handelt es sich um die zu liefernde Sache, bei jener um die liefernde Person.

Unter Naturalien versteht man heute nur Konsumptibilien, im 17. Jahrhundert empfing man auch Quartier, Pferde, Kleider, überhaupt alle Bedürfnisse aufser Geld „in natura".

Heere aufstellen, welcher viel bares Geld hatte. Zunächst kam es dabei durchaus nicht auf den Flächeninhalt und die Bevölkerungsdichtigkeit des Landes an. Der Aufschwung, den die Silberbergwerke des Schneebergs und von St. Annaberg im 15. und Anfange des 16. Jahrhunderts genommen hatten, ermöglichte es den sächsischen Fürsten, ihre Zeughäuser zu füllen und bedeutende Armeen zu halten.

Der Söldner trug seinen Namen mit Recht. Er erhielt seinen Sold, sonst nicht das Geringste [1]. Er mufste sich dafür alles beschaffen, den ganzen Lebensunterhalt, sein Pferd, dessen Futter, Quartier und Stallung [2]. Natürlich mufste der Sold auch eine dem angemessene Höhe haben; er normierte sich bald auf den bestimmten Einheitssatz von 4 Goldgulden im Monat für den Landsknecht [3]. Diese 4 Gulden bildeten „einen Sold". Der Feldweibel erhielt 3 Sold, der Lieutenant 5, der Hauptmann 10, der Oberst 100. Ein Sold repräsentiert in heutigem Geldwerte 80 Mark, da der Goldgulden heute den von 20 besitzt [4]. Vergleicht man hiermit das Traktament des brandenburgischen Musketiers von 1670 (S. Tabelle I, S. 56 f.), als viele Gebühren in natura geliefert wurden, so springt der Unterschied sofort in die Augen, da dieser nur $2^1/_2$ Thlr. — in heutigem Geldwerte 29,25 Mk. — bezog. Liefs der Kriegsherr, wie es später aufkam, Proviant, Waffen oder Bekleidung liefern, so wurden dafür vom Solde Abzüge gemacht. So haben wir hier das reine Barbezahlungssystem.

Wir müssen nun für die ganze Folgezeit festhalten, dafs man in Deutschland im Princip von dieser reinen Barzahlung nicht abgegangen ist; im Princip, denn es kam vor, dafs der Soldat keinen Groschen in die Hand erhielt. „Alles, was er zum Leben brauchte, seine „Notdurft", mufste er bar bezahlen". Die Naturallieferungen wurden wohl kommissioniert. d. h. besorgt, aber dann kann doch nur den Leuten „ihre Notdurft anstatt eines Teils ihrer Besoldung gereicht werden" (1625) [5].

Wenn die Landsknechtsregimenter wegen des ausbleibenden Soldes auch oft gezwungen waren, sich durch Requisition zu verpflegen, so brachten die Spanier ein ganz anderes Verpflegungssystem nach Italien. Da sie von ihren Königen „wegen deren

---

[1] Beute kommt hier nicht in Betracht.
[2] Noch 1630 wurde bei den Kaiserlichen der Sold „für alles und jedes gereicht und passieret." G. Droysen a. a. O. S. 597. Ob der Gemeine ihn richtig erhielt, war freilich eine andere Frage.
[3] Der geharnischte Reiter erhielt 24, der berittene Schütze 12 G.
[4] v. Zwiedineck-Südenhorst, Kriegsbilder aus der Landsknechtszeit. S. 49. — Zu demselben Resultat gelangen wir, wenn wir den Gulden gleich 7 Mk. setzen und nach der Hanauer-Soetbeerschen Tabelle (s. S. 59) die Kaufkraft des Geldes für 1550 auf dreimal so hoch als heute anschlagen.
[5] G. Droysen a. a. O. S. 623.

Armut" schlecht oder gar nicht bezahlt wurden, so fingen sie an, von den Mitteln der Bevölkerung zu leben, ohne wie die deutschen und andern Truppen das gelieferte Quartier und die Verpflegung zu bezahlen. Die Requisition, welche bis dahin nur Ausnahme gewesen war, erhoben sie zur Regel[1]. Und nicht allein Quartier und Viktualien, sondern auch Sold erzwangen sie von den Einwohnern, indem ein Haus dem Soldaten das Quartier, eins oder mehrere andere den Unterhalt, wieder andere Geld geben mufsten. Dieses „System der Einquartierung beim Wirt mit von diesem zu leistender Verpflegung" gelangte bald auch dort zur Anwendung, wo eine Notwendigkeit dazu wie im Anfange nicht mehr vorhanden war. Später wurde es den spanischen Königen möglich, grofse Armeen mit Geld zu bezahlen, aber deren habgierigen Anführern mufste es doch viel lohnender erscheinen, beim Alten zu bleiben und den Sold in die eigene Tasche zu stecken. Als Alba aus den Niederlanden abzog, hatten seine Soldaten 28 Monate keinen Sold erhalten[2].

Wenn wir also in jenen italienischen Kriegen die beiden Systeme nebeneinander finden, so erkennen wir doch zugleich die ungeheure Verschiedenheit von ihrer späteren Anwendung darin, dafs damals von einer staatlichen Verwaltung kaum zu reden ist. Denn was ging es den deutschen Kaiser an, wie die Truppen Georg von Frundsbergs gelöhnt wurden, was den spanischen König, ob der Gran capitano Gonsalvo de Cordova seine Soldaten bezahlte oder nicht? Liefen diese nur nicht auseinander, so war man zufrieden. Von einer staatlichen Verpflegung kann man doch erst dann sprechen, wenn die Regierung nicht nur die Mittel giebt, sondern auch deren Verwaltung kontrolliert, was wiederum einen verhältnismäfsig grofsen Beamtenapparat für Kassen-, Magazin-, Musterungs- und Materialankaufswesen erfordert. So lange es zu keinem stehenden Heere gekommen war, konnte es sich für den Kriegsherrn immer nur um das für einen Feldzug nötige „Volk" handeln; es wurde dann gewöhnlich eine erste und letzte Musterung, vielleicht auch eine dazwischen abgehalten; der Kommissar brachte das Geld mit, zahlte es den Offizieren, mitunter auch den Mannschaften aus, damit war es gut. In der stehenden spanisch-niederländischen

---

[1] W. Rüstow a. a. O. I 213. Guicciardini, la historia d'Italia, Ausgabe von F. Sansovino, Genua. — I 340: „cose tanto più moleste, quanto più erano nuove & fuora de gl'esempi passati (1504), — und II 361: ... „populo di Milano, non assuefatto innanzi all' entrata del Marchese di Pescara in Milano ad essere gravato di alimenti o di contributione per gli allogiamenti de' soldati." Es entsteht deshalb ein Krawall in Mailand (1526). — Vergl. auch A. Strecker, F. v. Meinders in Schmollers Forschungen XI, 4 1892. S. 60. — Schon der Spanier Cesare Borgia „wollte, dafs seine Soldaten sich nach Belieben einquartierten, so dafs sie in Friedenszeiten noch mehr gewannen als im Kriege." J. Burckhardt a. a. O. I 117 nach Matarazzo, Cronaca di Perugia.
[2] M. Jaehns a. a. O. S. 688.

Armee ist von geordneter Verwaltung wenig zu finden. Bei Gelegenheit einer furchtbaren Meuterei 1574 war es dem Statthalter unmöglich, festzustellen, was den Truppen seit 8 Jahren gezahlt und nicht gezahlt sei[1].

Mit der Quartierverpflegung rissen auch sofort jene Mifsbräuche ein, gegen die wir noch den Grofsen Kurfürsten ankämpfen sehen werden. Man klagte schon 1526, das Herzogtum Mailand müsse für die kaiserliche Reiterei täglich 5000 Dukaten aufbringen, Antonio Leyva erhöbe für sich allein täglich deren dreifsig. Ferner legten sich eine Menge Soldaten in ein Haus und liefsen sich von andern Häusern deren Einquartierungsfreiheit mit Geld bezahlen[2].

Das Beispiel der Spanier fand bald allgemeine Nachahmung. Die häufige Geldverlegenheit der Kriegsherrn, die Unredlichkeit der Offiziere und Beamten, die rasch fortschreitende Verschlechterung des Ersatzes, alles dieses waren die Momente, welche eine Vermischung beider Systeme hervorbrachten. Das bekannteste Beispiel bietet dafür die Armee Wallensteins, der dieselbe aufstellte durch seine Vorschüsse, sie ernährte durch die Kontributionsverfassung, bei der das Land deshalb bestehen konnte, weil er zugleich die militärische Zucht gewaltig handhabte. Alle Kriegsherrn, sagt Khevenhiller, hätten diese Manier, Krieg zu führen, vom Herzog von Friedland gelernt[3]. Aber weder er noch andere bedeutende Feldherrn jener Zeit vertrauten allein der Quartierverpflegung. Wallenstein bezog wenigstens den gröfsten Teil des nötigen Proviants, der Ausrüstung und Bekleidung aus seinen böhmischen Herrschaften, und Gustav Adolf stützte sich auf ein wohlgeregeltes Magazinsystem längst den Ostseeküsten[4]. Immerhin war die Quartierverpflegung die Hauptsache. Man weifs, welche Plage dieses Kontributionssystem für unser Vaterland war, man liest mit Entsetzen von den Unthaten der Mordbrenner des Generals Holk. Mit dem Tode der beiden grofsen Feldherrn fielen dann die Schranken, welche sie der Zügellosigkeit ihrer Truppen zu setzen verstanden hatten. Alle Schrecken eines furchtbaren Raubkrieges kamen jetzt über Deutschland, die Generale und Obersten wurden reiche Leute, wer von den Gemeinen keinen Sold erhielt, erprefste, stahl, raubte, wer ihn erhielt, that es darum nicht weniger.

Das arme Brandenburg, in dem sich der alte Ersatzmodus doch nur wegen seines Fernbleibens von den grofsen europäischen Kriegen hatte erhalten können, besafs nur ganz unbedeutende

---

[1] M. Ritter, Deutsche Geschichte im Zeitalter der Gegenreformation und des dreifsigjährigen Krieges I 486
[2] Guicciardini II 361. — Zur Zeit des Grofsen Kurfürsten nannte man diesen sehr verbreiteten Mifsbrauch der Fouriere „Quartierverbrennen".
[3] L. v. Ranke, Geschichte Wallensteins 1880. S. 29.
[4] A. Strecker a. a. O. S. 60.

Soldtruppen als Festungs- und Leibgarden, welche zum Teil mit Kleidung und Viktualien, zum Teil mit Geld befriedigt wurden. Noch die 1617 von Johann Sigismund neu errichtete Leibgarde wurde so verpflegt; der Hauptmann erhielt jährlich 300 Thlr., Wohnung, freien Tisch aus der Hofküche, eine Kleidung und für zwei Diener Hofkleider, der Gemeine monatlich 6 Thlr. und Kleidung[1].

Kaum aber war der grosse Krieg über das Land gekommen, so riss auch in der Verpflegung der nötig gewordenen Werbetruppen jene Misere ein, welche andere Länder schon längst kennen gelernt hatten. Dazu kam noch, dafs hier laut Recefs von 1620 die Stände durch das Institut der Kreiskommissare die Beitreibung der bewilligten Kontribution und die nötige Exekution der Säumigen hatten. Die Geworbenen wurden bis zur Musterung dem Lande zum Unterhalt angewiesen. Man hatte wohl vor, dieses regellose „Garten" nur bis zur Formierung der Truppenteile zu gestatten, aber 1623 war überhaupt kein Geld mehr vorhanden, man musste die Truppen auf die Ortschaften anweisen. So entstand auch hier das System der Quartierverpflegung, der Assignationen, welches in seiner Folge den völligen Ruin des Landes herbeiführte. Indessen man bediente sich auch zeitweise der beiden andern Systeme. Es ist schwer, sich in dem dadurch entstandenen Durcheinander zurechtzufinden. Machen wir aber einen Versuch, indem wir uns an ein Protokoll über die Kontributionen des Oberbarnim in den Jahren 1628—1634 halten[2].

Die erste Art der Verpflegung basierte hier auf den regelmäfsigen Steuern in bar Geld und den Magazinlieferungen (Kriegsmetze); diese gingen in die Kriegskasse und die Magazine (Kommisse) und gelangten von hier erst an die Truppen. Hierbei war also Quartierverpflegung ausgeschlossen.

Bei der zweiten Art geht es schon weniger regelrecht zu, sie bestand nur in Quartierverpflegung, die entweder in Naturalien oder in Geld geleistet werden konnte, und zwar, was die Städte angeht, aus dem Servis — in Geld wöchentlich 12 Groschen für den Reiter — und der „Lehnung" von 20 Groschen für den Fufssoldaten, von 2 Thlr. für den Reiter auf die Dekade[3]); das

---

[1] Stuhr a. a. O. S. 60.
[2] E. Friedlaender a. a. O. — Bearbeitet von H. v. Petersdorff a. a. O.
[3] G. Droysen a. a. O. S. 623 f. und v. Petersdorff a. a. O. S. 44 bezeichnen die „Lehnung" als den Unterhalt durch Naturalverpflegung, doch konnte sie auch zum Teil in Geld geschehen. Sie war also für obigen Fall, wo nur von einer Lieferung durch die Wirte, nicht den Staat die Rede ist, das, was ich unter Quartierverpflegung verstehe. Die Gemeinden lehnten, liehen den Truppen die Gebührnisse eine Zeit lang, bis die Regierung imstande war, sie abzutragen. Servis in Geld und Lehnung in Geld zusammen belaufen sich nicht so hoch wie der Sold. Nach obigen Zahlen beträgt die Lehnung für den Reiter monatlich 6 Thlr., der Servis 2 Thlr., während sich sein Sold 1632 auf 10 Thlr.

Land lieferte den Truppen Geld und Naturalien, wie es die Kommissare gerade für nötig hielten.

Wenn endlich für marschierende Truppen Unterhaltsmittel aufzubringen waren, so herrschte meist die Requisition in höchster Entartung, die Truppen nahmen einfach alles Vieh und Getreide, was sie fanden, fort.

Es ist nicht anders möglich, als dafs der Soldat in diesem Chaos verlernte, sich mit seinem Solde zu begnügen, wenn er ihn auch richtig erhielt; dafs er sich daran gewöhnte, in jedem Falle seinen Unterhalt von dem Einwohner zu erpressen. Was wollte es aber auch sagen, wenn Georg Wilhelm 1637—38 grofse Summen auf die Armee verwandte, und die Gemeinen infolge der Diebereien der Obersten elend Hungers starben?

Wenn wir nun zu der Regierung Friedrich Wilhelms kommen, so werden wir vor allem nachzuweisen suchen, wie derselbe die beiden durcheinander geworfenen Systeme wieder zu sondern, seinen Offizieren das Auseinanderhalten derselben beizubringen und besonders eine die ganze Verpflegung regelnde fürstliche Verwaltung einzuführen verstand.

Es gehörte bei dem Systeme der Quartierverpflegung nicht zu den kleinsten Anforderungen an einen guten Feldherrn, das Land möglichst lange leistungsfähig zu erhalten; man konnte so lange bleiben, bis es ganz ruiniert war[1]. Als aber Friedrich Wilhelm anfing, Truppen auch im Frieden zu unterhalten, da mufste natürlich eine andere Maxime Platz greifen, denn das Heer war jetzt nur ein Mittel zur Erhaltung des Staates, nicht mehr waren Bürger und Bauer nur da, um das Ihrige dem Soldaten ohne Gegenleistung zu überlassen. Bis diese höhere Auffassung des Soldatenhandwerks den Truppen beigebracht war, verging noch manches Jahrzehnt, ja man kann sagen, die ganze Regierung Friedrich Wilhelms und seines Sohnes; erst sein Enkel vollendete das Werk und schuf Hand in Hand mit einer geordneten Verpflegung die preufsische Disciplin. Immerhin that der Grofse Kurfürst viel, errichtete auch hier die Grundmauern des Gebäudes.

Eine Kontrolle über die Quartierverpflegung mit ihrem Gemisch von Geld- und Naturalleistungen mufste erfolglos erscheinen. Daher war es ein Hauptstreben der Regierung, statt

---

beläuft. R. 24, E. 5. Die übrigen 2 Thlr. kommen vielleicht auf Abzüge für Waffen, Pferde, Kleidung u. a. Übrigens ist doch fraglich, ob die von v. Petersdorff angenommene Stärke von 113 Pferden zutrifft. Im Protokoll ist diese Zahl für Ende 1633 vermerkt; am 2. Mai 1632, als die Löhnung gezahlt wurde, kann die Stärke der Kompagnie Arnims eine ganz andere gewesen sein. E. Friedlaender a. a. O. S. 313. — Das Wort „Löhnung" kommt damals auch vor, z. B. in der Ordonnanz von 1635, im Kriegsrecht (1656) § 84, meist wird in unserer Epoche freilich die Bezeichnung „Traktament" gebraucht.

[1] On quittait un pays après l'avoir mangé. Friedrich d. Grofse. Oeuvres I 184.

der direkten Leistungen des Landes an die Truppen ein regelmäfsiges Geldsteuersystem einzuführen und die Auszahlung der Löhnung in Staatsverwaltung zu bringen, oder, was dasselbe sagt, an Stelle der Quartierverpflegung wieder das Barbezahlungssystem zu setzen. Nie durch direkte, unkontrollierbare Quartierleistungen, sondern nur durch regelmäfsige Staatssteuern ist der Bestand eines stehenden Heeres garantiert. Kurfürst Friedrich Wilhelm verwandelte Brandenburg-Preufsen aus einem ständischen Lehnsstaat in einen modernen Finanzstaat.

Die Beschaffung der Mittel.

Grofses würde er leisten, so äufserte sich öfters Friedrich Wilhelm, wenn er mehr Geld hätte. Aber, sagt der französische Gesandte, welcher darüber berichtet, er hat dessen so wenig, dafs man sagen kann, er hat gar keins[1].

Dabei war der Kurfürst nicht wie sein Enkel zur Sparsamkeit beanlagt, er liebte vielmehr einen gewissen Glanz; freigebig beschenkte er seine Diener und machte ihnen Versprechungen, die zu erfüllen die vorhandenen Mittel selten hinreichten[2]. Die Hauptausgabe des Staates war die für das Heer. Nachdem man einmal von Lehnfolge und Landaufgebot zur Werbung und zum miles perpetuus übergegangen war, kam alles darauf an, den „nervus belli" nicht absterben zu lassen.

Kriegssteuern und Subsidien.

Es würde hier zu weit führen, darzustellen, wie Friedrich Wilhelm allmählich die Mittel von den Ständen erzwang, wie er in den Marken die 1653 bewilligten Steuern, fufsend auf dem § 180 des recessus imperii novissimus des regensburger Reichstages von 1654, forterhob[3], in Preufsen und in den westlichen Landen das Nötige meist mit Gewalt eintrieb, bis endlich der Bestand des Heeres durch die seit 1667 in Brandenburg begonnene, seit 1684 hier und in den andern Provinzen aufser in Kleve-Mark durchgeführte einheitliche Accise gesichert war[4]. Ein Vorteil war der in dem grofsen Kriege zur äufsersten Entartung gelangten Quartierverpflegung doch für den Staat entsprungen: Sie hatte die Stände mürbe gemacht, die Deutschen hatten das Steuerzahlen gelernt. Es war derselbe Vorgang, den wir nach der englischen Invasion und den Söldnerplagen im 15. Jahr-

---

[1] De Leissein an Ludwig XIV, Berlin 21. März 1662. UA II 264.
[2] Von 20 000 Thlrn., die er 1675 Derfflinger schenkte, hatte dieser 1682 erst 5486 empfangen. Gr. zur Lippe-Weissenfeld, Derfflinger.
[3] J. G. Droysen, Gesch. d. preufs. Pol. 1870/72, III, 2 S. 111 ff.
[4] Darüber s. K. Breysig in Schmollers Jahrbuch 1892, der brandenburgische Staatshaushalt in der zweiten Hälfte des 17. Jahrhunderts. II. Der Militäretat.

hundert in Frankreich sich abspielen sehen: in der allgemeinen Not bewilligten die Grofsen dem Könige die Taille. Viel langsamer liefsen sich die brandenburgischen Stände das Nötige abringen. Das ganze Leben Friedrich Wilhelms verbitterte der Kampf mit den Ständen seiner Lande um Gewährung der Unterhaltungsmittel für das Heer/ Und wenn er auch das Nötigste erlangt hatte, so war er, sobald eine gröfsere Aktion im Plane lag, trotzdem auf die Subsidien der Grofsmächte angewiesen und geriet, falls diese nicht pünktlich gezahlt wurden, oder ausblieben, immer in grofse Verlegenheiten; war dieses doch der Hauptgrund, warum er 1673 den Niederländern seine kriegerische Hülfe nicht weiter leisten konnte [1]. Von 1674 an bezog er Subsidien von den Generalstaaten und Spanien, seit dem Frieden von St. Germain machten nur die französischen es ihm möglich, auch im Frieden „eine formidable Armee in Kriegsbereitschaft zu halten" [2]. Die Bedrängnisse der Jahre 1677 und 1679 nötigten sogar, in beiden eine allgemeine Kopfsteuer von 200 000 Thlr. auszuschreiben [3].

Die Assignationen.

Wie wir sahen, hatten die Stände die Beitreibung der Kontribution und die nötige Exekution. Da sich dieser Modus aber als unzulänglich erwies, so wurde seit dem Regierungsantritt Friedrich Wilhelms jedem Regimente ein bestimmter Distrikt zur Einquartierung, Löhnung und Verpflegung angewiesen. während seit den fünfziger Jahren die Kriegskommissare mit den Land- und Stadtbehörden über die Einzelheiten, wie Repartition der Quoten, rechtzeitige Aufbringung und Abführung derselben an die Truppen sich auseinandersetzten. Damit begann die Regierung sich der bisher ganz von den Ständen besorgten Truppenverpflegung zu bemächtigen. In Preufsen behielten nach der Acciseordnung von 1662 die 5 Kastenherren Kontrolle und Exekution, seit 1666 traten dazu die Bürgermeister von Königsberg und Bartenstein. In Kleve-Mark waren es die Unterreceptoren, welche die bewilligten Gelder eintrieben und der Regierung oder den Kommissaren übermittelten, seit 1675 traten sie unter einen Oberreceptor [4].

Die Assignationen für die Regimenter wurden seit dem schwedisch-polnischen Kriege vom Generalkommissar berechnet und aufgestellt, für Preufsen und die westfälischen Provinzen von den Statthaltern und Regierungen mit den Kriegskommissaren

---

[1] Brasser an den Greffier. Berlin den 24. Juni 1673: Wegen Geldmangels müsse der Kurfürst seine Armee entlassen, UA III 416.
[2] L. v. Ranke a. a. O. I 343.
[3] A. F. Riedel, Der brand.-preufs. Staatshaushalt in den beiden letzten Jahrhunderten. Berlin 1866. S. 32.
[4] Isaaksohn, Geschichte des preufs. Beamtentums II 196, 178.

jedoch stand dem Generalkommissar dabei immer die Oberaufsicht zu. Die Art und Weise, wie Platen während der Kriegsjahre 1656—60 die Gelder assignierte, blieb mafsgebend für die Folgezeit. Links wurde das Traktament für die Truppen berechnet und rechts daneben wurden diese Summen auf Kreise und Städte angewiesen. In den Assignationen des Jahres 1658 z. B.[1] folgen sich die Generalstäbe Graf Dohna, Derfflinger, Görtzke mit Kommissaren, Adjutanten und Proviantbeamten, dann die Artillerie mit einer Pauschsumme, über die der Artilleriekommissar besonders Rechnung führt, hierauf die Kavallerie-, Dragoner- und Infanterieregimenter, bei denen die Beträge für Stab, Zahl der Primaplanen und Gemeinen (Gefreiten) specifiziert sind; den Schlufs bilden Zulagen für einzelne Personen und Extraordinaria. Mit dem 1. Mai tritt eine Änderung ein, indem von da an die Sommerordonnanz zur Gültigkeit gelangt. Überall ist auch das in natura zu liefernde Hartfutter angegeben. Die Zahlen scheinen sich an die Verpflegungsordonnanzen zu halten, so weit uns darüber eine Kontrolle möglich ist. Nach der Ordonnanz von 1657 beträgt die Summe für eine Primaplana zu Rofs 205 Thlr., in der Assignation für deren 5 1025 Thlr. Da aber die Primaplanen verschieden besetzt waren, so treffen wir auf sehr ungleiche Summen. Bei der Infanterie bekommen z. B. die 4 Primaplanen des Leibregiments 700, die 8 des Ritterfordschen nur 999 Thlr.

Um die Besprechung des Formalen hier gleich zu Ende zu führen, so waren die Assignationen der achtziger Jahre im System wenig anders. Hinter der Infanterie folgen die Garnisonstruppen, deren Etat noch bis Friedrich Wilhelm I von den Feldtruppen getrennt blieb.

Aufser dieser Tabelle für die Centralbehörde folgen nun aber noch andere und zwar meist folgende:

2) Etats für die Provinzialbehörden, wodurch die Oberempfänger angewiesen wurden, wie viel Geld und an wen sie es abzuführen hatten,

3) Tabellen für die Stände, welche enthielten, was die Städte (Accise) und Ritterschaften (Kontribution) der einzelnen Kreise, und an wen sie es zu zahlen hatten,

4) Tabellen für jeden einzelnen Truppenteil, was an Geld, und von wem er es erhielt,

5) Die Accisetabelle der Städte,

6) Der General-Kassenetat für die Generalkasse;

aufserdem manchmal noch einige andere Tabellen wie ein Special-General-Kassenetat oder eine Verteilung des Acciseüberschusses an die Truppen[2].

Zur Erklärung des Vorstehenden müssen wir ein Wort über das Kassenwesen sagen[3]. Die seit den sechziger Jahren immer

---

[1] R. 24 FF.
[2] Kr. Min.
[3] D. Folgende aus K. Breysig, die Organisation der brandenb.

detaillierter werdenden Assignationslisten verwandeln sich um das Jahr 1674 in Generalkriegskassenrechnungen. Es war somit um diese Zeit für die Militärausgaben neben und über den verschiedenen Provinzialkassen eine Centralkasse entstanden. Jedoch floſs in erstere weiter der gröſste Teil der regelmäſsigen Steuern, während die Generalkasse die nur für den Krieg bestimmten Subsidien und Kopfgelder aufnahm. Da aber bei den von den Kreis- und Städtekassen abhängigen Provinzialkassen eine pünktliche Herbeischaffung der Steuern trotz detailliertester Voranschläge und strenger Kontrolle nur schwer erreichbar war, so flossen seit 1682 die Kontributionen aller Lande auſser den Marken und Kleve-Mark in die Generalkasse. Eine solche Centralkasse besteht nicht sowohl in einer Sammelstelle für alle baren Gelder, sondern vielmehr in einer solchen für die regelmäſsig von den Mittelinstanzen eingelieferten Einzelbelege. So hatte man nun eine fortlaufende Übersicht der Einkünfte aller Provinzen, man lernte deren Leistungen kennen und konnte auf eine regelmäſsige Quote rechnen. Nach und nach werden die Beiträge der einzelnen Länder denn auch ganz feststehende. Das ganze Kassenwesen stand unter der Oberaufsicht des Generalkriegskommissars, die Generalkriegskasse verwaltete ein Oberempfänger, bis 1682 Heydekampff, dann Cautius.

Es hängt mit dieser seit den sechziger Jahren beginnenden Bildung gröſserer Kassen und der Einführung der Accise zusammen, daſs die Verpflegung der Truppen bald ganz aus den Händen der Stände in die der Regierung überging, daſs man sich von der Quartierverpflegung zum Barbezahlungssystem wenden konnte. Damit erhielten denn auch die Assignationen die ganz andere Bedeutung, daſs den Kreisen und Ortschaften zur Bezahlung Gelder angewiesen wurden, die sie nicht direkt den Truppen, sondern den fürstlichen Beamten auszuhändigen hatten, während die Regimenter ihre Gebührnisse von den Provinzialkassen empfingen. Nach dem Kontributionsreglement von 1687 sollen die Kreiseinnehmer die Assignationen aus der Kasse bar bezahlen[1]. Wenn es nun hieſs, Kleve hat 4647 Thlr. an das Regiment Spaen z. F. zu zahlen, so war damit gemeint, daſs der Obereinnehmer diese Summe in die Klevische Kriegskasse abzuführen hatte; diese bezahlte das Regiment aus ihrem Bestande und schickte am Ende des Monats den Beleg darüber nach Berlin[2].

Kommissariate in der Zeit von 1660—1697. S. 149 ff. Forsch. z. brandenb. und preuſs. Gesch. V 1. — 1892.

[1] S. S. 48.

[2] Wie in der Einführung einer systematischen Administration Frankreich vorausging, so auch in der Verstaatlichung der Heeresverpflegung. In der Ordonnanz vom 4. November 1651 (Französische Kriegswirtschaft) wird schon bestimmt, daſs die Barzahlung nicht mehr durch die Einwohner, sondern durch das Kriegszahlamt zu geschehen habe.

Die Militär-Exekutionen.

Liefen die assignierten Gelder nicht richtig ein, so kam es zu sogenannten militärischen Exekutionen[1] gegen die säumigen Zahler. Schon in den zwanziger Jahren durfte sich der Landreuter zur Eintreibung der Kontribution vom Kreiskommissar einige Soldaten geben lassen[2]. Wie nun die Forderungen wuchsen, ebenso vermehrten sich auch die Exekutionen. Sie waren an und für sich gegen die früheren Verhältnisse, als es bei der Quartierverpflegung einfach dem Soldaten überlassen war, sich seine Gebühren von den Einwohnern zu verschaffen, sicherlich ein Fortschritt. Denn es war dadurch doch der Grundsatz aufgestellt, dafs niemand als nur die Exekutionskommandos Zwangseintreibungen vornehmen durften. Freilich fiel nun auf diese der allgemeine Hafs der Bevölkerung. Sie bestanden aus einem Offizier oder Unteroffizier mit einigen Soldaten und wurden entweder den Säumigen so lange zur Verpflegung ins Haus gelegt, bis diese zahlten, oder sie mufsten Pfändungen vornehmen.

• Man kann sich denken, wie viele Unordnungen dabei vorkommen mufsten. Abgesehen von anderen Ausschreitungen, welche die Kommandierten, sich selbst überlassen, begingen, forderten sie möglichst viel und suchten so die Kontribuenten zur Zahlung zu zwingen. Die Regierung mufste nach zwei Seiten schauen, die Truppen mufsten leben und die Einwohner nicht ruiniert werden; wir finden Bestimmungen für die Exekutoren und solche zum Schutze der Einwohner. •

In der Not der ersten Zeiten nehmen die Klagen kein Ende. Die Offiziere, beschweren sich 1654 die märkischen Stände, begehren täglich bis 9, die Gemeinen nicht unter 3 Gr. täglicher Exekutionsgebühr, sie fallen den Ratspersonen in die Häuser und exekutieren diese statt der Säumigen; im März habe Gardelegen allein 75 Thlr. an Gebühren bezahlt. Dann kommen wieder Klagen der Truppen; die Exekutoren von Frankfurt laufen vergebens bei den Kontribuenten umher. Eine vorübergehende Festsetzung der Gebühren half wenig, wir hören, dafs die Offiziere den Städten das Vieh forttrieben, da sie sonst nichts bekamen[3]. Noch 1666 „sah man unaufhörlich den Exekutionswagen mit den den Säumigen gepfändeten Habseligkeiten durch die Strafsen Berlins fahren[4]."

In Kleve-Mark erhielt man in den fünfziger Jahren Geld fast nur durch Exekution. Schon 1651 befiehlt Sparr, $3333^{1}/_{2}$ Thlr. so zu erheben. Als 1657 70000 Thlr. in zwei Terminen beizu-

---

[1] Während des dreifsigjährigen Krieges wurden die Exekutoren in den Marken meist Tribulanten genannt. E. Friedlaender a. a. O.
[2] S. S. 80.
[3] R 24 M b 4. Hier eine Menge einzelner Fälle.
[4] L. v. Ranke a. a. O. I 278.

bringen sind, und dieses nur durch Exekution gelingt, wenden sich die Stände mit der Bitte um Sauvegarden an die Generalstaaten; der Oberkommissar Ludwig meldet, man fange schon an, sich mit gewaffneter Hand der Exekutoren zu erwehren, die Pächter wanderten aus. Und so geht es fort bis zum Frieden[1]. L. v. Baczko[2] meint, in Preußen sei die militärische Exekution 1628 von dem Amtshauptmann von Tilsit, Oberst Wolf von Kreutzen, zur Bestrafung des ungehorsamen Magistrats dieser Stadt erfunden worden. Jedenfalls war auch hier die Exekution meist das einzige Mittel, die nötigen Gelder zu erhalten. Freilich litt das Land schwer, und besonders der schwedisch-polnische Krieg mit dem Einfall der Tataren hatte die Bevölkerung hart mitgenommen. Da mochte es wohl vorgekommen sein, daß, wie die Oberräte 1660 klagen, die Exekutoren die Ziegel von den Dächern verkauften, so daß „die vom Adel und Bürgern immittest ohne Dach sitzen müssen, so hievor ungehöret und fast unglaublich". Nach der Einführung des Hufenschosses 1673 erschallen wieder laut die Klagen der Oberräte. Die Exekutoren brächten die Leute in Verzweiflung, diese wollten ihre Kinder aussetzen oder ermorden, eine Exekution in Königsberg werde ein Blutbad veranlassen. Allein sie wurde doch verhängt, man führte aus der Stadt 12000 Thlr. ab, von einem Blutbade war keine Rede. Allmählich sahen die Stände nun doch, daß ihnen die Exekution mehr koste als die gutwillig gegebenen Steuern, 1678 bewilligte man Kopfgeld und Hufenschoß. Nach dem Frieden wurde aber wieder Exekution nötig, am 2. 12. Juli 1680 befahl Friedrich Wilhelm dem Generalwachtmeister Grafen Dönhoff, damit inne zu halten, wenn die Stände pro Hufe 2 Gulden bewilligten[3].

Um beiden Teilen möglichst gerecht zu werden, erließ die Regierung mannigfache Bestimmungen für die militärische Zwangseintreibung. 1655 (Ordonnanz) wurde befohlen, die Exekution nur auf Befehl des kommandierenden Offiziers vorzunehmen, damit nicht womöglich jede Kompagnie sie nach Belieben anordnete. Im Februar 1656 klagt der Obereinnehmer Preunel, einige Städte und Kreise wollten den Exekutoren keinen Unterhalt geben; da diese nun für ihr Geld leben müßten, sei noch nicht ein Groschen eingekommen; man müsse bestimmte Gebühren festsetzen[4]. Solche finden wir denn auch in zwei Patenten vom Februar und März jenes Jahres, in denen es heißt, die Exekutoren hätten sich beschwert, man spotte ihrer, gebe ihnen weder Gebühren, noch zahle man die Assignationen. Darum sollen sie 6 Tage nach publizierter Assignation auf Kosten der Säumigen vorgehen und von diesen zu verpflegen sein, in natura erhalte der Mann täglich

---

[1] Aus UA V.
[2] Geschichte Preußens V 76. Hieraus auch das Folgende.
[3] Orlich III 316 f.
[4] R 24 E 5.

2 Pfund Fleisch, 2 Quart Bier, 2 Pfund Brot, der Reiter in Geld 6, der Offizier 12 Groschen, aufserdem Pferdefutter[1].

Am 16. 26. März 1659 erschien dann ein Exekutionsedikt für unvermögende Örter. An solchen hätten die Exekutoren oft einem nur Geld, dem andern nur Korn angewiesen, wodurch es geschehe, dafs überhaupt nichts einkommt, sie hätten auch mehr verlangt, als ihnen zustehe. So bleibe die Exekution ohne Resultat, von den Gebühren könne oft die ganze Assignation bezahlt werden. Darum wird auf die früheren Bestimmungen verwiesen; man soll die Obrigkeiten nicht schädigen, die Exekutionen sind 14 Tage vorher anzusagen[2].

Für die nächsten 20 Jahre gültige Exekutionsgebühren setzt das Patent vom 28. Dezember 1659 fest. Die Exekutionen sind nur mit Vorbewufst der Kommissare resp. Magistrate vorzunehmen, und zwar in einer Stärke von nicht über einem Unteroffizier und 4 Gemeinen, von denen jener täglich 3 Groschen, diese je $1^1/_2$ Groschen, die Reiter auch Futter erhalten; jedoch alle nur, wenn sie über Land reisen, nicht in ihrer Garnison. An jedem Orte ist nur von einem Regimente und nicht mehr als ein Kommando auszusenden[3].

Alle diese Bestimmungen werden in der Folgezeit oft wiederholt, bis am 2. März 1678 eine Exekutionsordnung erschien. Die Exekutoren sollen drei Tage vorher warnen, die Gebühr beträgt 6 Groschen, wohl für das ganze Kommando; statt Geld soll auch Getreide angenommen werden. 100 Thlr. mufs jeder Mann selbst forttragen, beträgt die Summe mehr, so mufs der Ort einen Wagen stellen. Magistrate und Einnehmer sind nicht zu belegen. Das beigetriebene Geld ist nicht als Exekutionsgebühr zu nehmen[4].

Damals hatte schon die Accise ihre wohlthätige Wirkung geübt. 1679 befahl Friedrich Wilhelm dem Generalkommissar v. Grumbkow, über gänzliche Abschaffung der Exekution mit den kurmärkischen Ständen zu verhandeln[5]. Nach der Ordonnanz dieses Jahres bleibt den Ortsobrigkeiten überlassen, in einzelnen Fällen einige Soldaten als Exekutoren zu requirieren. 1683 überliefs man in Kleve-Mark die Eintreibung durch Frohnen den Unterreceptoren, die dann aber für rechtzeitige Ablieferung verantwortlich waren[6].

Mit der Regelung des Kassenwesens hängt es zusammen, wenn endlich die Exekution durch das Kontributions- und Exekutionsreglement vom 19. November 1687 auf ein Minimum

---

[1] M III 1, 16; VI 1, 125.
[2] M III 1, 21.
[3] M III 1, 26.
[4] M III 1, 47.
[5] Orlich III 307 ff. — Kurfürst an Schwerin. Potsdam 18. Oktober 1679.
[6] Scotti a. a. O. I 572.

eingeschränkt wird. Vom 1. Januar 1688 an sollen die Kreiseinnehmer die Assignation aus der Kasse bar bezahlen, den Säumigen sollen sie gegen 1- bis 2prozentige Vergütung einen Vorschufs thun. Bezahlen sie dennoch nicht, so sollen die Exekutoren sie schnell pfänden, aber nicht bei ihnen im Quartier liegen, ihre Gebühren erhalten sie aus der Kasse. Für die Sommermonate, in denen die Kontribution am schwersten fällt, ist so zu verfahren, dafs Ende September die für Mai und Juni, Ende Oktober die für Juli und August zur Erhebung kommt[1].

Beute und Lösegeld.

Ich mufs an dieser Stelle noch die Reste einer in früherer Zeit sehr allgemeinen Art, sich die nötigen Mittel zu verschaffen, erwähnen, nämlich die Beute und das Lösegeld für Gefangene[2]. Im 15. Jahrhundert bildete die Aussicht auf Beute immer ein starkes Lockmittel, Kriegsdienste zu nehmen. Der Kriegsherr behielt sich Geschütz, Munition und Proviant vor, während alle fahrende Habe des Feindes Eigentum der Soldaten wurde. Den Büchsenmeistern fielen die Glocken und die schon angebrochene Munition anheim. Ebenso bildete das Lösegeld für Gefangene keinen unwesentlichen Teil der Löhnung.

Unter Friedrich Wilhelm blieb zwar ein Teil dieser Bestimmungen bestehen, aber man suchte doch vorzeitiges Plündern des eroberten Lagers oder der Stadt, wodurch schon so oft der vermeintliche Sieg in Niederlage verkehrt worden war, möglichst zu beschränken. In dem Kriegsrecht von 1656 wurde befohlen, dafs erst, wenn der Feind völlig besiegt und die Verfolgung beendet oder in der eroberten Stadt jeder Widerstand niedergeschlagen und die Quartiere verteilt seien, jeder den ihm zugewiesenen Teil plündern dürfe; der zehnte Teil aller Beute kam an die Armen. Jedoch konnten die brandenburgischen Soldaten sich selten der Plünderung einer eroberten Stadt erfreuen, es widersprach zu sehr dem Interesse Friedrich Wilhelms, die pommerschen Festungen, welche er bald in seinem beständigen Besitz zu sehen hoffte, ruinieren zu lassen. Im Felde dagegen wird mancher ein Erkleckliches eingeheimst haben. 1674 erbeutete der Oberstlieutenant Henning das ganze Silbergeschirr und andere Sachen des Marschalls Crequi; auf 5 Mauleseln verpackt führte er sie heim[3], und der Kammerjunker von Buch erzählt, nach der Schlacht von Fehrbellin „machten unsere Leute gute Beute, der Feind liefs 2000 Bagagewagen zurück[4].

---

[1] M IV 3, Kap. 1, Nr. 28.
[2] Sturmsold findet sich unter Friedrich Wilhelm nicht mehr.
[3] G. v. Kessel, Henniges v. Treffenfeld und seine Zeit. S. 40. Stendal 1863.
[4] Tagebuch I 130.

Nach den Kriegsartikeln erhielt jeder Mann das Lösegeld für die von ihm gemachten Gefangenen. Es wurden dazu zwischen den kriegführenden Mächten Verträge, sogen. Kartelle, geschlossen, in denen bestimmt war, wie hoch sich das Lösegeld für jede Charge belaufen solle. Schon 1642 schloſs Friedrich Wilhelm ein Kartell mit Schweden. Sodann enthielt jede Kapitulation über Aufrichtung eines Regiments Bestimmungen über die Ranzionierung. Nach der mit dem Obersten v. d. Goltz von 1656 löste der Kurfürst alle Leute, die der Feind gefangen hatte, auf seine Kosten aus, wogegen er die Hälfte der vom Regimente Gefangenen erhielt. Noch 1689 galt die Verordnung, welche Friedrich Wilhelm am 10. November 1674 an den Generalauditeur erlassen hatte[1]. Danach soll die Ranzion für alle feindlichen Offiziere zur Hälfte dem Kurfürsten, zur Hälfte den Gemeinen, die für die feindlichen Gemeinen ganz dem Kurfürsten zufallen, während dieser alle brandenburgischen Gefangenen vom Feinde loskauft. Man sieht also, daſs auch dieses Geschäft fast ganz in fürstliche Verwaltung übergegangen war.

Die Verwendung der Mittel.

Gehen wir nunmehr zur Verwendung der zusammengebrachten Mittel über, so ist zunächst ein Wort über die Truppenkassen zu sagen. Eine staatliche Kontrolle derselben gab es nicht. Als 1659 der Oberstlieutenant Basse bei seiner Verteidigung gegen Verläumdungen seiner drei Rittmeister angiebt, er habe die empfangenen Gelder mit ihnen immer richtig geteilt[2], hören wir ebenso wenig von einer Kassenkontrolle wie 1676, als dem General v. Ribbeck nach seinem Tode vorgeworfen wurde, er habe die Löhnung seiner Stabspersonen nach seinem Belieben bemessen[3]. Eine Kontrolle über die richtige Auszahlung der Löhnung wurde wohl durch die Musterungen gehandhabt, aber von einem Rechnungsnachweis ist nichts zu finden[4]. Noch unter dem zweiten preuſsischen Könige waren die Truppenkassen keine Staatskassen, die Ersparnisse wurden Eigentum der Kompagniechefs. Fragt man nun, wann denn diese Kompagniewirtschaft begonnen habe, so kann ich darauf nur antworten, sie bestand immer. Der Oberst teilte seinen Kapitäns oder Rittmeistern Pauschsummen aus, diese warben ihre Leute, diese hatten die ganze Ökonomie der Kom-

---

[1] Kopka v. Lossow, Geschichte des Grenadierregiments Nr. 5. S. 26*. J. F. S. Compendium additionale S. 33.
[2] R 24 K.
[3] S. S. 53. 54.
[4] S. S. 130 f. — Während in Frankreich seit 1666 die Kommissare die Bezahlung der Gemeinen von Hand zu Hand vornahmen (Franz. Kriegswirtschaft), findet sich dieser Modus in Deutschland nur sehr vereinzelt (G. Droysen a. a. O. S. 601); in Brandenburg scheint er mir nie eingeführt worden zu sein.

pagnie[1], diese stellten die monatlichen oder vierteljährlichen Rollen für das Generalkommissariat auf[2], was alles nicht ausschlofs, dafs vom Regimente Pferde-, Tuch- und Waffenankäufe im grofsen gemacht wurden. Nähere Bestimmungen scheinen erst unter dem ersten Könige gegeben worden zu sein[3]. Was sich in der Praxis allmählich ausbildet, wird oft erst später als Norm erfafst und durch Verordnungen zum allgemeinen Gesetz.

Werbegelder.

In einem Verwaltungszweig war man immer lediglich auf bar Geld angewiesen, in der Truppenergänzung. Da aufser der seltenen Einstellung der Aufgebotenen die Werbung die einzige

im Jahre		Reiter	Dragoner	Fufssold.	Quelle
1637	Der Kaiser zahlt bei der grofsen Werbung	20		8	Courbière Verf. S. 39
1637	Kapitulation mit Oberstlieutenant Vorhauer	15	10		G. Lehmann S. 199.
1644	Verstärkung der preufsischen Kompagnieen			4	UA I S. 142.
1646	Verstärkung der Kompagnieen Trott und Ribbeck			5	R 24 E 5.
1646	Verstärkung des Regiments K. v. Burgsdorff			6	
1648	Werbung des General Houwald in Preufsen	20		6	s. S. 122 N.1
1655	Kompagnie des B. v. d. Marwitz			4	R 24 E 3.
1656	Oberst v. d. Goltz			6	s. S. 133 f.
1656	Rittmeister v. Brunsee	30			s. S. 51.
1656	Oberstwachtmeister Lubbenau			16	s. S. 51.
1665	Oberst v. Bomsdorff			20	R24GG1.
1672	Graf Promnitz	40			s. S. 118.
1672	Generalstaaten sollen zahlen (wollen für den Infant. nur 8 Thlr. geben)	40		10	UA III S. 248.
1672	Herzog v. Holstein-Plön (Eskadron)			8	v.Mülverstedt S. 568.
1674	Für die Garnisonen zu Werbende			4	G. Lehmann S. 166 ff.
1674	Herzog v. Holstein-Plön (Regiment)			8	v.Mülverstedt S. 569.
1674	Offiziere wollen nur kapitulieren für			9	R 24 Z b.

---

[1] S. S. 21.
[2] S. S. 130 f.
[3] Instruktion für d. Regts.-Quartiermeister Rütz 1711. K. v. Lossow a. a. O. S. 50* f.

Art der Rekrutierung war, so spielte, besonders bei plötzlich eintretendem höheren Bedarf, also bei der Mobilmachung, das Werbegeld eine grofse Rolle. Man mufste, um es zu bekommen, sogar einmal an den Patriotismus der Beamten appellieren[1]. Aus vorstehender Tabelle ersieht man die Höhe desselben für verschiedene Jahre. Der Reiter mufste ein Pferd stellen. Die Zahlen bedeuten Thaler.

Dazu sind noch einige Bemerkungen nötig. Im schwedisch-polnischen Kriege gestaltete sich die Bezahlung der Werbeoffiziere bis zur Musterung meist so, wie es in der Kapitulation des Rittmeisters v. Brumsee vom Leibregiment z. R. bestimmt ist. Brumsee erhält 30 Thaler Werbegeld für den Reiter, also 3000 für die 100 zu werbenden, sodann im ersten Monat das Traktament für das erste Blatt und 60 Einspännige, die folgenden 3 Monate komplettes Traktament nach der Ordonnanz, nach der Musterung noch einen „Mustermonat", der so hoch war, wie das monatliche Traktament der ganzen Kompagnie[2]. Es kam aber auch vor, dafs nur Werbegeld gezahlt wurde ohne Traktament, wie z. B. der Oberstwachtmeister Lubbenau innerhalb 6 Wochen 150 Dragoner werben sollte, wofür ihm aufser den 16 Thalern Werbegeld nichts weiter gewährt wurde[3]. Viel öfter aber findet sich der entgegengesetzte Fall, dafs kein besonderes Werbegeld, sondern von Anfang an komplettes Traktament bezahlt wurde. Oberstwachtmeister von Klitzing erhielt 1655 für seine zu werbenden 4 Reiterkompagnieen komplettes Sold auf 4 Monate, dann noch einen Monatssold als Marsch- und einen als Mustermonat[4]. Ähnlich wird in der Kapitulation mit Oberstwachtmeister H. v. Sydow über eine Kompagnie z. F. vom 14. Dezember 1658 verlangt, dafs er kein besonderes Werbegeld prätendiere, weil er 8 Monate lang verpflegt und dann erst gemustert werde[5]. Er konnte also, wenn es ihm gelang, in den letzten 2 Monaten etwa die Leute zusammenzubringen, für 6 Monate das Traktament sparen und dieses als Werbegeld benutzen. 1658 wurde der Mustermonat — wohl auch der Marschmonat — ganz abgeschafft, es wurden nur 4 Monate von der Kapitulation oder der Eröffnung des Musterplatzes bis zur Musterung als Werbemonate bezahlt[6].

---

[1] Im Februar 1656 wurden die brandenburgischen Beamten ersucht, ebenso wie es die pommerschen, mindenschen, halberstädtischen und ravensbergischen schon gethan hätten, auf eigene Kosten ein bis drei Mann zu werben. Über dem betr. Schriftstück steht jedoch: „dieser unangenehme Handel ist nicht vor sich gangen." R 24 E 5.
[2] R 24 K. — Königsberg, 16. Dezember 1655.
[3] R 24 K. — Königsberg, 5. Oktober 1656. Über Musterung s. S. 124 ff.
[4] 10. August 1655. R 9 A 4.
[5] R. 24 K.
[6] Ebenda. Mitteilung Platens an Ob. Lieut. v. Kissow, der 4 Kompagnieen z. R. werben sollte — Kapitulation vom 29. Dezember 1658 — und dazu wohl den Mustermonat und mehr Zeit verlangt hatte.

4*

Später verfuhr man so, dafs die Offiziere für die zu Werbenden im ersten Monat $^1/_3$, im zweiten $^2/_3$, sodann komplettes Traktament bezogen[1].

Der werbende Offizier konnte aber auch in eine unangenehme Lage kommen, indem er noch vor Eröffnung des Musterplatzes werben liefs; dann lagen ihm die Leute auf seinem Gute zur Last, wie es 1666 dem Obersten v. Bomsdorff ging, als er 4 Kompagnieen Dragoner zu werben sich vespflichtet hatte. Im März bat er, ihm zu deren Unterhalt wenigstens 500 Thaler vorzuschiefsen und den Musterplatz anzuweisen, was denn auch geschah[2].

Die in den Kompagnieen vakant werdenden Plätze waren nach den Ordonnanzen von 1679 und 1684 2 Monate offen zu halten und die darauf fallenden Traktamentsgelder zur Werbung neuer Soldaten zu verwenden.

Die Verpflegungsordonnanzen.

Das Wachsen der fürstlichen Verwaltung auf militärischem Gebiete erkennt man am besten aus den für die sämtlichen Truppen von Zeit zu Zeit erlassenen Verpflegungsordonnanzen und Marschpatenten. Sie sind für die ganzen militärischen Verhältnisse unserer Epoche die weitaus wichtigste Quelle. Zunächst wollen wir die Traktamentstabellen, welche sich im Princip auf das Barbezahlungssystem stützen, ins Auge fassen und dann sehen, wie es mit der gröfsten Mühe gelang, die immer noch nebenher laufende Quartierverpflegung zu beseitigen.

Zur Zeit Georg Wilhelms enthielt die Kapitulation mit dem Obersten die Soldbedingungen für das ganze Regiment. In der Bestallung des Hildebrand v. Kracht von 1626 zum Obersten über ein Regiment z. F. von 3000 Mann findet sich die Bestimmung, dafs jede Kompagnie mit Offizieren 1560 Gulden = 1300 Thaler erhält, wobei aber nicht angegeben ist, was dem einzelnen Manne zu Teil wird, dagegen aber das Traktament für Kracht und seinen Stab[3]. Im Jahre 1632, als 3 Regimenter z. F., eins z. Pf. geworben wurden, hat man schon gemeinsame Verpflegungstabellen, die Gebührnisse der Chargierten und Gemeinen enthaltend, aufgestellt. 1635 erscheint die erste brandenburgische „Verpflegungsordonnanz".

Wie bei den Kaiserlichen und Schweden, so machte man auch bei dieser einen Unterschied zwischen Sommer- und Wintertraktament. Bekannt ist die Meuterei der brandenburgischen Offiziere beim Regierungsantritt Friedrich Wilhelms, als man ihnen der Geldnot wegen im Winter die Sommerverpflegung geben

---

[1] Orlich III 220 f. — G. A. v. Mülverstedt a. a. O. S. 568 f. — G. Lehmann a. a. O. S. 175.

[2] R 24 GG 1.

[3] Ich verweise für das Folgende ein für allemal auf Tabelle I und II S. 56–58.

wollte. Der Unterschied zwischen beiden wird dadurch erklärlich, dafs man im Sommer Krieg führte, Beute machte, plünderte, auf Kosten des feindlichen Landes lebte[1] und daher weniger Sold brauchte als im Winter, wo man Quartiere bezog, das, was diese bieten konnten, bald aufgezehrt hatte und dann notwendiger Weise dem Kriegsherrn zur Last lag.

Die Differenz zwischen Winter- und Sommertraktament war eine beträchtliche, wie es ein Vergleich zwischen Nr. 4 und 5 auf Tabelle I. zeigt. 1656 betrug der Unterhalt der Reiterei im Winter 19709 Thaler 3 Groschen, im Sommer 13934 Thaler 18 Groschen[2]), während 1658 die ganzen Heeresausgaben für April 75033 Thaler und 37713 Scheffel Futterkorn, für Mai nach der Sommerordonnanz 63442 Thaler und 19053 Scheffel ausmachten[3].

Da es nach dem dreifsigjährigen Kriege in der brandenburgischen Armee bald nur noch Reiter, Dragoner und Fufsknechte gab, auf den Reiter aber, er war adlig oder nicht, immer nur ein Pferd passiert wurde, der Soldunterschied zwischen Musketier und Pikenier (Doppelsöldner) aufgehört hatte, so werden die Verpflegungstabellen viel einfacher. Vorbildlich waren für sie die Ordonnanzen der Kaiserlichen und Schweden.

Die erste Verpflegungsordonnanz Friedrich Wilhelms war die von 1655 für den schwedisch-polnischen Krieg[4]. Bis dahin waren die Truppen nach der Ordonnanz von 1638 resp. 1639[5] oder den Kapitulationen und einzelnen Unterhaltstabellen verpflegt worden. Legten die Obersten und Kompagnieführer auch keine Rechnung ab[6], so war es jedenfalls später der Willen der Regierung, dafs die einzelnen Chargen nach der Ordonnanz bezahlt würden. Der Wachtmeisterlieutenant Gregor Kaufmann von der Garnison Spandau klagt 1676 nach dem Tode Ribbecks, dafs dieser ihm statt der in der Ordonnanz ausgesetzten 18 Thaler monatlichen Traktaments nur 12 gezahlt, für die übrigen 6 aber einen Sekretär

---

[1] Im Juli 1656 verlangte man schon deshalb den Abmarsch Derfflingers aus der Neumark, weil er seinen Unterhalt in Polen finde und dann keine Gage zu erhalten brauche. R 24 E 5. Vergl. auch UA VII 624. — In demselben Jahre erhielten mehrere Regimenter gar keine Assignation, Oberst Heinr. Ehrenreich v. Halles Eskadron, heifst es, soll sich gleich andern den Unterhalt suchen. v. d. Ölsnitz a. a. O. S. 87 nach dem Königsberger Archiv.
[2] R 24 E. 5
[3] R 24 F F.
[4] Diese wurde wohl von dem Kommissar Tobias Rothberg unter Platens Leitung ausgearbeitet. R 24 Z b. — Die von Orlich II 363 angeführte Verpflegungsordonnanz vom 6. Juni 1646, welche auch Isaaksohn a. a. O. II 168 nennt, habe ich im Geh. Staatsarchiv, woher Orlich sie hat, nicht finden können, auch nennt sie weder Mylius, noch Courbière, noch Jaehns.
[5] So noch im Sommer 1656 bis zum Juni (s. Tabelle I Nr. 8). R 24 K.
[6] Courbière, Grundzüge S. 6.

unterhalten habe und bittet um die rückständigen 186 Thaler. Die Entschuldigung des Sohnes Ribbecks vor dem Berliner Kammergericht, „dafs dasjenige, so auf den Stab geliefert wird, dem Obristen zu Handen gestellet werde, welcher alsdann nach Belieben die Ordnung, was ein jeder haben sollte, machen thäte", verwarf der Kurfürst und befahl, dafs er die Schuld des Vaters zahlte[1]. Indem wir also im Auge behalten, dafs besonders in der ersten Zeit von den Sätzen der Ordonnanzen oft abgewichen wurde, so zeigt uns die Zusammenstellung derselben doch nicht unwichtige Veränderungen in der Verpflegung des Heeres. Zunächst wurden sie wohl erlassen, um Streitigkeiten zwischen den Truppen und den Quartierwirten über das zu Empfangende und das zu Leistende zu schlichten und waren deshalb in Plakatform nur auf einer Seite gedruckt. Mit der fortschreitenden Einschränkung der Quartierverpflegung trat diese Bestimmung derselben in den Hintergrund. Tabelle I. bringt die Soldsätze einiger Chargen der Stäbe und Kompagnieen, die Summen ersterer und der Primaplanen und das Traktament des Gemeinen, welches in Tabelle II. specifiziert wird. Die Zahlen gelten für einen Monat, sie sind so berechnet, dafs Geldtraktament, Servis und Fourage in einer Summe enthalten sind, sie bedeuten Thaler. Abweichendes ist bemerkt. v. d. Oelsnitz sagt[2], dafs seit 1660 kein Unterschied mehr zwischen Sommer- und Winterverpflegung gemacht sei, was für die Infanterie zutrifft; das später noch immer erscheinende Wort Winter- oder Sommertraktament bezieht sich auf das Pferdefutter.

Beim Gehalt der Obersten wäre zu untersuchen, ob darin deren Gage als Rittmeister oder Kapitän der ersten Kompagnie enthalten ist. Hierfür bieten die schwedischen Ordonnanzen einen Anhalt. In der vom 17. März 1655 bekommt der Reiteroberst „auf die Obristschaft" 150 Thaler, „auf die Rittmeisterschaft" 92 Thaler[3], in der brandenburgischen desselben Jahres sind ihm 150 Thaler angesetzt; man kann also annehmen, dafs er aufserdem die $84\frac{1}{2}$ Thaler Rittmeistertraktament erhielt. Die Ordonnanz Karl Gustav Wrangels von 1675 gewährt ihm „ohne Rittmeisterschaft" 100, mit derselben 160 Thaler, die brandenburgische von demselben Jahre 100, dem Rittmeister 60 Thaler, so dafs wir zu demselben Resultat gelangen. Für unsere Annahme, dafs der Oberst aufser seiner Gage auch die als Kompagniechef bezog, spricht ferner der Umstand, dafs in vielen Verordnungen befohlen wird, dafs ein Offizier, der 2 Chargen bekleidet, nur für die höchste den Servis zu beziehen habe; dafs er auch nur für diese Traktament erhalte, davon findet sich nirgend etwas. Eben so

---

[1] R 24, 138. — Entscheid Friedrich Wilhelms an das Kammergericht. Cölln, 12. April 1676.
[2] A. a. O. S. 111.
[3] R 24 Z b.

stand es mit dem Oberstlieutenant und Oberstwachtmeister, welche die zweite und dritte Kompagnie hatten.

Die Sätze für die höheren Offiziere erscheinen in den ersten Rubriken sehr hoch, noch bei Beginn des schwedisch-polnischen Krieges erhält der Oberst z. R. 150, der z. F. 130 Thaler. Die allmähliche Verminderung dieser Gehaltssätze hängt mit der veränderten Stellung, die Friedrich Wilhelm den Obersten zuwies, und die wir in Abschnitt VI. kennen lernen werden, zusammen.

1656 und 1657, als die Truppen in die Quartiere zogen, wurden Ordonnanzen mit bedeutend herabgesetztem Traktament erlassen, weil die Verpflegung damals sehr schwer war (Tabelle I. Nr. 9, 10, 11). Nach dem Frieden von Oliva entliefs Friedrich Wilhelm bekanntlich seine ganze Kavallerie, für die Infanterie behielt man die niedrigen Sätze von 1657 bei. Abgesehen von der Knappheit der Mittel ist dieses aus der politischen Lage erklärbar. Während des schwedisch-polnischen Krieges war überall für einen Offizier Dienst zu erhalten, die Nachfrage war stark, Frankreich, Spanien, Schweden, Polen, Dänemark und der Kaiser führten Krieg, da mufste der noch nicht berühmte Kurfürst für tüchtige Offiziere viel zahlen. Nach den Friedensschlüssen von 1659 und 1660 aber kamen friedlichere Zeiten, jeder Offizier mufste froh sein, wenn er in dem kleinen Heere des Siegers von Warschau und Alsen eine Stelle erhielt. Damit hängt wohl auch die Abschaffung einer besonderen Winterordonnanz zusammen; wer nicht auf die allein gültigen Sätze eingehen wollte, mit dem kapitulierte man nicht.

Bei der Mobilmachung für den münsterischen Krieg von 1665 sollten die Truppen nach dem Edikt von 1657 verpflegt werden, die Oberoffiziere indessen nur Kapitäns- bezw. Rittmeistertraktament beziehen [1]. Ende des Jahres erschien dann eine Ordonnanz (Nr. 13).

Als nach dieser Unternehmung und der gegen Magdeburg der gröfste Teil der dazu geworbenen Verstärkungen wieder entlassen wurde, behielt man die Offiziere mit vermindertem Gehalt bei, und zwar so, dafs die höheren wieder Hauptmanns- und Rittmeistergehalt, die Hauptleute und Rittmeister Lieutenantsgage bezogen u. s. w. Ein grofser Teil der Offiziere war also in dieser Weise auf Wartegeld gesetzt [2].

Wie man aus der Tabelle sieht, blieben die Gehälter von da an bis zum Frieden von St. Germain ziemlich gleich, man glaubte wohl an einer Grenze angelangt zu sein, über die man nicht gut hinabgehen konnte. Gleichwohl geschah das noch einmal 1679. Die Gebührnisse der Gemeinen blieben seit dem dreifsigjährigen Kriege dieselben, d. h. sie waren auf das Notwendigste beschränkt; ich komme auf sie in Abschnitt V. zurück.

Wenn G. Droysen [3] auch mit Recht sagt, dafs ein Vergleich

---

[1] F. Hirsch a. a. O. S. 251. Es ist wohl Nr. 11 auf Tabelle I gemeint.
[2] Ebenda S. 272.
[3] A. a. O. S. 597.

Tabelle I.

	1	2	3	4	4	5	6	7	8
			8. I	1. I		28. IV		8. IV	5. VI
	1626	1632	1635	1638		1639	1652	1655	1656
					Pferde				
Stab zu Rofs									
Oberst		300		205	12	90		150	135
Oberstlieutenant		200		86	8	35		63	56
Auditeur		25		24	2	9		$16^1/_2$	13
Feldscherer		15		15	1	5		$10^1/_2$	9
Pauschsumme d. St.		774		508	37	220		$396^1/_4$	360
Dragonerstab									
Oberst									
Oberstlieutenant									
Auditeur									
Feldscherer									
Pauschsumme d. St.									
Stab zu Fufs									
Oberst	$583^1/_4$	300		205	12	90	$123^1/_3$	130	110
Oberstlieutenant	200	200		86	8	35	$53^1/_6$	52	43
Auditeur	$42^2/_3$	25		24	2	9	$13^5/_6$	$16^1/_2$	13
Feldscherer	$16^2/_3$	15		15	1	5		$10^1/_2$	9
Pauschsumme d. St.	$1076^2/_3$	774		500	36	218	$280^1/_3$	$353^3/_4$	285
Prima plana z.R.									
Rittmeister		210 }	48 }	63	6	24		$84^1/_2$	52
Lieutenant		120 } a	24 } b	29	4	12		$40^1/_4$	25
Fourier		60 }	8 }	10	1	4		$13^1/_2$	8
Pauschsumme d.pr.pl.		721 }	140 }	191	27	$84^1/_2$	140	291	201
Dragoner pr.pl.									
Kapitän				58	6				
Lieutenant				29	4				
Fourier				7	1				
Pauschsumme d.pr.pl.				197	27				
Prima plana z.F.	D. ganze								
Kapitän	Komp.	100	48	58		24	$33^1/_6$	51	$36^1/_2$
Lieutenant	1300, davon für	40	24	29		12	$17^5/_{12}$	$22^1/_2$	$18^1/_4$
Fourier	Offiziere	10	5	7		$3^3/_4$	$5^5/_{12}$	$5^3/_4$	$3^3/_4$
Pauschsumme d.pr.pl.	250.	250	$153^3/_4$	197		$88^3/_4$	139 ∱ 12 gr 3 ₰	$171^1/_4$	118
Gemeine c)									
Reiter		10	5	5	1	$3^1/_2$	7	6	$4^1/_4$
Dragoner				3	1				
Fufssoldat		4	3	3		$2^1/_2$	$2^1/_2$	$2^1/_2$	$1^7/_8$

Bemerkungen: a = inkl. Futtergeld 260 Thlr. für 26 Pferde; b = ohne Servis und Futtergeld; c Über Gemeine siehe Nebentabelle (S. 58); No. 5 und 8 sind Sommerordonnanzen; No. 1 aus d. Kapitulation mit Hildebrand v. Kracht; No. 2 Berechnung des Unterhalts der Geworbenen; No. 6: „Auf den Alt-Burgsdorffischen Stab monatlich"; No. 10 für Preufsen; No. 11 für d. mittl. Provinzen.

XI 5.

Tabelle I.

9	10	11		12	13	14	15	16	17	18	19	20	21
25. XI	10. X	12. XI		5. XI	23. XII	1. I 30.	V 6.	VII 21. XII	20. X	2. I	10. XI		1. I
1656	1657	1657		1660	1665	1672	1672	1674	1675	1676	1678	1679	1684
		Pferde											
82½	120	100	14		100	wie 1665		wie 1665	100	wie 1675		80	90
36	40	45	8		45				45			36	45
9	12	12	2		16				15			11	13
6	7	8	1		9				9			6	7
222¼	284	284	46		266	276		284	302			210	245¾
74½	100	90	12		95		wie 1665			wie 1665		76	85
31	40	38	8		42							34	40
9	12	9	2		12							10	11½
6	7	7	1		7							5	6½
200¼	261	237½	40		241		253					272 191	220⅝
70	100	90	8	90	90	wie 1665	wie 1. I 1672	wie 1665		wie 1665	wie 1675	73	80
29	35	38	6	38	38							30	35
8⅔	10	9	2	12	12							10	11
6	7	7	1	7	7							5	6
195	248	237½	31	195	225		233					252 176	200
44½	60	60	6		60					wie 1665		50	55
21¼	25	29	4		29							23	25
7½	10	10	2		10							8	10
156¾	198	205	29		205							166	193
37⅓	40	40	5		50			wie 1665			wie 1674	40	44
17	25	18	3		24							20	22
4¾	6	3¾	1		7							5	7
123	152	126½	25		178	180		180				141	168¾
27	40	40	4	40	40		wie 1665	wie 1665				32	36
12	15	18	2	18	18							15	17
3¼	3½	3¾		5 ₰ 11 ₰	5½							4½	5
97	118½	126½	8	142 ₰ 19 ₰	141							117	134¼
3	5	4			4	5	5		wie 1672				4 ₰ 8 ₰ 7 ₰
2½	4	2¼			2½	4	4						3 ₰ 23 ₰ 5 ₰
2	2½	2¼		2½	1½	2½	2½						2 ₰ 18 ₰ 6 ₰
		Jeder Stab u. jede Kompagnie führt 16 Wagen.											

Quellen: Aus Mylius: No. 3, 4, 5, 7, 13, 15, 16, 18, 19, 20, 21; aus R 9 A 3: No. 1; aus R 24 E 5: No. 2; aus R 24 Z b: No. 9, 10; aus R 24 K: No. 8, 11, 12; aus Mnscr. Bor. Fol. 317, 1: No. 6; aus Kön. Bibl. Berlin Gy 16500: No. 17; aus Hoyers, corpus iur. mil.: No. 14.

Tabelle II.

Gebührnisse der Gemeinen.

	1638	1655	1657 10.X	1660	1665	1672	1679	1684
Reiter	5 Thlr.	Im Winter: 6 Thlr. oder 1½ Pfd. Fleisch, 2 Pfd. Brod, 2 Quart Bier, 4½ Sch. Hafer, 90 Pfd. Heu, 18 Bund Stroh. Im Sommer: 1 Thlr., 2¼ Schff. Hafer u. Grasung.	5 Thlr. und Rauhfutter		4 Thlr. und 90 Pfd. Heu, 18 Bund Stroh.	Im Winter: 5-6 Thlr. Im Sommer: 3½ Thlr., ½ Thlr. oder Grasung.	2 Thlr. oder Hartfutter 1 Thlr. und Rauhfutter.	3 Thlr. Traktam. für Rauhfutter 8 Gr. 7 Pf. für Service[1]
Dragoner	4½ Scheffel Hafer, 6 Bund Stroh, 30 - Heu.	3 Thlr. und 2¼ Schffl. Hafer } nur i. Winter, 6 Bund Stroh, 30 Bund Heu	4 Thlr. und Rauhfutter		2½ Thlr. und Rauhfutter	Im Winter: 4 Thlr. Im Sommer: 2½ Thlr. und Grasung.	1½ - f. Speisung 1½ - Traktam. 4 Thlr. und Rauhfutter	2 Thlr. 16Gr. Trakt. 1 - 7 Gr. 5 Pf. für Service[1] 3Thlr.23Gr.5Pf. und 5 Gr. Quartiergeld[2]
Fußsoldat	3 Thlr.	2½ Thlr. oder wie Reiter ohne Futter.	2½ Thlr.	Im Sommer: 10 Groschen.	2½ Thlr., davon Kleidung und Untergewehr.	1½ Thlr. } wie vor.	2½ Thlr. davon Kleidung[2]	1⅓Thlr. f.Speisung 1⅙ - Trakt. mit Kleidung 2½ Thlr. Kleidung 6 Gr. 6 Pf. Service[1] 2Thlr.18Gr.6Pf. u. 4 Gr. Quartiergeld[2]

[1] Bis zur Ordonnanz von 1679 erhielten die Gemeinen alle Servitien in natura, von da an siehe S. 66 ff.

[2] Über Quartiergeld siehe S. 67, über Abzüge für Kommisbrod S. 73 f., für Bekleidung S. 74 ff.

mit modernen Zuständen ein Notbehelf sei, den derjenige leicht entbehren könne, der in jenen Zeiten, wie man sagt, zu Hause ist, dafs inmitten des Schwankens der Geldwerte und des Verhältnisses der verschiedenen Geldsorten zu einander die Reduktion ein gewagtes Experiment sei, so will ich diesen Vergleich, da für uns ja nur **eine** Geldsorte in Betracht kommt, doch wagen — „der Anschaulichkeit" wegen.

Die Kaufkraft des Geldes war um 1670 ungefähr $2^{3,5}$mal so stark als heute [1], der damalige Thaler ist gleich heutigen 4,50 Mk. Um auf den heutigen Geldwert zu kommen, habe ich also die Soldsätze des 17. Jahrhunderts mit 11,7 zu multiplizieren. Wenn wir die Summe aller heutigen Gebührnisse ziehen [2]),

---

[1] Soetbeer stellt in den Göttinger Gelehrten Anzeigen vom 19. März 1879 nach dem Werke l'Abbé, ‚A. Hanauer, Études économiques sur l'Alsace ancienne et moderne, Paris et Strasbourg 1876—78, einige Tabellen auf; aus diesen führe ich vier Perioden an:

Periode	Weizen Mark pro 100 kg	Hafer ebenso	Ochsenfleisch ebenso	Brot (Mittelsorte) kg für 1 Mk	Preise in allgemeinen Prozentverhältnissen.	Kaufkraft des Geldes in allgemeinen Prozentverhältnissen.
1501—1525	3,34	2,47	16,20	15,4	100	100
1551—1575	9,11	5,96	25,11	6,9	186	53,8
1651—1675	7,85	6,32	35,64	9,5	222	45
1850—1875	24,34	16,22	105,30	3,4	578	17,3

Setzt man mit Breysig, brandenb. Staatshaushalt S. 190 Note 3, das Verhältnis wie 1:3, so würden die folgenden Zahlen für 1675 etwas höher.

[2] Sämtliche Kompetenzen bestehen heute aus Gehalt, Servis, Wohnungsgeldzuschufs, Pferderationen und Stallservis, für die Unteroffiziere aus Löhnung und 1½ Verpflegungszuschufs der Gemeinen, wozu noch Brot, resp. Brotgeld kommt. Von den sechs Servisklassen nehme ich die dritte (C) und zwar Winterservis für Selbstmieter, dieselbe für Wohnungszuschufs und Stallservis. Für Verpflegungszuschufs wähle ich einen mittleren von 0,18 Mk. täglich. Die Charge des Vicefeldwebels ist gewählt, weil dieser heiraten darf, ohne Eigenvermögen zu besitzen. Danach ergiebt sich:

	Oberst	Hauptm. I. Kl.	Pr.-Lieut.	Vicefeldw.
Gehalt	650	300	90	45
Wohnungsgeldzuschufs	60	45	20	7,80 Verpfl.-Zuschufs
Servis	73,50	56,10	35,10	
Rationen	84	28		
Stallservis	9	6		
Summa	876,50	435,10	145,10	52,80

Die Zahlen aus Frhr. v. Fircks, Taschenkalender für das Heer für 1887.

darunter aber die mit 11.7 multiplizierten Sätze des Jahres 1670 setzen, so ergiebt sich für ein Infanterieregiment:

	Oberst	Hauptm.	Lieuten.	Fourier
1675	1053 (1521 mit Hauptmannschaft)	468	210,60	64,35 nebst Quartier

	Oberst	Hauptm. I. Kl.	Pr.-Lieut.	Vicefeldwebel
heute	876,50	435,10	145,10	52,80 nebst Quartier, Montierung, Bewaffnung und Brot

Immer vorausgesetzt, dafs diese Zahlen nur einen ganz ungefähren Anhalt geben sollen, so wäre der Unterschied in beiden Jahrhunderten für die Obersten bedeutend, doch bin ich weit davon entfernt zu behaupten, dafs deren pekuniäre Lage darum damals eine bessere war. Denn während die Gehälter heute sichere sind, war das, wie noch gezeigt werden soll, im 17. Jahrhundert durchaus nicht der Fall. Den Kompagniechefs war

Vor der Reduktion (Verordnung vom 10. Januar 1660).			Nach der Reduktion vom 1. Juni ab. (Verordnung vom 29. Mai 1660.)	
	Traktament Thlr.	Servis Thlr.	Pferdezahl	Thaler
Feldmarschall auf sich	800	94	80	Feldmarschall Sparr	487 und für 120 Thlr. Korn
Feldzeugmeister auf sich, seinen Sekretär, Feldscher und 2 Trompeter	704	82½	67	Feldzeugmeister Dörfling	366
General v. d. Kavallerie auf sich u. seine Kanzlei	460	53	44	General v. d. Kavallerie, Fürst Anhalt	557
Generallieutenant v. der Infanterie auf sich und seinen Sekretär	430	50	42	Generallieutenant v. der Infanterie Graf Dohna	246
Generalkommissarius	300	36	30	Generalkommissar	183
Item wegen Ratsbestallung und Kostgelder	75	—	—		
Generalwachtmeister z. F. auf sich u. d. Sekretär	320	38	32	Generalwachtm. v. Goetz	183
Generalwachtmeister z. R. auf sich, den Sekretär und einen Trompeter	332	39	33	„ v. Pfuhl	183

Vor der Reduktion (Verordnung vom 10. Januar 1660).	Traktament Thlr.	Servis Thlr.	Pferdezahl	Nach der Reduktion vom 1. Juni ab. (Verordnung vom 29. Mai 1660.)	Thaler
Oberkommissar u. Kr.-Rat Waldow	165	—	15		
Generalquartiermeister	150	18	18		
Generalproviantmeister	200	24	18	Generalproviantmeister Jnckefort	60½
Generalauditeur	100	12	10	Generalauditeur Lüdener (Lindner)	61
Generaladjutant Gorsky	100	12	10	Generaladjutant Gorsky	60
„ Krosecke	150	18	15	„ Krosecke	92½
„ Kalenberg	100	12	10		
Kriegskommissar	50	6	5	Kriegskommissar Hofmeister	30½
Quartiermeisterlieutenant	50	6	5		
Auditeurlieutenant	60	6	6		
Feldmarschallskanzlei	66	8	8		
Feldmarschallskanzleiaufwärter	32	4	4		
Kommissariatskanzlei	35	4	4		
Feldprediger	25	3	2		
Feldmedikus	25	3	2	Feldmedikus	20
Kassierer	30	3½	4		
Apotheker	25	3	2		
Feldscher	25	3	2		
2 Trompeter	24	2½	2		
Generalwagenmeister	51	6	5		
Capitain de guide	51	6	5		
Proviantsekretär	15	2	2		
Proviantbedienter	20	2½	2	2 Proviantbediente	24½
Kommisbäcker	16	2	2		
Gewaltigerlieutenant	21	3	3		
2 Wagenmeisterleute à	21	3	3		
Profofs	12	1½	2		
2 Scharfrichter à	12	1½	2		
2 Steckenknechte à	3	¾	—	Noch einige Beamten, die nur vorläufig bleiben.	

wieder durch die Kompagniewirtschaft die Möglichkeit gegeben, ihre Finanzen zu verbessern. Dafs der Lieutenant heute mit seinem Gehalt allein unmöglich auskommen kann, ist bekannt; man darf dabei aber nicht vergessen, dafs der des Grofsen Kurfürsten in den meisten Fällen sein Leben lang Lieutenant blieb. Der Unteroffizier steht sich heute ganz unfraglich bedeutend besser.

Da es seit dem nordischen Kriege immer Generale gab, dürfte man auch über deren Gehälter einige Angaben erwarten. Jedoch ist für sie nichts allgemein Gültiges anzugeben. Jeder

General wurde nach seiner Kapitulation bezahlt, erst mit der Zeit ergaben sich feste Sätze. Der Generalkriegskommissar setzte mannigfache Verpflegungstabellen für die Generalstäbe auf. Die vorstehende Tabelle (Seite 60 u. 61) zeigt den brandenburgischen Generalstab vor und nach der Reduktion von 1660 [1]. 1666 setzte Friedrich Wilhelm das Feldtraktament für die Generale folgendermafsen fest [2]:

	Traktament	Servis	Futterkosten
Generalfeldmarschall Sparr	800	94	80
Generalfeldzeugmeister Derfflinger	704	82	67
General von der Kavallerie (Anhalt)	460	53	44
General von der Infanterie (Holstein)	430	50	52
Generalkommissar (Platen)	300	36	30
Generalwachtm. z. R. v. Kannenberg	430	50	32
Generalwachtmeister v. Spaen, v. Quast, v. Pfuhl, v. Eller je	332	39	33

Endlich seien noch einige Gehälter aus dem Jahre 1687 angeführt [3].

Feldmarschall Fürst von Anhalt [4]	166 Thlr.	16 Gr.
Feldmarschall Derfflinger	473 „	
Derselbe als Gouverneur von Pommern	150 „	
Gen.-Lieutenant v. Schöning	200 „	
Derselbe als Gouverneur von Berlin	100 „	
Gen.-Lieutenant Frhr. v. Spaen [5]	100 „	
Gen.-Major du Hamel	166 „	16 Gr.
Gen.-Major v. Barfufs	100 „	
Derselbe als Oberhauptmann	41 „	16 Gr. [6]

Die Einschränkung der Quartierverpflegung.

Nach den allmählich konstant werdenden Gehaltssätzen der Tabelle I könnte man vermuten, dafs der Staat wirklich ganz zum Barbezahlungssystem gelangt sei. Die den Ordonnanzen angehängten Noten zeigen jedoch, dafs dem durchaus nicht so war. Abgesehen von den im Verhältnis zur Menge der Truppen nur sehr spärlich herbeifliefsenden Mitteln war der Vorrat an gemünztem Gelde noch zu gering, als dafs man eine schnelle Durchführung jenes Systems hätte ermöglichen können [7]. Und

---
[1] R 9 A 1.
[2] F. Hirsch a. a. O. S. 257.
[3] Mnscr. Bor. Fol. 320.
[4] Als Statthalter erhielt er jährlich 10000 Thlr. Orlich III 315.
[5] Spaen war auch Regierungspräsident von Kleve.
[6] Alle Generale bezogen aufserdem natürlich noch die Gebühren als Obersten.
[7] Courbière, Grundzüge S. 7.

solange die Truppen statt auf Geld auf Korn, Kleider u. a. Mobilien angewiesen werden, ist eine genaue Abgrenzung der Gebührnisse des Einzelnen unmöglich[1] Immerhin ist zu beachten, dafs man im Princip an der Barbezahlung festhielt. Aber erst mit der Accise und den hohen Subsidiengeldern kam man in der That weiter. Bis dahin mufste man noch oft auf die Quartierverpflegung zurückgreifen[2].

Dieses geschah zunächst durch eine Art Verpflegungsordonnanzen, in denen man den Truppen den vom Lande zu liefernden Unterhalt zum Teil in Geld, zum Teil in Naturalien ansetzte. Analog einer schwedischen Ordonnanz von 1638 befindet sich am Schlusse der brandenburgischen von diesem Jahre schon eine solche „Speiseordonnanz"[3]. Hier wie in der vom 20. Juli 1655, als das Land die zum nordischen Kriege sich sammelnden, in engeren Kantonnements quartierenden Truppen nur schwer mit Geld verpflegen konnte, ist überhaupt keins angewiesen. Nach der genannten Ordonnanz von 1655 erhielten[4]:

	Pfund Brot	Pfund Fleisch	Mafs Bier	Futter für Pferde beim	
				Stab z. R.	Stab z. F.
Regimentsstab					
Oberst	30	20	30	14	8
Oberstlieutenant	18	12	18	8	6
Auditeur	6	4	6	2	2
Feldscher	6	4	6	2	1
Kompagnie z. R.					
Rittmeister	12	8	12	6	
Lieutenant	8	6	8	4	
Fourier	4	2	4	2	
Reiter	3	2	3	1	
Kompagnie z. F.					
Kapitän	12	8	12	4	
Lieutenant	8	6	8	2	
Fourier	3	2	3		
Gemeiner	2	1½	2		

[1] Sehr oft wird in Ordonnanzen und Edikten die Soldateska ermahnt, mit solchen Dingen statt des klingenden Geldes vorlieb zu nehmen. 1666 klagt General v. Schwerin, er könne das Zinn, Kupfer, Eisen und Vieh, was die Leute aus Mangel an Geld kontribuierten, nicht los werden. R. 30, 116. — 6. Mai.
[2] Ziemlich dieselben Verhältnisse finden wir in dem reichen Frankreich. Nachdem durch die Ordonnanz von 1651 ein reines Barbezahlungssystem eingeführt war, mufste man 1663 wegen Geldmangels wieder auf eine teilweise Quartierverpflegung zurückkommen. Franz. Kriegswirtschaft.
[3] G. Droysen führt viele solche „Speisungsordonnanzen" aus der Zeit des dreifsigjähr. Kr. an. A. a. O. S. 640 ff.
[4] M III 1, 13.

Dabei war verordnet, dafs der Wirt aufser Holz, Licht, Lager, Stallung und Gewürz entweder diese Sätze oder das fertige Essen liefern konnte.

Aus ähnlichen Gründen wie 1655 wurden im Februar und Mai 1673 Speisungsordonnanzen erlassen[1]. Jedoch waren die Truppen nur zum Teil auf die Quartierverpflegung angewiesen; sie mufsten mit der Kost des Wirtes zufrieden sein, erhielten aber aufserdem aus der kurfürstlichen Kasse folgendes Traktament, Pferdefutter und Bedientenlohn. Die Zahlen gelten nacheinander für Kavallerie, Dragoner, Infanterie.

	Traktament Thaler	Zahl der zu fütternden Pferde	Zahl der Diener
Stab			
Oberst	30, 28, 27	10, 8, 6	5, 4, 4
Oberstlieutenant	15, 12, 12	6, 6, 4	3, 3, 2
Auditeur	4, 3, 4	2, 2, 2	1, 1, 1
Feldscher	3, 2, 3	1, 1, 1	—
Der ganze Stab	86, 71, 73	33, 29, 20	13, 12, 11
Prima plana			
Rittmeister (Kapitän)	20, 16, 14	6, 6, 4	3, 3, 2
Lieutenant	10, 10, 8	4, 4, 2	2, 2, 1
Fourier	3, 2½, 1½	2, 1, —	1, —, —
Die ganze prima plana	65, 60, 49	29, 29, 8	12, 9, 4
Gemeiner	1½, 1½, 1⅙	1, 1, —	—

Aufser diesen ausnahmsweisen gab es noch fortdauernde Naturalleistungen der Einwohner, die Servitien, an welche sich der Hauptmifsstand in der Verpflegung knüpfte[2]. Im dreifsigjährigen Kriege verstand man unter Servitien in der Regel einige Naturallieferungen des Quartierwirtes: Quartier, Bett, Stallung, Holz, Licht, Streustroh, Salz, Pfeffer, Essig. Da der Soldat aber so oft weder Geld noch Lebensmittel erhielt, so konnte er in seinen Forderungen unmöglich bei diesen Naturalien stehen bleiben. Man fing an, unter dem Namen der Servitien den ganzen Unterhalt von den Einwohnern zu erzwingen. Diese

---

[1] M III 1, 37 und VI 1, 148.
[2] Servitia waren im Mittelalter besonders diejenigen Leistungen, welche der Vasall, sei es in persönlicher Heeresfolge oder in Darreichung von Naturalien, dem Lehnsherrn schuldig war. Öfters wurden sie mit Geld abgelöst. F. Waitz, deutsche Verfassungsgesch. VIII 141, 380 ff. — In Spanien verstand man seit 1500 unter „Servicios" aufserordentliche direkte Steuern; sie wurden unter Karl V zu regelmäfsigen. K. Häbler, die wirtschaftliche Blüte Spaniens im 16. Jahrhundert. 1888. S. 111. — Zur Zeit des Grofsen Kurfürsten war unter den Servitien noch nicht die Geldentschädigung begriffen, welche der Quartierwirt für seine Naturalleistungen vom Staate erhielt, es waren nur diese Leistungen selbst, die der Soldat empfing.

Auffassung mußte wieder beseitigt werden. In allen Ordonnanzen und Edikten dreht sich daher die Frage darum, was eigentlich unter Servitien zu verstehen sei, wobei das Streben der Verwaltung dahin ging, dieselben immer mehr einzuschränken und die Truppen auf Geld allein anzuweisen, denn man sah sehr gut, daß unter der Bezeichnung Servitien die größten Überforderungen vorkamen. Es ist dieses der Hauptkampf der Regierung gegen die Quartierverpflegung. Eine plötzliche Abschaffung der Servitien war freilich unmöglich, weil eben der Mangel an barem Gelde zu groß und der Gemeine noch ohne alle ökonomische Fähigkeit war. Als der Kurfürst 1661 den märkischen Ständen vorschlug, statt Quartier und Servitien in natura den Soldaten Geld zu geben, meinten jene, die Leute würden das Geld nur verthun und ihre Bedürfnisse dann doch erpressen[1].

Nach der Ordonnanz von 1638 erhalten die Gemeinen die Servitien in natura, die Avancierten in den dem Traktamente[2] entsprechenden folgenden hohen Sätzen:

Oberst 25 Thlr.   Rittmeister oder Hauptmann 10 Thlr.
Ob.-Lieut. 16 „   Lieutenant 5 „
Auditeur 6 „   Unteroffizier 2 „
Feldscher 5 „   (Im Sommer alle die Hälfte.)

In der Ordonnanz von 1655 finden wir schon 3 Kolonnen, eine für Traktament, eine für Traktament und Servis zusammen, eine für Traktament, Servis und Pferdefutter zusammen. Es waren so die Fälle vorgesehen, daß Servis oder Fourage oder beide in Geld oder in natura geliefert würden. Da im Text bestimmt ist, daß die Unteroffiziere ihre Servitien von den Wirten in natura erhalten, so sind die für sie angegebenen Sätze wohl nur ein Anhalt für beide Teile. Daß alle diese Bestimmungen schlecht eingehalten wurden und wegen der unregelmäßigen Soldzahlungen auch nur schlecht eingehalten werden konnten, beweisen mehrere während des Krieges erlassene Edikte. Besonders beachtenswert ist das Patent vom 28. Dezember 1659[3]: „Unter wasserlei Prätext es auch sein möchte, sollen weder Offiziere noch Soldaten von den Untertanen nichts erzwingen oder erpressen"; die Wirte können nach freier Wahl die Servitien der Offiziere in natura oder in Geld geben; in letzterem Falle sollen diese „weder Holz, Lichte, Bette, Leinengeräte, Kessel, Töpfe, Gesinde in die Küche noch sonst etwas prätendiren, weniger aber dafür etwas an Gelde fordern".

Die Ordonnanz von 1665 bestimmt zum ersten Male, daß der Offizier nur, wenn er an einem andern Orte lag als an dem, woher er sein Traktament bezog, von dem Wohnorte Servis erhielt. Immer wieder mußte den Offizieren eingeschärft werden,

---

[1] UA X 495. — 7 Dez. 1661.
[2] S. Tabelle I Nr. 4. Dort auch die Zahl der zu fütternden Pferde.
[3] M III 1, 26.

dafs ihre Servitien in der Gage enthalten sind, dafs sie aufser blofsem Quartier und Stallung nichts zu fordern haben. In den Feldzügen der siebziger Jahre hören wir dann sehr oft von dem Mangel der Truppen, die wohl oder übel, wollten sie ihr Leben fristen, den Begriff der Servitien weiter fassen mufsten.

Erst nach dem Frieden von St. Germain, aber auch unmittelbar darauf, wandte sich die Sorge des Kurfürsten wieder der Ordnung dieser Verhältnisse zu. Man erkennt in den folgenden Verfügungen recht deutlich, wie man experimentierte; ein Vorbild, nach dem man sich hätte richten können, fehlte, denn die Einrichtungen der meisten andern Staaten hatte man erreicht, wo nicht gar überholt — ein Vergleich mit dem reichen Frankreich war ausgeschlossen —, so sah man sich zu Versuchen gezwungen, die alle auf definitive Beseitigung dieser letzten Reste der Quartierverpflegung hinauslaufen.

Die Bemerkungen der Ordonnanz von 1679 beginnen sofort mit dem alten Schmerzenskinde der Verwaltung, den Servitien. „Nachdem in den Quartieren bisher wegen der Servicen grofse Unordnungen vorgegangen, indem Unterschiedene vor die Servicen sich haben speisen lassen und also dem Lande ein doppeltes onus zugezogen worden, als wollen S. Ch. D. solches nunmehr hierdurch gänzlich abgeschaffet haben mit ernstlichen Befehl, dafs so wenig die Offizirer als Gemeine entweder an Gelde noch an Speisung von den Wirthen anstatt der Servicen in natura, so gut sie der Wirth geben kann, Inhalts des 7. und 8. Artikuls des ao. 1678 publicirten Ordinantz annehmen sollen; dafern aber einer oder ander Wirth der Bequemlichkeit halber dem Soldaten für die Servicen Geld geben wollte, stehet ihm solches zwar frei, und soll er hierunter die Wahl haben, gleichwohl aber auch nicht mehr als einem Reuter 14 Groschen, einem Dragoner 12 Groschen und einem Musketier 10 Groschen monatlich zu zahlen gehalten sein. Wohingegen der Soldat alsdann ein Bette und die übrigen Servicen als Salz, Pfeffer und Essig ihm selber zu schaffen schuldig ist. Falls auch einer oder ander entweder mit guten Worten oder Bedrawungen von seinem Wirthe anstatt der Servicen Geld oder die Speisung erlangen sollte, so hat der Magistrat und die Obrigkeit jeden Ortes solches beim Churf. Kommissariat anzugeben, da alsdenn dem Regiment die zur Ungebühr genossene Speisung an dessen Verpflegungsquanto in der Assignation gekürzet, hingegen aber dem Kontribuenten an seinem Kontingent wiedererstattet werden soll. Jedoch mufs der Wirth zuförderst bei dem kommandirenden Offizirer gehörige Remedirung suchen, welchen S. Ch. D. wann über dero Ordinantz nicht gehalten wird, dafür anzusehen wissen werden". Das heifst, er sollte kassiert werden, wie Friedrich Wilhelm Derfflinger befohlen hatte[1].

---

[1] Orlich III 303.

Allein alles dieses genügte nicht, das Verhältnis zwischen Bürger und Soldat zu einem erträglichen zu machen. Wegen fortwährender Reibereien wurde 1681 ganz genau bestimmt, wieviel den einzelnen Chargen, falls sie das Quartier nicht in natura genielsen, an Geld zu zahlen sei[1]. Es war doch eine ganz neue Anforderung des Staates an die Einwohner, die Soldaten dauernd in ihre Häuser aufzunehmen; sie kam mit dem stehenden Heere. Freilich war diese Einquartierung ja schon im dreilsigjährigen Kriege für den Winter Sitte geworden, aber nun hatte man Frieden. Doch es ging nicht anders, der Einzelne mulste sich dem Interesse des Ganzen fügen; Friedrich Wilhelm erklärte, „dals er zur Zeit nicht wisse, wo er seine Truppen aulser Landes mit Unterhalt und Quartier versorgen könne[2]" und „verlangte ein unbedingtes fürstliches Garnisonrecht[3]". Nur in Kolberg und später in Magdeburg[4] lagen Mannschaften in Baracken. Zur Erleichterung der Bürgerschaft schlug Trott 1656 auch für Peitz den Bau von Baracken vor[5]; da wir aber später nichts davon hören, wird es nicht dazu gekommen sein.

Wohlhabende Bürger werden wohl immer das Quartier in Geld bezahlt haben. Nach dem angeführten Reglement von 1681 erhielt z. B. monatlich an Quartiergeld:

Der Oberst z. R. 10 Thlr. Der Reiter . . . . 4 Gr.
 „   „ z. F.   8 „   „   „   verheiratet 6 „
 „ Rittmeister 4 Thlr. 6 Gr. Der Infanterist . . . 2 „
 „ Kapitän z. F. 3 Thlr.   „   „   verheiratet 4 „

Wegen der Streitigkeiten über die andern Servitien ist am Schlufs des Reglements genau angegeben, wieviel der Wirt den Gemeinen für jeden Artikel an Geld zu geben hat. Monatlich erhält:

für	der Reiter	der Dragoner	der Musketier
Salz	1 Gr. 7 Pf.	1 Gr. 4 Pf.	1 Gr. 3 Pf.
Peffer	1 „ 7 „	1 „ 4 „	1 „ 3 „
Essig	2 „ 2 „	2 „ 0 „	1 „ 6 „
Licht	2 „ 8 „	2 „ 3 „	1 „ 9 „
Bett	3 „ 3 „	2 „ 9 „	2 „ 6 „
Holz	2 „ 9 „	2 „ 4 „	1 „ 9 „
in Summa	14 Gr.	12 Gr.	10 Gr.

[1] M III 1, 52. — Potsdam, 30. Jan. 1681.
[2] Fidicin, diplom. Beitr. z. Gesch. Berlins V 66.
[3] G. Schmoller, das Städtewesen unter Friedrich Wilhelm I. Zeitschr. f. preufs. Gesch. XI 548.
[4] Der magdeburgische Garnisonsetat vom August 1677 führt für die „in Baraqven stehende Mannschaft" monatlichen Servis von „ungefähr" 90 Thlr., pro Mann 8 Gr., an. Der Kriegsetat vom 1. Nov. 1680 hat unter „Magdeburg" den Posten 96 Thlr., „auf die in Baracken Liegende". Mnscr. Bor. Fol. 320.
[5] R 21, 120 d, e.

Man hoffte wohl, hierdurch für beide Teile etwas definitiv Gültiges erlassen zu haben, aber nach 3 Jahren erforderten neue Verhältnisse neue Verordnungen. Die Verlegung der Infanterie in die Städte rief die Ordonnanz von 1684, die letzte Friedrich Wilhelms hervor[1]. Diese hob die Servitien fast ganz auf, der Mann hat nur Teil an dem Licht und Holz des Wirtes. Auch von den Futterlieferungen wurden die Wirte befreit. Das Hartfutter wurde aus den Magazinen geliefert, das Rauhfutter in bar, pro Pferd 1 Thlr., bezahlt. Nicht nur die Offiziere, sondern auch die Unteroffiziere mufsten sich auf eigene Kosten einquartieren. Auf der andern Seite nahm man sich aber auch des Soldaten an; die Kriegs- und Steuerkommissare hatten darauf zu sehen, dafs der Mann ein Bett erhielt oder wenigstens Streustroh und eine warme Stube, dafs die Soldatenfrauen bei der Einquartierung berücksichtigt würden, dafs den Abkommandierten für ihre Rückkehr ein Quartier offen gehalten wurde. Welch ein Unterschied zwischen dieser wahrhaft landesväterlichen, auf die kleinsten Sorgen und Bedürfnisse des Bürgers und Soldaten eingehenden Verordnung und der von 1638! Die Ordonnanz von 1684 verdient gelesen zu werden.

Aber entsprach denn nun diese Beseitigung der Servitien den realen Verhältnissen des Landes und der Truppen? Man

---

[1] Man wollte durch diese Mafsregel den Bauernstand erleichtern, die Naturalverpflegung einschränken und die Truppen fester in die Hand bekommen. Wie schwierig aber noch immer das Kommando über ein in viele kleine Städte verteiltes Regiment sein mufste, ergiebt sich aus einer Einquartierungsliste von 1688. (Archiv Zerbst, Abschrift im Kr. Min. VI 1 c 1.) Danach lagen von den 8 Kompagnieen des Regiments Churprinz z. F.:

Der Stab und ¼ Kompagnie in Rathenow,
1½ Kompagnieen in Ruppin,
je ¾ - Leutzen, Perleberg, Havelberg,
je ½ Kompagnie Pritzwalk, Wittstock, Tangermünde,
½ - Wusterhausen und Gransee,
je ¼ - Kyritz und Templin,
1½ Kompagnieen in Osterburg, Werben, Abrneburg, Bismarck und Kalbe.

Noch zerstreuter lag freilich die Kavallerie, welche erst 1718 in die Städte kam. Die sechs Kompagnieen des markgräflichen Regiments zu Pferde garnisonierten in Preufsen folgendermafsen:

Kattenau und Johannisburg je 1 Kompagnie,
Baltzerische 5 Mann   Freyen 3 Mann
Endrunen 15 -   Zinsbereite 6 -   } 1 Komp.
Syabische 16 -   Kianthen 5 -

Kianthen 35 Mann }   Angerburg 23 Mann }
Angerburg 15 - } 1 Komp.   Sperling 6 -   } 1 Komp.
                             Lötzen 21 -

Lötzen 15 Mann }
Lyck 22   -   } 1 Kompagnie.
Rhein 13 -   }

In Frankreich wurde schon durch die Ordonnanz von 1651 bestimmt, dafs die Truppen nur in umschlossenen Städten und Flecken, nicht in Dörfern einzuquartieren seien. Franz. Kriegswirtschaft.

XI 5.

sah bald, dafs man zu weit gegangen war. Da der Gemeine seinen Haushalt verständig zu führen weder die Fähigkeit noch die Zeit hat, da seine Ausbildung aber durch keine andern privaten Verhältnisse behindert werden darf, so wird eine teilweise Versorgung desselben mit Naturalien die Regel bleiben. So wurde denn auch damals durch Patente von 1687[1] verordnet, dafs die Servitien der Infanterie wieder vom Wirte in natura zu liefern seien, dafs, da die Kavallerie auf dem Lande blieb, im Sommer vom Lande Grasung oder monatlich $1/2$ Thlr. für das Pferd zu entrichten sei, während im Sommer der andere $1/2$ Thlr., im Winter 1 Thlr. vom Kurfürsten für das Rauhfutter eines Pferdes gezahlt wurde.

Bedeutendes hatte man so im Laufe der Jahre erreicht; die Quartierverpflegung war auf das notwendigste beschränkt und leicht zu kontrollieren, der Wirt brauchte sich Mehrforderungen nicht gefallen zu lassen, er wufste genau, was ihm zu liefern zukam und wo er sich benachteiligt, beklagen konnte. Auch der Soldat sah, dafs man sich, um sein und der Seinen Wohl kümmerte, und dafs des Fürsten scharfes Auge Unrechtmäfsigkeiten zu übersehen nicht gewillt war.

Nunmehr hat natürlich auch unsere Einteilung in Barbezahlungssystem und Quartierverpflegung ihre Gültigkeit verloren. Da die Truppen in der Hauptsache nur vom Staate ihre Kompetenzen erhalten, ist eine Systematisierung nach der Person des Leistenden hinfällig geworden. An ihre Stelle tritt die nach der Natur der Leistung, tritt die Unterscheidung in Geld- und Naturalverpflegung[2].

Das Magazinwesen.

Als ein drittes System wurde neben den bisher besprochenen das der Magazinverpflegung durch die Militärverwaltungsbehörden genannt. Obgleich dessen grofse Bedeutung auf die ganze Kriegführung und Volkswirtschaft erst dem 18. Jahrhundert vor-

---

[1] J. F. S. Compend. addit. S. 51—53.
[2] Wenn Frankreich mit einer geordneten staatlichen Verwaltung den Anfang machte und Brandenburg-Preufsen ihm, so gut es konnte, zu folgen bemüht war, und zwar mit Erfolg, so vermochte der andere grofse Militärstaat mit dem norddeutschen Kurfürstentum nicht gleichen Schritt zu halten. Zunächst lag der Hauptübelstand in Österreich an dem Mangel eines integern Beamtentums. Trotz regelmäfsiger Musterungen erhielten die Leute nicht, was ihnen angewiesen wurde, die Proviant- und Kriegszahlmeister unterschlugen. Erst mit der Ordonnanz von 1677 that man hier den ersten Schritt von der Quartier- zur staatlichen Geldverpflegung; als endlich 1697 die „Hausmannskost" aufgehoben wurde, mufste der Quartierwirt doch noch täglich eine Portion Brot liefern. Eine wesentliche Verbesserung trat erst 1748 ein. Meynert a. a. O. III 145. Feldzüge Eugens I, I 276. — Über österreichische Verwaltung s. auch S. 86 ff.

behalten war, so liegt uns doch ob, die Anfänge desselben unter dem Grofsen Kurfürsten kennen zu lernen.

Die Feldmagazine.

\Die Magazine, welche im 16. Jahrhundert, z. B. in den Türkenkriegen, errichtet wurden, dienten immer nur als Aushülfe und für die Dauer eines Feldzuges. Wie die Städte und Festungen, in denen regelmäfsige Garnisonen lagen, im dreifsigjährigen Kriege die eigentlichen Centralstellen der Truppenverpflegung waren, wie wir in ihnen die Proviantdepots unter dem Generalproviantmeister finden[1], so werden in den dreifsiger Jahren auch in den Städten der Mark grofse Vorratshäuser, „die Kommisse", angelegt[2]. Wenn dann Waldeck nach seiner Instruktion vom 15 Oktober 1655 in Tilsit, Tapiau und Wehlau gute Magazine errichten soll[3] / oder in demselben Jahre der hinterpommerschen Regierung befohlen wird, für den bevorstehenden Marsch sofort Magazine in Kolberg, Neustettin und Stolpe oder Rügenwalde zu etablieren[4], so handelte es sich bei alledem auch nur um Magazine auf Zeit, die nach Erfüllung ihres einmaligen Zweckes wieder eingingen. Nicht anders verhielt es sich mit den Feldmagazinen der siebziger Jahre, über welche ausführlichere Nachrichten vorliegen[5]. \Bei Franzosen wie Brandenburgern kam es zu einer Magazinverpflegung in gröfserem Mafsstabe. Für das Jahr 1672 ist das General-Feldproviantamt mit dem Generalproviantmeister Edlinger dem Oberstkommissarius v. Berlepsch unterstellt, doch lag die Sorge für die Verpflegung zum gröfsten Teile dem Kriegsrate Meinders ob, weil Berlepsch mit seinem Regimente zu viel zu thun hatte / Für das Jahr 1674, in dem der Krieg im Elsafs einen stehenden Charakter annahm, und deshalb beide Parteien auf die Magazinverpflegung angewiesen waren, erliefs Meinders ein Getreideausfuhrverbot und errichtete in Strafsburg das Hauptmagazin, hierbei wieder unterstützt von Berlepsch, der 1674 und 1675 in der Charge eines General-Quartiermeisters erscheint[6]. Aller Proviant, alle Fuhren wurden bezahlt[7].

\Wenn dabei auch im Auge zu behalten ist, dafs ein geordnetes Proviantfuhrwesen nicht existierte, und deshalb bei energischen Operationen von einer Magazinverpflegung, wie sie

---

[1] G. Droysen a. a. O. S. 624.
[2] v. Petersdorff a. a. O. S. 35.
[3] UA VII 465.
[4] R 30, 221—24. — Köln, 3. Aug. 1655.
[5] A. Strecker a. a. O. S. 62 ff.
[6] R 9 A 1.
[7] War die Magazinverpflegung auch humaner wie die Requisition (Strecker S. 63), so veranlafste den grofsen König doch in erster Linie, sich an sie allein zu halten, der oberste Grundsatz der sich durch Zwangsaushebung ergänzenden Heere: Die Verhütung der Desertionen.

Friedrich II anwandte, kaum zu reden ist, so können die Erfahrungen, welche man im Elsafs machte, doch als eine Vorbereitung für die allmähliche Weiterbildung dieses Systems angesehen werden ¹.

Die Festungsmagazine.

Anders stand es mit den Festungsmagazinen. Festungen ohne Magazine sind überhaupt undenkbar. Seit es in Brandenburg Festungen gab, finden wir in diesen auch Magazine. 1630 liefs Georg Wilhelm in Spandau ein grofses Magazin anlegen, das durch Lieferungen vom Lande gefüllt wurde. Es mufste dazu die Hufe meist 1 Thlr. oder 1 Scheffel Roggen und ein Fleischgeld von 2 Thlr. 9 Pf. beisteuern, auch kamen noch andere Scheffelsteuern für die Truppen zur Erhebung ². Aus diesen Scheffelsteuern entstand die Kriegsmetze. 1637 bewilligten nämlich die Stände aufser der gewöhnlichen Mahlmetze noch eine weitere von jedem Scheffel, die sogen. doppelte Metze, und von jeden 36 Scheffel Malz ein Scheffel ³. Trotz des Protestes der Stände erhob Friedrich Wilhelm die doppelte Metze von 1641—1650 fort, denn auf ihr beruhte, wie er sagte, bei dem Mangel an barem Gelde die Existenz der Truppen. Nur zu oft waren ja die Kommandanten gezwungen, um ihre Truppen vor dem Hungertode zu bewahren, den Bestand der Magazine anzugreifen ⁴. Im Recefs von 1653 wurde dann die doppelte Metze auf 6 Jahre zugestanden. 1654 hat man diese Kornlieferung zum Teil mit Gelde abgelöst, das zur Unterhaltung der Magazine verwendet wurde ⁵. In den Marken bestanden 1660 Magazine in Küstrin, Spandau, Peitz, Frankfurt, in Preufsen in Königsberg, Pillau und Memel.

Eine Ergänzung des Proviants zur Verhütung des Verderbens desselben veranlafste den Verbrauch der alten Bestände durch Überlassung an die Truppen oder Verkauf. Auch finden wir schon vor 1660, dafs aus den Magazinen notleitenden Ortschaften Korn ausgeliehen wird. 1651 wurde gegen einen v. Kahlenberge Exekution befohlen, wenn er das aus dem spandauer Magazin entliehene Korn nicht wiedererstatte; ohne schriftlichen Befehl solle der dortige Magazinverwalter nichts ausleihen ⁶. 1659 mufs die hinterpommersche Regierung wegen der

---

¹ Die Angabe Friedrichs des Grofsen: Du temps de Frédéric-Guillaume on ne formait point de magasin: le pays où l'on faisait la guerre fournissait à l'entretien des troupes, tant pour la paye et pour les vivres ... par ces raisons on quittait un pays après l'avoir mangé (Oevres I 184) trifft für die spätere Zeit des Kurfürsten nicht mehr zu
² v. Petersdorff a. a. O. S. 27, 42.
³ M IV 4, 14.
⁴ Viele Fälle in O. Meinardus, Relationen.
⁵ Stuhr a. a. O. S. 434 f.
⁶ R 21, 138.

schlechten Ernte eine grofse Menge Korn in Polen einkaufen, um Armee und Land zu konservieren[1]. 1660 erhält das Amt Müllenhof 300 Wispel Futterkorn auf Wiedererstattung. Solche Fälle kommen in der Folge immer häufiger vor. In den Kornrechnungen des spandauer Magazins von 1662—63 bilden die Leistungen der Kreise, Städte und Mühlen und die Wiedererstattung verliehenen Getreides die Haupteinnahme, während Ausgaben an Garnisonen, Dorfschaften und einzelne Personen gemacht werden[2].

Jedes Magazin beaufsichtigte ein Proviantverwalter. Diese Beamten standen unter direktem Befehl der Kommandanten sowie unter Aufsicht der Oberkommissare und bis etwa 1660 auch der Zeughauptleute, z. B. E. Franckes[3]. Die Aufsicht über sämtliche Magazine hatte der General-Proviantmeister unter dem Generalkommissar. Beide empfingen von den Oberkommissaren der einzelnen Lande die Berichte. Als ersten General-Proviantmeister finde ich seit 1657 einen gewissen Hilger. vielleicht war es derselbe, welcher 1649 Oberkommissar im Bergischen war[4]. Diese Stelle wurde von da an immer besetzt. Als Hilger 1660 abging, folgte ihm der Oberkommissar Daniel Juckefordt[5], diesem der Oberkommissar der Artillerie Edlinger. Da Edlinger zugleich Kriegskommissar der Garnison Minden[6], und sein Nachfolger — seit 1678 — Friedrich Kupner preufsischer Kriegskommissar blieb[7], so mufs man annehmen, dafs die Beschäftigung des General-Proviantmeisters keine sehr bedeutende war. Seit 1679 bekleidete diese Charge der Kriegskommissar J. H. Sohr bis zu seinem 1702 erfolgten Tode; 1680 wurde er zugleich Proviantkommissar für die Neumark[8].

Während bis 1660 etwa die Versorgung der Magazine und die Verwendung und Ausleihung des Proviants von den Regierungen oder der neumärkischen Kammer (für Küstrin) oder den Kommandanten besorgt wurde, entstand seitdem ein ständiger Beamtenorganismus für das Proviantwesen. Die für die Festungsgarnisonen ernannten Kriegskommissare oder besondere Proviantmeister oder Proviantverwalter hatten die Aufsicht über die Magazine. Aufser den schon genannten Magazinen erscheinen seit 1660 neue. In diesem Jahre begann der Oberst Bogislaw v. Schwerin den Bau des Kolberger[9]. In demselben Jahre

---

[1] R 30, 221—24. — 13. Aug. 1659.
[2] R 21, 138.
[3] S. S. 150.
[4] R 9 A 11. — v. Mörner, Märkische Kriegsobersten im 17. Jahrhundert. S. 259.
[5] R 9, 21—23. — S. auch S. 87.
[6] 1672 wird er bald Oberkommissar, bald Proviantmeister genannt. UA XIII S. 275.
[7] Kr. Min. XVIII 2 d 3. —
[8] Ebenda.
[9] R 30, 116.

finden wir einen Proviantverwalter in Halberstadt, 1669 einen in Löknitz. 1673 wird P. F. Rhode Proviantmeister von Magdeburg, 1677 erhält er als Kriegskommissar die Aufsicht über das Magazin von Minden, die vor ihm der General-Proviantmeister Edlinger gehabt hatte. 1684, als das berliner Magazin „anders" eingerichtet wurde, wird der Proviantsekretär F. Oppermann dort Proviantmeister[1].

Für die Magazinverpflegung der Truppen im Frieden in gröfserem Mafsstabe bot wieder Frankreich das erste Muster. „Zum staatswirtschaftlichen Systeme Colberts gehörte es, die Truppen aus eigenen Magazinen zu verpflegen und den Verbrauch dem Landbau zu Gute kommen zu lassen"[2]. Wenn man in Preufsen auch erst im 18. Jahrhundert Frankreich hierin einholte, so finden sich doch schon in unserer Epoche dafür einige Anfänge.

Schon 1658 versah die neumärkische Kammer die zum Schanzbau in Küstrin kommandierten Soldaten mit Bier und Brot[3]. Aus den Extrakten des Lökenitzer Magazins von 1669 ergiebt sich, dafs dort Kommisbrot und Kommisbier zubereitet wurde[4]. Nach dem Etat vom März 1682 endlich[5] hatte der General-Proviantmeister Sohr grofse Brotlieferungen an verschiedene Garnisonen zu vermitteln. Ex cassa generali werden z. B. für 300 Gemeine des Leibregiments z. F. an Sohr zur Brotlieferung 225 Thlr. gezahlt, so dafs also jeder Mann monatlich für 18 Groschen Brot erhielt — bei diesem Regimente aufser dem Traktament von 2½ Thlr. Die 600 Gemeinen der Eskadron Schlaberndorff in Kolberg erhielten für 432 Thlr. Brot, doch wurde ihnen der Betrag — 17 Gr. 3 Pf. pro Kopf — vom monatlichen Traktament abgezogen, so dafs der Mann bar nur 1 Thlr. 18 Gr. 9 Pf. bekam, die Gefreiten 3 Gr. mehr[6]. In ähnlicher Weise bezogen die Garnisonen Magdeburg, Küstrin, Driesen, Spandau, Oderberg, Löknitz, Frankfurt ihr Brot, also nur Truppen, welche an oder in der Nähe von Orten lagen, wo sich Magazine befanden. Sohr wird sich darüber mit seinen Unterbeamten verrechnet haben[7].

Eine Frage wird sich dem Leser vielleicht schon öfter aufgedrängt haben: Wie stand es mit dem Unterschied zwischen Feld- und Friedensverpflegung? Ein solcher mufste doch statt-

---

[1] Vorstehendes aus Kr. Min. a. a. O. u. R.
[2] L. v. Ranke, Franz. Gesch. 4. Aufl. XII S. 232.
[3] R 21, 27 d.
[4] R 21, 27 a.
[5] Mscr. Bor. Fol. 320.
[6] Über den weiteren Abzug für Kleidung s. S. 75 f.
[7] In Frankreich begegnet uns eine regelmäfsige Brotlieferung durch den Staat schon seit 1651, die Ordonnanz von diesem Jahre bestimmt, dafs jeder Unteroffizier und Gemeine täglich 24 Unzen Brot erhält. Französische Kriegswirtschaft. — Nach Mevnert a. a. O. II 223 wurden ihm 2 Sous für Brot von der täglichen Löhnung abgezogen.

finden, seit man ein stehendes Heer unterhielt. Allein es war im Princip nicht so. Das Land betrachtete die Unterhaltung der Armee im Frieden doch noch immer als einen durch die gefahrdrohenden Verhältnisse bedingten Ausnahmezustand. Im Testament von 1667 spricht Friedrich Wilhelm nur von den beizubehaltenden 7000 Mann Festungsgarnisonen, welche allein die Stände nach dem § 180 des Reichstagsabschiedes von 1654 dauernd zu unterhalten verpflichtet waren, und das Kontributions- und Exekutionsreglement von Ende 1687[1] beginnt mit den Worten, der Kurfürst sei um möglichste Erleichterung der Lasten bemüht, „da die schwere Kontribution bey Dero noch unveränderten Militär-Etat annoch continuiret". So wenig hatte noch der Gedanke des stehenden Heeres im Volke Wurzel gefafst.

Was G. Droysen über den Unterschied von Feld- und Friedensverpflegung sagt[2], bezieht sich nur auf die verschiedene Herbeischaffung des Proviants, den die Soldaten in jedem Falle kaufen mufsten, in den Garnisonen von den Proviantmeistern, im Felde von den Marketendern oder Kommissaren. So blieb es auch später. Im Princip ging man in beiden Fällen von der Barbezahlung durch den Einzelnen nicht ab.

Wenn wir auch die in den Feldzügen der siebziger Jahre weitgehende Verwendung der Magazine kennen lernten, so sahen wir doch zugleich, dafs eine Vorbereitung von Feldmagazinen im Frieden nicht stattfand. Die Verpflegungsordonnanzen galten für die Friedensarmee ebenso wie für das Kriegsheer, nur kann man sagen, dafs nach den Friedensschlüssen die Sätze immer bedeutend herabgesetzt wurden, so 1666 und 1679 (S. S. 55 und Tabelle I No. 20). Dafs man bei den sonstigen grofsen Ausgaben mit dem Barbezahlungssystem im Kriege nicht auskam, dafs man sich im Felde vielmehr auf eins der beiden andern Systeme stützen müsse, zeigte sich wohl fortwährend, aber zu der bewufsten Überzeugung davon gelangte erst eine spätere Zeit.

Das Bekleidungswesen.

Soweit es die sehr spärlichen Nachrichten erlauben, will ich an dieser Stelle noch ein Wort über das Bekleidungswesen und die Remontierung sagen. Mit jenem scheint es während der ersten zwei Jahrzehnte der Regierung Friedrich Wilhelms wie im dreifsigjährigen Kriege geblieben zu sein; jeder Mann mufste sich von seinem Solde auch bekleiden. Jedoch machte sich schon

---

[1] S. S. 48. — Und Orlich III 306. — Der Kurfürst an d. älteren Schwerin 18. Okt. 1679: „So ist Euch wissend, wie es Unserm Etat ganz nicht zuträglich, dafs Wir Unsere Milice gänzlich cassiren". Darüber auch M. Lehmann, Hist. Zeitschr. 67, 281.

[2] A. a. O. S. 624.

früh ein gewisses Streben nach Uniformierung geltend. Vielgenannt sind die blauen Regimenter, mit denen Georg Wilhelm 1627 nach Preußen zog. Jeder Oberst war natürlich bestrebt, sein Regiment in möglichst gutem Ansehen zu erhalten, und sowohl deswegen, als auch, weil man bei großen Einkäufen durch Übergehung der Zwischenhändler billiger zu den Stoffen kam, wird er den Leuten Abzüge gemacht und die Beschaffung der Bekleidung in die eigene Hand genommen haben. Da aber das unregelmäßig und spärlich gezahlte Traktament kaum hinreichte, dem Soldaten den nötigsten Unterhalt zu gewähren, so konnte man natürlich selten etwas für die Bekleidung zurückbehalten; es kam dann so weit wie in Lippstadt, wo 1654 die Garnison fast nackend war[1]. Dann mußte die Regierung anders helfen und that es auch nach Möglichkeit. 1648 bittet K. v. Burgsdorff den Kurfürsten, von dem vorhandenen Tuche Röcke machen zu lassen, damit die Leute etwas auf den Leib bekämen und nicht durch Krankheit zu Grunde gingen[2]. Da aber 1650 die Tuchlieferungen ausblieben, kleidete Oberst v. Trott sein Regiment aus eigenen Mitteln neu; es entstand deshalb in der ersten Kompagnie Burgsdorffs, der Leibgarde, eine Revolte; die Leute fühlten sich benachteiligt und verlangten Auszahlung der von ihrem Traktament für Bekleidung einbehaltenen 5 Groschen Burgsdorff meinte aber, Trott werde die Kosten für die Montierung den Leuten doch nachträglich abziehen[3].

Zum schwedisch-polnischen Kriege waren mehr Mittel vorhanden, die Regimenter Derfflingers erscheinen vor ihrem Abmarsche „so schön und wohl mundiret, als man je in der Welt gesehen"[4].

Seit dem Frieden von Oliva sollte die Bekleidung „wieder" vom Traktament bestritten werden. „Da die Traktamente sowohl der Officierer als der Gemeinen auf ein Merkliches erhöht sind, sollen sie auch schuldig sein, von nun an ihre Soldaten in gebührender Kleidung zu halten und mit Untergewehr zu versehen", heißt es in der Ordonnanz von 1660. Nach seiner Instruktion von 1669 soll Meinders darauf halten, daß die Offiziere den $1/2$ Thlr monatlicher Kleidergelder für den Infanteristen nicht anders verwenden[5]. Dieser $1/2$ Thlr. scheint von der Regierung öfters einbehalten und statt dessen die fertige Montur geliefert worden zu sein. Im Februar 1662 klagt der General Görtzke aus Preußen, die Unteroffiziere erhielten weder die ganze Gage noch Kleidung[6], und am 28. Februar 1670 verspricht Friedrich Wilhelm dem Obersten Graf Dönhoff, die Liberey richtiger als

---

[1] UA V S. 726.
[2] R 21, 7 d.
[3] R 24 E 3.
[4] J. G. Droysen a. a. O. III 1, 227.
[5] A. Srecker a. a. O. S. 128.
[6] Orlich II 402.

bis dahin geschehen, liefern zu lassen; zugleich wurde den Oberräten befohlen, die rückständigen Kleidergelder zu zahlen[1].

In der Ordonnanz von 1678 ist die Löhnung zum erstenmal genauer specifiziert. Bei einer Musterung von 1683, die in Neubrandenburg über das Regiment z. F. Kurfürstin unter dem Oberst v. Börstell als Kommandeur abgehalten wurde[2], erklären die Gemeinen, ihnen sei die Löhnung von 1 Thlr. 8 Gr. nebst Servitien richtig zu Teil geworden. Diese Angabe stimmt genau mit der letztvorangegangenen Ordonnanz von 1679 (S. Tabelle II) überein, nach welcher der Fufssoldat erhielt:

An Traktament, worunter die Kleidergelder mitbegriffen
    1 Thl. 4 Gr.
Wegen der Speisung   1 „ 8 „

Also behielt sein Hauptmann 1 Thlr. 4 Gr. zurück, wovon etwa 18 Gr. auf Brot (S. S. 73), 10 auf Kleidung kamen. Nach einer Berechnung von 1642 kostete die fertige Bekleidung eines Mannes 10 Thlr. 10 Gr. $5^1\!/\!_2$ Pfg.[3] Demnach konnte der Soldat, wenn ihm monatlich 10 Gr. abgezogen wurden, ungefähr alle 2 Jahre neu uniformiert werden[4].

Alle Waffen aufser den Untergewehren und die Fahnen lieferte der Kurfürst. Sie wurden bei Reduzierungen an die Zeughäuser abgeliefert.

Während der Feldzüge wurde die Montur natürlich schneller verbraucht, als im Frieden, es mufste dann die Regierung für Ersatz sorgen. 1677 hatten 3 Kunsthändler in Berlin die Lieferung an Schuhen, Strümpfen und Proviant für die Armee übernommen[5], und im folgenden Jahre versprach der Kurfürst jedem Regimente zur Aufbesserung der Bekleidung 3000 Thlr.[6] Die Regel blieb jedoch, dafs die Regiments- oder Kompagniechefs die Bekleidung besorgten. Im April 1673 bittet Graf Ch. A. v. Dohna um Urlaub zur leipziger Messe, um neue Monturen anschaffen zu können, er sei mit seinen Leuten durch den Feldzug zu abgerissen[7].

\Die Offiziere mufsten sich von jeher von ihrem Traktament equipieren./ Wenn der Kurfürst 1669 dem Grafen d'Espense zur Equipierung 3000 Thlr. schenkt, so geschah das doch nur, um ihn für seinen Dienst zu gewinnen[8]. Seit 1666 hörte man auch auf, den Offizieren für eine bestimmte Zahl von Dienstpferden

---

[1] v. d. Oelsnitz a. a. O. S. 123.
[2] Muser. Bor. Fol. 322. Auszug bei Orlich II 412 f.
[3] Muser. Bor. Fol. 317. — v. d. Oelsnitz a. a. O. S. 108 sagt, die Neubekleidung sei im Frieden alle zwei Jahre erfolgt.
[4] In Frankreich wurden von den 3 fl. 45 kr., die der Mann monatlich erhielt, laut Verordnung vom 5. Dez. 1666 45 kr. für Montierung einbehalten. Auch später blieb man bei diesem Modus. Franz. Kriegswirtschaft.
[5] Muser. Bor. Fol. 317.
[6] R 9 A 1.
[7] S. Graf Dohna, Die Dohnas. Berlin 1880. II 194.
[8] Orlich III 396.

Futter zu bewilligen[1]. Man bezahlte es nur noch für einige Bagagepferde der Stäbe und Kompagnieen im Kriege, nach der Ordonnanz von 1678 für jede Kompagnie auf 6, nach der von 1679 nur auf 3. Überhaupt suchte man den Trofs zu beschränken; weder der Infanterist noch der Reiter durfte mehr einen Jungen halten; alle Ordonnanzen verbieten, auf Diener, Köche, anderes Gesinde, Weiber und Kinder etwas zu zahlen.

Die Remontierung.

Zum Schlusse dieses Abschnittes wollen wir einen Blick auf das Remontewesen werfen. Es ist der einzige Verwaltungszweig, in dem eine Verstaatlichung nicht nachzuweisen ist. Im Gegenteil, man könnte sagen, dafs die Beschaffung der Pferde bei einer Waffe, den Dragonern, erst Privatsache wurde. Gehen wir hierauf zunächst etwas näher ein.

Wallhausen sagt 1618, die Dragoner seien eine lächerliche Waffe, auf Gäule gesetzte Pikeniere und Musketiere, wenn auch eine sehr nützliche. Berittene Infanterie blieben sie auch in Brandenburg. Natürlich mufste der Staat, wollte er Infanteristen aufsitzen lassen, selbst die Pferde stellen. Nach der Kapitulation K. v. Burgsdorffs von 1631[2] werden Pferde, Sättel und Zaumzeug für die 200 Dragoner von den Kreisen beschafft, die sie nach der Abdankung zurückerhalten. Zum jülichschen Kriege von 1651 wurden die Dragonerpferde teils gekauft, teils von den Ämtern, in Ravensberg von den Sattelmeiern gestellt; nach dem Frieden gehen die Dragoner wieder zu ihren (Infanterie-) Regimentern zurück, die Pferde werden den Ämtern überwiesen, den Sattelmeiern zurückgestellt[4]. Nach den Kapitulationen aus der Zeit des schwedisch-polnischen Krieges ergänzten sich die Dragoner fast lediglich aus den Wybranzen, so die beiden Regimenter Sparr und H. v. Wallenrodt. Die preufsischen Ämter mufsten dazu von 20, seit November 1656 von 10 Hufen immer einen Berittenen stellen; zu den 700 Dragonern Sparrs brauchte der Oberstwachtmeister Lubbenau nur 150 zuzuwerben[5]. Auch 1657 wurden die Leibgardedragoner durch Wybranzen ergänzt[6].

Als man aber 1665 wieder Dragoner brauchte, da wurden

---

[1] Platen an Derfflinger 30. Januar 1666. R 24 E 3 und Ordonnanz von 1665.
[2] E. O. Mentzel, Die Remontierung der preufs. Armee 1845. S. 269 ff.
[3] Das kursächsische Verpflegungsreglemet von 1646 unterscheidet zwischen berittenen und nicht berittenen Dragonern und setzt für jede Art eine andere Löhnung fest. G. Droysen a. a. O. S. 459.
[4] E. O. Mentzel a. a. O. S. 279.
[5] S. S. 51. Das geringere Werbegeld der Dragoner ist erklärlich, weil ihre Pferde nur Beförderungsmittel waren, also weniger wert als die der Reiter zu sein brauchten.
[6] R 24 K, R 9 A 4.

diese schon ganz geworben, sie erhielten 20 Thlr. Werbegeld; sie bestanden seitdem als eigene Truppe, nicht mehr aus aufgesessener Infanterie. Damit hörte ihre Remontierung durch den Staat auf, sie stellten ihre Pferde wie die Reiter.

Diese hatten sich seit jeher selbst beritten gemacht, der Staat zahlte ihnen das hohe Anrittgeld von 40 Thlr., wofür sie sich mit einem guten Pferde und aller Zubehör bei der Musterung zu stellen hatten. Das blieb so während der ganzen Regierungszeit des Großen Kurfürsten[1]. Es schloß dieses natürlich nicht aus, daß die Kommandeure die Beschaffung der Pferde in ihre Hand nahmen, wie z. B. Oberstlieutenant v. Mörner 1672 in Holstein 70 Pferde einkauft[2]. Ebenso scheinen es die Offiziere 1663 beim Türkenzuge gemacht zu haben, da der Herzog von Holstein am 26. Dezember aus Königingrätz schreibt, die Dragoner und Reiter zu Fuß seien schon meist remontiert, weil die Pferde dort sehr wohlfeil seien[3].

Allgemein gültige Bestimmungen über den Ersatz an Pferden in Feldzügen habe ich für unsere Armee nicht finden können. Die Reiter blieben, wenn ihre Pferde gefallen waren, unberitten, falls der Staat ihnen nicht neue besorgte. Im August 1675 erhielt der Kämmerer Heydekampff den Auftrag, so viel Geld aufzunehmen als nötig sei, die dismontierten Reiter beritten zu machen[4]. Über den Ersatz der Artilleriepferde rede ich unten (Abschnitt VII).

Dieses sind, glaube ich, die Hauptmomente, welche bei der Verpflegung des Heeres des Großen Kurfürsten in Betracht kommen. Hier werden wir nun am füglichsten eine Besprechung der Intendantur- und Kontrollbeamten, der Kommissare, anschließen.

---

[1] Auch in Österreich kam es vor dem 18. Jahrhundert zu keiner Centralisierung des Remontewesens. Feldzüge Eugens I, 1 271.
[2] R 24 Z b.
[3] UA XI S. 319.
[4] Orlich III S. 254. — Bei den praktischen Spaniern finden wir wieder eine originelle Einrichtung. In jeder Kompagnie bestand eine Platta (Brüderschaft) von vier Pferdekennern, die mit dem Hufschmied alle Pferde abschätzten. Der höchste Preis war 50 Kronen, das Resultat blieb geheim. Fiel ein Pferd, so wurde dessen Taxe aus einer Kasse, die durch Soldabzüge gebildet war, bezahlt. Fra Ludovico Melzo, regole militari. Antwerpen 1611. Auszug bei M. Jaehns a. a. O. S. 1052. — Im Heere Gustav Adolfs mußte der Reiter, dessen Pferd gefallen war, drei Monate zu Fuß dienen, erhielt aber Reitertraktament, wofür er dann ein neues Pferd zu stellen hatte. Meynert a. a. O. III 70. — Nach einer Verordnung vom 1. Juni 1668 mußte in Frankreich die ganze Kompagnie für ein gefallenes Pferd aufkommen. Französische Kriegswirtschaft.

IV.

Die Kommissare[1].

Die Entwickelung des Kommissariats, derjenigen Institution, welche wie keine andere das Werden und die Entwickelung des preufsischen Staates bezeichnet, nahm ungefähr folgenden Gang. Von ihrem ersten Auftreten an scheiden sich die Kommissare in zwei Kategorieen, die Kriegskommissare auf der einen, die ständischen Land- und Kreiskommissare auf der anderen Seite. Beide Beamtengattungen erscheinen ziemlich zugleich im Anfange des 17. Jahrhunderts, die Kreis- und Landkommissare jedoch mit verschiedenen Funktionen in den verschiedenen Landen, sie entstehen unabhängig von einander in Brandenburg und in den westlichen Provinzen, hier wie dort geht ihre Entwickelung in eigener Weise vor sich. Obgleich von Anfang an zwischen den Kriegs- und den Kreis- oder Landkommissaren ein Unterschied besteht, so vergehen viele Jahrzehnte, bis die Arbeitsteilung ganz vollendet ist. Sowohl in der Steuer- wie in der Militärverwaltung findet nämlich ein starkes Vordringen und wachsendes Umsichgreifen der fürstlichen Organe gegenüber den ständischen statt. Diese ganze Entwickelung findet ihren Abschlufs erst im 18. Jahrhundert.

Die Entstehung der Kommissariatsbehörden im dreifsigjährigen Kriege in Brandenburg und in den westlichen Landen.

In der zweiten Hälfte des 16. Jahrhunderts erscheinen in Brandenburg nur einzelne Musterherrn, wie z. B. 1578 für die Neumark Berndt Kleist auf Lebenszeit, der sich Städtemusterer

---

[1] Neuerdings erschienen als wertvolle Ergänzungen zu dem die Kommissare behandelnden Abschnitte in Isaaksohns Geschichte des

nennt. Die ersten Kommissare brachte der dreifsigjährige Krieg, welcher die Marken aus der Behaglichkeit ihres territorialen Stilllebens gewaltsam herausrifs. Man war gezwungen, in dem allgemeinen Kampfe Partei zu ergreifen, auf allen Gebieten, besonders auf dem der Militär- und Finanzverwaltung, machte sich das Bedürfnis nach neuen Organen geltend. Bei den unaufhörlichen Truppendurchmärschen, den langen Stilllagern fremder Armeen im Lande, der Aufstellung eigener Regimenter und der Herbeischaffung der dazu nötigen Mittel fungierten als Beamte die von dem einheimischen Adel aus seiner Mitte gewählten, vom Kurfürsten bestätigten Kreiskommissare[1], während man für die centrale Leitung dieser Kriegs- und Kontributionssachen 1630 aus dem Geheimen Rate eine Abteilung als Geheimen Kriegsrat aussonderte. Im Jahre 1628 befand sich im ober- und niederbarnimschen und teltower Kreise in jedem Quartier ein Kommissar[2]. Er wurde von den Ständen besoldet, verzeichnete die Abgaben und bediente sich als Exekutionsorgan des Landreuters, welcher die Säumigen pfändete und dazu, wenn nötig, vom Kommissar 2 bis 4 Soldaten erhalten konnte. Für die Durchmärsche und Lager der kaiserlichen und schwedischen Truppen hatte der Kommissar Proviant und Logis vorzubereiten, er stellte sich dem jedesmaligen General-Quartiermeister der durchmarschierenden Truppen zur Verfügung. Den Ständen, welche die Lieferungen gewährten, war er Rechenschaft schuldig[3].

Zugleich treten die Kriegskommissare auf, welche meist Offiziere sind, nur vom Kurfürsten ernannt werden und als Nachfolger der alten Musterherrn fungieren. Als Georg Wilhelm 1620 seine ersten Truppen warb, wurde Joachim v. Lossow zum Kriegskommissar und Musterherrn bestellt und zwar wie die Truppen auf 3 Monate[4]. Mit ihrer Entlassung endete wohl auch seine Thätigkeit. Als Musterherren für die zum Kampfe in Preufsen bestimmten Truppen erscheinen 1627 Albrecht v. Kalk-

---

preufs. Beamtentums die schon angeführten Arbeiten von A. Strecker und K. Breysig. Dennoch möchte ich auf eine nochmalige Darstellung dieser Beamteninstitution nicht verzichten, weil sonst ein äufserst wichtiges Glied in dieser Arbeit fehlen würde, und weil ich auch einige neue Aufschlüsse herbeizubringen imstande bin.

[1] Seit etwa 1630 kommt in den Marken fast nur noch der Name „Kreiskommissar" vor. Isaaksohn a. a. O. II 162. 1687 erscheint aber im niederbarnimschen Kreise wieder ein Landkommissar Barfufs. Kr. Min.

[2] Im Kreise Oberbarnim war in den ersten Jahren des dritten Jahrzehnts Oberkommissar der Rittmeister Bernd von Arnim; ihm unterstanden fünf Kommissare, deren jeder wieder einen oder mehrere Kommisschreiber für die Verwaltung der Kommisse (s. S. 70) hatte. v. Petersdorff a. a. O. S. 32.

[3] R 21, 7. R 21 8a. — 1647 fordern die niederbarnimschen Stände die Belege und Quittungen des Kommissars Melchior v. Kählenberge zur Einsicht.

[4] Das Musterungsgeschäft wird im Abschnitt VI besprochen werden.

stein[1] und Wilhelm von Hatzfeld[2], als Kriegskommissar beim Heere Klitzings 1637 38 Joach. Friedr. v. Blumenthal. Als Friedrich Wilhelm zur Regierung gekommen war, brauchte er für seine wenigen Truppen weder einen Kriegsrat noch Kriegskommissare, ersterer wurde 1641 aufgehoben, die Verwaltungsgeschäfte wurden bis zum schwedisch-polnischen Kriege von den Kreiskommissaren seit 1652 unter Waldecks, dann Tornows Leitung erledigt[3].

In den westlichen Landen erscheinen seit dem Anfange des 17. Jahrhunderts Land- und Kriegskommissare. In Ravensberg ist seit 1620 der Landkommissar ständig. Dieser war nicht dasselbe wie der brandenburgische Kreiskommissar. Zwar hatte er auch für Proviantierung und Einquartierung der durchziehenden Truppen zu sorgen, aber er war doch in erster Linie der Stellvertreter des Kurfürsten. Als solcher sollte er bei Zusammenkünften der Stände das Interesse des Landesherrn wahrnehmen, er hatte die Aufsicht über die Regalien, er mufste Pässe und feste Plätze mit Land- oder geworbenem Volk, das er mustert, besetzen. Vielfach klagte er über die von den Ständen gemachten Schwierigkeiten[4].

In Kleve hatte man in den 20er Jahren je nach Bedürfnis einen Kommissar bestellt; damit man aber nicht jedesmal sich um Kommissare zu bemühen und „darauf grofse und übermäfsige Spesen zu verwenden habe", so wurde 1630 Adam v. Klaus zum „Kriegskommissar in den jülich-kleveschen Landen" mit einer jährlichen Besoldung von 300 Thalern angestellt[5]. Er war wohl nichts anderes als ein Landkommissar, denn sein Nachfolger — seit 1637 — Arnold Heinrich v. Nyvenheim heifst Landkommissar und erhält auch 300 Thaler[6]. Von da an ist in allen westlichen Landen das Landkommissariat eine ständige Behörde. Zu betonen ist nochmals, dafs es ein fürstliches, kein ständisches Amt war. In den Patenten vom 20. Dezember 1665 für Albr. Jürgen v. Hüchtenbruch und Gisbert Bernhard v. Bodelschwingh zu Landkommissaren von Kleve resp. Mark erfahren wir nichts davon, dafs sie wie in der Kurmark auf Vorschlag der Stände angestellt werden, wenn auch ihre Instruktion ähnlich, wie die der Kreiskommissare ist[7]. Als 1702 der König befohlen hatte, dafs

---

[1] Die Behauptung v. d. Oelsnitz', dafs er als Kriegskommissar mit dem Kommissariat nichts zu thun gehabt habe, (a. a. O. S. 28) bedarf wohl keiner weiteren Widerlegung.
[2] S. S. 82.
[3] Die von Isaaksohn angenommene Kontinuität des Kriegskommissariats ist nicht aufrecht zu erhalten, wie das K. Breysig a. a. O. (Seite 137 Note 1) nachweist.
[4] Bestallung J. Kettlers vom 9. Sept. 1636. R 34 18 g.
[5] R 34. 17 b. — Reskript an die Regierung in Emmerich, 28. März 1630.
[6] Ebenda.
[7] Kr. Min. XVIII 2 d 3.

kein königlicher Bedienter fernerhin „zu einiger Bedienung bei den Ständen" in Kleve Mark zugelassen werden sollte, beschwerte sich der kleve-märkische Justiz- und Hofgerichtsrat Rhynsch zu Holzhausen, dafs er die Landkommissariatsstelle niederlegen sollte und machte geltend, „dafs diese Charge, wie landtkündig von denen Ständen in keinem Wege dependieret noch mit denenselben die geringste Gemeinschaft hat, sondern es ist dieselbe von Alters her wie noch eine kurfürstliche, nunmehr königliche Bedienung, worüber ich anno 89 mein Patent von E K. M. selbst erhalten"[1].

Wie in den Marken, so gab es auch im Westen Kriegskommissare auf Zeit, 1609 Dorst, 1611 für beide Fürsten, den von Brandenburg und den von Pfalz-Neuburg, Heyde v. Schonradt, der noch 1616 im Dienst war. 1627 wurde Wilhelm v. Hatzfeld Kriegskommissar; er war Drost der Ämter Paltena (so), Iserlohn und Blankenstein, als Kriegskommissar wurde er aber auch in Brandenburg und Preufsen, wo er noch 1630 genannt wird[2], gebraucht[3].

Die Übertragung des Kreis- und Landkommissariats auf die übrigen Provinzen.

Während sich das ständische Kreis- und fürstliche Landkommissariat als territoriale Behörde in den mittleren und westlichen Landen in selbständiger Weise ausbildete, übernahm man für die andern Provinzen die dort gemachten Einrichtungen.

In Halberstadt scheint man sich mehr den Westen zum Vorbilde genommen zu haben. Im Mai 1650 wurde hier der Regimentsquartiermeister Christian Eccardi zum Landkommissar ernannt, er unterstand der Regierung und erhielt jährlich 400 Thaler; 1672 wurde er Kriegskommissar[4]. Mit dem 1658 eingesetzten „Kriegskommissar" Joh. Friedrich Pein waren die Stände nicht zufrieden und veranlafsten 1661 die Beseitigung dieses „Landkommissars". Nach 2 Monaten bitten sie aber wieder um einen andern, worauf Friedrich Wilhelm ihnen in ziemlich unwilligem Tone den Pein zum „perpetuierlichen Krieges- und Landkommissarius" überweist[5]. Man sieht, es näherte sich hier das Landkommissariat noch mehr dem Kriegskommissariat.

1656 wurden in Hinterpommern für jedes der 7 Quartiere (oder Distrikte) einige Kommissare verordnet „wegen Einquartierung und Verpflegung", und „damit sowohl bei den Landständen die praerogationes gehoben werden als bei den Soldaten

---

[1] R 34, 17 b. — Seiner Natur nach nahm also der Landkommissar eine Stellung zwischen Kriegs- und Kreiskommissar ein. Das dem Land- und Kreiskommissar Gemeinsame ist gegenüber dem Kriegskommissar die Territorialität.
[2] v. d. Oelsnitz a. a. O. S. 28.
[3] R 7, 17. — Bestallung. Königsberg, 30. Juni 1627.
[4] R 9 A 1.
[5] R 33, 18, 1.

desordres unterbleiben möchten". Im Greifenberger Quartier z. B. würden es die v. Wedel, Plötz und der Bürgermeister von Greifenberg; im stolpe-schlaweschen Distrikt befinden sich 2 adlige und 2 bürgerliche Kommissare nebst 2 Einnehmern zur Erhebung der für die Truppen bestimmten Gelder[1]. 1672 wurde auf Gesuch der Stände für jeden Distrikt ein Marschkommissar ernannt, der ähnliche Funktionen hatte, wie der brandenburgische Kreiskommissar[2].

In Preußen ließ der Kurfürst die Oberräte auf ihre Bitte vom 6. Dezember 1656 um Kreiskommissare wissen, daß solche schon längst hätten angestellt sein müssen, worauf dann für je 2 für jeden der 3 Kreise Oberland, Samland und Natangen Instruktionen aufgestellt wurden. Sie haben den Proviant von den Ämtern zusammenzubringen, die Kosten dafür und eventuelle Schadenberechnung dem Generalkommissariat einzuschicken, sonst dieselbe Thätigkeit wie die brandenburgischen[3].

Damit, daß das Land- und Kreiskommissariat seinen territorialen Charakter behielt, hängt zusammen, daß die Titulatur eine so verschiedene war. In Halberstadt heißen die Beamten Kriegs- und Landkommissare, im Westen Landkommissare, in Pommern erst Quartier-, dann Marschkommissare, in Brandenburg Kreiskommissare. Es kann zu Irrtümern Veranlassung geben, wenn die ständischen Kommissare der Altmark immer Kriegskommissare genannt werden. A. v. d. Schulenburg und Ludolf v. Bismarck sagen 1656, der Kurfürst habe sie zu Kriegskommissaren der Altmark gemacht und Platen redet sie auch als solche an[4]. 1670 wird dem Ludolf Borchard v. Alvensleben das „Kriegs- und Kreiskommissariat" in der Altmark übertragen, zu einer Zeit, da er mit den Kriegskommissaren außer den seinen Kreis betreffenden Sachen nichts mehr gemein hatte[5]. Noch 1684 wurde Oberstlieutenant Adam v. Krusemarck Kriegskommissar im Kreise Altmark[6]. Offenbar nahmen die Kreiskommissare der Altmark eine besondere Stellung ein, da sie vom Kurfürsten ohne vorhergegangene Berufung und Präsentation der Stände eingesetzt wurden[7].

Fassen wir das bisher Gesagte zusammen, so finden wir: In den Marken sind die Kreiskommissare überwiegend ständische

---

[1] Stettiner Staatsarchiv Tit. I, Sect. I, Nr. 3.
[2] Kr. Min. a. a. O.
[3] R 7, 91. — Das Kreiskommissariat ist hier seit dem schwedisch-polnischen Kriege bis 1716 wohl nicht mehr erneuert worden. Die Amtshauptleute versahen die Geschäfte. G. Schmoller, Die Verwaltung Ostpreußens unter Friedrich Wilhelm I, Hist. Z. 1873, S. 58.
[4] Kr. Min. a. a. O.
[5] A. Strecker a. a. O. S. 55. Dessen Behauptung, daß man in dieser Zeit eine zweckbewußte Einschiebung einer neuen Behörde noch nicht annehmen kann, wird nach dem, was ich unten über das Kriegskommissariat sage, nicht aufrecht zu erhalten sein.
[6] Kr. Min. a. a. O.
[7] K. Breysig a. a. O. S. 146.

Beamte, aus dem Adel vom Adel gewählt, vom Kurfürsten bestätigt, sie erhalten etwa 200 Thaler jährlich; im Westen sind die Landkommissare ebenfalls immer eingeborene Adelige, aber vom Fürsten allein angestellt, sie erhalten mit Schreiber 400 Thaler; in Halberstadt macht sich ein Übergang zum Kriegskommissar noch bemerklicher, der Beamte ist bürgerlich, der Unterschied vom Kriegskommissar liegt fast nur im Titel; Pommern und Preufsen richten sich nach den Einrichtungen der Marken.

Die Thätigkeit der Kreis- und Landkommissare.

Ich sagte schon, dafs die ganze Militärverwaltung in den Marken von 1640 bis 1655 von deren Kreiskommissaren erledigt wurde. Wenn seitdem die Kriegskommissare ihnen und auch den Landkommissaren immer mehr von deren die Armee betreffenden Geschäften abnahmen, so blieb diesen während der Regierung Friedrich Wilhelms noch immer ein gut Teil ihrer früheren Wirksamkeit. Die speciell militärischen Sachen wie Musterung, Beschaffung von Waffen und Proviant sowie die Sorge für die Festungswerke fielen seit 1660 zum gröfsten Teile den Kriegskommissaren zu, alles aber, wobei das Land mit seinen Einwohnern und Produkten in Anspruch genommen wurde, beschäftigte weiter die Land- und Kreiskommissare und Magistrate der Städte; die letzteren besorgten Bier und Brot für die marschierenden Truppen und blieben dafür von Einquartierung frei.

Es würde zu weit führen, hier jede Art von Lieferung aufzuzählen und zu beschreiben, kurz sei nur an die vielen Transporte von Proviant, Geschützen, Beamten, Soldaten erinnert, an die Zufuhr von Holz, Steinen und Kalk zum Festungs- und Wegebau, an die Gestellung und Beaufsichtigung von Arbeitern bei der Erbauung von Verhauen, Schanzen, Brücken und Wällen. Das alles war im Frieden erträglich. Wurde aber mobil gemacht, dann begannen die Leiden der Kommissare. Da trafen zuerst die kurfürstlichen Befehle ein, in dem Kreise sofort Quartier für eine von dem Rittmeister N. innerhalb 3 Monaten zu werbende Kompagnie bereit zu machen und die eintreffenden Leute nach der Ordonnanz zu verpflegen. Bald strömte das Kriegsvolk herbei, und Lärm und Unordnung, Diebstahl und Raub galt es zu verhüten. Mit zahlreichen Klagen erschienen die Einwohner, welche die Last der Einquartierung und die Kontributionsquote nicht ertragen konnten, und die Offiziere, welche bei unregelmäfsiger Bezahlung stets mit der Exekution bereit waren und zum Kommissar oder Bürgermeister den exekutierenden Unteroffizier sicher nicht zuletzt schickten. Dazwischen hinein kam die Meldung vom Durchmarsch eines zum Kriegsschauplatz ziehenden Regimentes, und schleunigst hatte der Kommissar alles andere im Stiche zu lassen, der Truppe entgegenzueilen, Weg, Quartiere und Verpflegung anzuordnen. Für Disciplin war er verantwortlich,

Zuvielforderungen der Offiziere und Mannschaften mufste er verhindern. Aber wenn ihn auch alle Beamten unterstützen sollten, was vermochten sie, wenn die Offiziere zu den Übelthaten ihrer Leute ein Auge zudrückten? In allen Verpflegungsordonnanzen und den zahlreichen Marschpatenten wird daher den Truppen befohlen, sich den Kommissaren und Magistraten zu fügen, sie das Ausbleiben der Zahlungen nicht durch Quälereien und Exekutionen entgelten zu lassen. Aber die ständischen Organe versagten eben. Im Oktober 1679 befiehlt Friedrich Wilhelm, da den bisherigen Verordnungen nicht nachgelebt werde, so sollten die „Landkommissare" fortan von einem Kriegskommissar bei Führung der marschierenden Truppen unterstützt werden[1].

Die ständischen Beamten sollten aber auch die Amtsunterthanen schützen, und oft mufste ihnen eingeschärft werden, die Kriegslasten unparteiisch zu verteilen, den Marsch nicht nur durch die Amtsdörfer zu leiten. Diese Ermahnungen müssen aber wenig Erfolg gehabt haben, denn schon 1658 sah sich der Kurfürst bewogen, das Interesse seiner Domänen in der Altmark durch einen besonderen Amtskommissar, den Oberförster v. Mörner, vertreten zu lassen. Im Januar 1670 erhielt der Oberförster v. Lüderitz die gleiche Funktion für die Neumark, auch in den andern Kreisen der Marken wurden solche Beamten nötig[2].

Die Entwickelung des Kriegskommissariats bis 1660.

Während die Land- und Kreiskommissare bald nach ihrem ersten Auftreten ständig wurden, verschwinden die Kriegskommissare mit der Reduzierung der Armee von 1641. Zwar wurde 1647 aus landgräflich hessischen Diensten der sehr tüchtige Paul Ludwig als Kriegskommissar für die westlichen Lande gewonnen, aber die endgültige Feststellung und die permanente Beibehaltung dieser Beamten verdankt das Land doch erst dem schwedisch-polnischen Kriege.

Das brandenburgische Amt des Kriegskommissars ist fremden Armeen entlehnt. In dem Heere Maximilians von Bayern war im Hauptquartier das Generalkommissariat, jedes Regiment hatte seinen Regimentskommissarius[3]. Ähnliche Chargen finden wir bei allen Armeen des dreifsigjährigen Krieges. Der Kriegs- und Musterkommissarius des Regiments hatte mit den Musterschreibern der Kompagnieen über den Obersten und das ganze von diesem

---

[1] Orlich III S. 307.
[2] Kr. Min. a. a. O.
[3] J. Heilmann, Kriegsgesch. von Bayern, Franken, Pfalz und Schwaben 1506—1651. — II S. 1001. — Generalkriegskommissare gab es, wenn auch mit anderen Funktionen, schon weit früher. Melzo a. a. O. sagt, Ferdinand Gonzaga hätte das Amt unter Karl V. geschaffen, Alba und Parma hätten es beibehalten. Es sei eine Vereinigung des Dienstes eines Gen.-Wachtmeisters und Gen.-Auditeurs gewesen. M. Jachns a. a. O. S. 1050.

abhängige Regiment zu wachen, das Interesse des Kriegsherrn zu vertreten. Dies geschah besonders durch die Musterungen[1].

In Österreich stand an der Spitze der ganzen Militäradministration das General-Feld-Kriegskommissariat, in jedem Lande war ein General Kriegskommissariat. 1651 wurden diese Behörden aufgehoben. Als dann Kaiser Leopold das Kriegskommissariat wieder einführte, nahm dessen weitere Entwickelung einen ganz andern Gang wie in Brandenburg. Eine stehende Armee gab es in Österreich eigentlich nur in den Grenzdistrikten, und auch nur für diese wurden in der Hofkriegsratsinstruktion von 1673 Musterungsbestimmungen erlassen, für die auf Zeit geworbenen Truppen wurden „extraordinari commissiones" bestellt[2]. Sodann kam man zu keiner zweckmäfsigen Unterstützung der in ihrem Wesen allerdings auseinanderstrebenden Militär- und Finanzverwaltung, von denen jene immer fordert und ausgiebt, diese immer verweigert und spart. Seit im Jahre 1556 definitiv ein kriegsrätliches Kollegium errichtet war, blieb dasselbe von der Hofkammer abhängig. Ebenso ging es dem Generalkommissar, der ohne Zustimmung von allen möglichen Behörden keine Beschlüsse fassen konnte. Die Kommissariatsgeschäfte wurden in Sitzungen des Chefs mit seinen Räten und des Geheimen Direktoriums in publicis et cameralibus behandelt; die Proviantangelegenheiten mufsten die Bureaus der Hofkammer, der Militärökonomiekommission, und des Geheimen Direktoriums passieren; die Pulver-, Salpeter-, Invaliden- und Militärpensionssachen bedurften der Begutachtung einer unabhängigen Hofkommission; die Militärjustizgeschäfte waren einem eigenen hofkriegsrätlichen Justizkollegium überwiesen. Man kann sich denken, wie lange es da dauerte, bis das Kommissariat eine Verordnung an die Truppen gelangen lassen konnte, wie schwer dieser schleppende Geschäftsgang auf die Operationen der Armee einwirkte. Statt eines Geldvorrates, statt Leuten, Pferden und Material hatte das Generalkriegskommissariat meist nur Ausweise auf dem Papier. Noch die Reformen Dauns brachten darum gar keine Besserung, weil sie das Generalkommissariat 3 Finanzstellen, der Generalkassadirektion, der Hofkammer und der Hofrechenkammer unterordneten; erst die Josefs II hatten einen namhaften Erfolg[3].

In Brandenburg gestalteten sich wie gesagt diese Dinge ganz anders. Hier gelang das schwierige Problem, eine Kollision der Finanz- und Militärverwaltung zu vermejden, indem man die erstere zur Dienerin der letzteren machte. Gleichwohl verfiel man nicht in den Fehler, welchen Frankreich beging, als dort der Finanzminister Chamillard auch das Kriegssekretariat erhielt, was

---

[1] Über Musterungen s. S. 124 ff.
[2] F. Firnhaber, Zur Gesch. des österr. Militärwesens im Archiv f. Kunde österr. Geschichtsquellen. XXX. Wien 1864. — S. 165 ff.
[3] Ebenda S. 96—98. 101 ff.

zur Folge hatte, daſs das Ressort der Finanzen zum völligen Ruin gebracht wurde[1].

Die brandenburgischen Kriegskommissare waren zuerst vorzugsweise Militärbeamte, später dehnte sich ihre Thätigkeit auf das ganze Steuerwesen aus. Auf letzteres habe ich hier nicht einzugehen[2].

Mit der Aufstellung der groſsen Armeen für den nordischen Krieg genügten die Land- und Kreiskommissare nicht mehr, schon wegen ihrer Gebundenheit an ihr Land oder ihren Kreis. Es schieben sich zwischen die Oberverwaltungsbehörde, die 1652 für Militärsachen bestimmte Abteilung des Geheimen Rats und die untern zum überwiegenden Teile ständischen Institute neue, rein fürstliche Beamte ein, welche seit 1660 beibehalten ihre Kompetenzen immer weiter ausdehnen, in Militär und Steuerverwaltung die Kreiskommissare verdrängen, dann sich in den einzelnen Landen kollegialisch gestalten und als Kriegskammern mit eigener Gerichtsbarkeit den Regierungen gegenübertreten, während das Generalkommissariat, zeitweise wieder eingeschränkt, doch endlich zur wichtigsten preuſsischen Oberverwaltungsbehörde wird.

1655 wurde jedem der beiden Heere ein Generalkriegskommissar mit zahlreichen Unterbeamten zugeteilt, für das Waldecks war es Joh. Ernst v. Wallenrodt, für das Sparrs Claus Ernst v. Platen. Der Generalkommissar besorgte die Geschäfte des heutigen Kriegsministers und hatte auch, da der Kriegsstaat ja die weitaus bedeutendste der damaligen Staatsausgaben war, die ganzen Finanzen zu verwalten. Darum unterstanden ihm das ganze Besoldungs-, Verpflegungs-, Einquartierungs-, Montierungs-, Musterungs- und Justizwesen, der Generalquartiermeister, Generalproviantmeister, Generalauditeur und Generalgewaltiger mit Unterpersonal, sämtliche Land-, Kreis- und Kriegskommissare. Als besondere Gehülfen dienten ihm die letztgenannten, welche oft für einen Geschäftskreis speciell angestellt wurden, wie im Oktober 1656 für Musterungen Winckler und Schubert[3], oder einen Teil ihrer früheren Thätigkeit behielten, wie der Oberkommissar Jnckefordt das Salpeterwesen in Brandenburg, der Oberkommissar v. Waldow die Oberinspektion des Accisewesens in Preuſsen, mehrere, besonders später, das Proviantwesen[4] in ihrem Bezirk. Ihre Hauptthätigkeit war im nordischen Kriege die Musterung.

---

[1] L. v. Ranke, Französische Geschichte IV, S. 263 ff. Die wenigen Truppen Kursachsens erforderten meist gar keinen Gen.-Kriegskommissar, es genügte die Kriegskanzlei und ein Kriegssekretär. Mit dem stehenden Heere (1682) entstand hier eine kollegialische Oberbehörde, die 1684 zum „Geheimen Kriegsratskollegium" wurde. Schuster und Francke, Gesch. der sächs. Armee I 98, 111, Anhang 3.

[2] Darüber handelt K. Breysigs angeführter Aufsatz.

[3] Die folgenden Personalien aus Isaaksohn II, R 9 A 11 und Kr. Min. a. a. O.

[4] Über die Proviantkommissare s. S. 72 ff.

Da aber die beiden Generalkommissare in dem langgestreckten Staatsgebiet die Kontrolle aller Werbungen und Musterungen nicht allein führen konnten, so wurde für einzelne, besonders wichtige Landesteile eine Zwischenbehörde in den Oberkommissaren geschaffen, welche unter Platen und Wallenrodt die Geschäfte dieser in ihrem Revier zu besorgen, ja sogar Unterkommissare anzunehmen hatten. Im November 1656 wurde Bastian v. Waldow Oberkommissar für Ermeland und den oberländischen Kreis, im August 1657 der Obersalzfaktor Jnckefordt Oberkommissar für Brandenburg, Ende dieses Jahres trat dieses Amt für Hinterpommern Wedigo v. Bonin, für die Neumark der Rittmeister Christoph v. d. Goltz an, im April 1660 wurde es der Ämterkommissar Barth für Brandenburg[1]. Das war der Anfang der provinzialen Kommissariatsbehörden, die von da an bestehen blieben, wenn die Stelle des Oberkommissars wie in Pommern auch zeitweilig nicht besetzt war. Für die Marken besorgte später der Generalkommissar die Geschäfte des Oberkommissars.

Die schwierigste und wichtigste Thätigkeit aller Oberkommissäre war, wie gesagt die Abhaltung der Musterungen, welche wir in Abschnitt VI. kennen lernen werden. Aufserdem lagen ihnen aber noch viele andere Geschäfte ob; sie hatten zu sorgen, dafs die Vorschriften der Ordonnanzen und Edikte befolgt würden, dafs in den Festungen Waffen und Munition vorhanden und die Werke in gutem Zustande seien. Jnckefordt hat darauf zu sehen, dafs die Regimenter und Kompagnieen nicht nur bei der ersten Musterung, sondern auch im Laufe der Zeit vollständig nach der Kapitulation erhalten werden, dafs kein Unterschleif vorkomme, in der Rolle jeder Mann richtig mit Tauf- und Zunamen verzeichnet sei. Er soll willig die Musterungen vornehmen, ja sogar, wenn sie ihm nötig erscheinen, an deren Abhaltung erinnern. Alle Mängel hat er dem Generalkommandeur oder Generalkommissar zu melden[2]. Alle Oberkommissare sollen die Magazine kontrollieren, verhüten, dafs die Offiziere den Leuten den Sold vorbehalten und so Excesse entstehen, sie müssen die Obersten zu guter Verwaltung ihres Justizamtes ermahnen, Fahrlässigkeiten darin melden. Ihr Gehalt betrug 100 bis 150 Thaler monatlich, ungefähr soviel wie das eines Obersten z. F. mit Hauptmannschaft[3]), war also ziemlich hoch, doch darf man dabei nicht die vielen Vorschüsse vergessen, die von ihnen verlangt wurden. Die Kriegskommissare erhielten etwa 50 Thaler.

---

[1] Auch ein Oberkommissar „bei der Armee" wurde Juni 1657 in der Person des Hans v. Waldow ernannt, wohl zur Unterstützung Wallenrodts bei der preufsischen Armee. Verpflegungsentwurf für die in Preufsen gelassenen Truppen. 11. Okt. 1657 R 24 Z 2. Unvollständig abgedruckt bei Orlich.
[2] Patent Inckefordts vom 24. August 1657. R 9 A 11.
[3] S. Abschnitt III Tabelle I Nr. 10.

Das Kriegskommissariat seit 1660.

Mit der Beibehaltung eines Teils der Armee nach dem Frieden von Oliva wurde auch das Kriegskommissariat zur bleibenden, wenn auch sehr reduzierten Behörde. In Preufsen sollte es Schwerin bis auf eine Person einziehen[1]. An der Spitze stand der Generalkriegskommissar v. Platen, dem es gelang, sich vom Geheimen Rate ziemlich zu emanzipieren. Als er 1669 starb, folgte ihm der junge Kriegsrat Meinders, welcher ohne den Titel des Generalkommissars wieder zum Exekutivorgan des Geheimen Rates wurde, dennoch aber den Haushalt des Heeres in selbständiger Weise verwaltete[2]. Seine Überbürdung mit Geschäften veranlafste 1675 die Anstellung des Bodo v. Gladebeck als Generalkommissar[3], ihm assistierte seit 1676 der ältere Grumbkow, welcher aber bald selbständig und allein diesen Posten bekleidete[4].

Die Instruktionen dieser obersten Beamten bleiben sich ziemlich gleich, d. h. sie behielten wie Platen die Oberaufsicht über Bestand, Verpflegung des Heeres, Magazine, Festungsbau, Waffen, Munition, Einquartierung, Justiz; sie hatten mit den Geheimen Räten über die Leistungen des Landes zu verhandeln, stellten mit ihnen die Verpflegungsordonnanzen auf, konzipierten die Bestallungen und Kapitulationen der Beamten und Offiziere und ermahnten fremde Staaten an fällige Subsidien, indem sie bei alledem das Interesse ihres Herrn vertraten. Ihr Gehalt blieb dasselbe wie das Platens, 800 Thaler jährlich als Geheime Räte, als Generalkommissare die Hälfte der monatlichen Recepturgelder[5]; im Felde betrug es alles in allem jährlich 3600 Thaler[6].

Vielleicht hing es mit den 1669 in Berlin vorgehenden Veränderungen zusammen, dafs in diesem Jahre in Preufsen eine neue Beamtencharge in dem Oberstkommissar geschaffen wurde. Am 2. April 1669 wurde der Oberkommissar Bastian v. Waldow zum Oberstkommissar und Geheimen Kriegsrat befördert; ihm folgte, wenn auch nur mit dem Namen eines Geheimen Kriegsrates der Oberst von Barfufs und 1685 der Geheime Kriegrat v. Viereck wieder als Oberstkommissar[7]. Als Oberkom-

---

[1] Orlich III Kleve, den 27. Juni 1661. — S. auch Tabelle S. 60 f.
[2] Darüber A. Strecker a. a. O. S. 57.
[3] Patent Perleberg, den 10. Juni 1657. R 9 A 1.
[4] Patent z. Kriegsrat Wrangelsburg, 15. Nov. 1678. Kr. Min. Patent z. Gen.-Kom. 21. Dezember 1679. R. 9 A 11. Über die Personalien der Generalkommissare, vgl. K. Breysig a. a. O. S. 138 ff.
[5] Die Recepturgelder bestanden aus: 1) 2 Prozent der Einnahme, anfangs in der Kurmark, später überall; 2) 2 Prozent durchgehends von der ganzen Militärausgabe. — Vorstellung L. v. Danckelmanns vom 30. Juni 1696. R 9 A 1.
[6] S. auch S. 62.
[7] 1672 wurde für die Musterungen und den Feldzug Oberster Kriegskommissar der Kriegsrat und Oberst v. Berlepsch.

missar war 1669 im Januar in Preufsen Boguslaw v. Podewils mit Oberstlieutenantsrang angestellt worden[1].

Als in Kleve 1665 Paul Ludwig starb, bat ein gewisser Gerhard v. Megen um dessen Stelle, er sei schon 1638 Kommissar bei den kaiserlichen Regimentern Sparr und Meuter gewesen[2]. Dafs er sie erhielt ist unwahrscheinlich. Als Nachfolger Ludwigs scheinen mir vielmehr die schon genannten[3] beiden Landkommissare Bodelschwingh und Hüchtenbruch eingesetzt worden zu sein, da ihnen eine sehr ausführliche Instruktion erteilt wurde und sie als Landkommissare ja auch kurfürstliche Beamte waren. Jeder von ihnen erhielt noch das alte Gehalt der Landkommissare von 300 Thalern und 100 Thaler für einen Schreiber; sie standen sich also ungefähr wie die Kriegskommissare. Sie konnten die Geschäfte aber wohl nicht bewältigen, denn nachdem der Bürgermeister von Hamm, Herrmann Altfeldt, am 19. März 1666 zum Kommissar von Mark bestellt war, um Bodelschwingh zu unterstützen, wurde mit Patent vom 6. Januar 1667 Franz Römer zum Kriegs- und Rechnungskommissar von Kleve ernannt, nach seinem 1686 erfolgten Tode wurde Paul Friedeborn Oberkommissar. 1685 ist in Mark ein v. Butzlar Oberkommissar, 1684 wird es in Minden der Hofstaatssekretär Schlemüller[4].

Nach dem Tode Wedigo v. Bonins 1659 bitten die hinterpommerschen Stände der Not des Landes wegen die Stelle nicht wieder zu besetzen, der Kassierer Jonas Köhler sei genug. Die Räte pflichten dem bei, die Regierung müsse doch die ganze Arbeit leisten; es sei nur nötig, richtig Buch zu halten, das könne auch der Kassierer. Die Stelle wird dann erst wieder 1668 mit Jakob Kameke besetzt[5]. 1675 ist ein v. Carnitz Oberkommissar in Pommern[6], 1684 wird es ein Landrat v. Glasenapp[7].

Die Gehälter wurden seit 1660 ziemlich konstant, sie werden bald in den Bestallungen gar nicht mehr erwähnt, es heifst oft, der Betreffende habe ein Traktament wie die andern Kommissare. Dasselbe war wie das der Offiziere herabgesetzt, es hielt sich zwischen 25 und 40 Thlr., Oberkommissar und Kriegskommissar machten dabei wenig Unterschied.

Die Doppelnatur des Kommissariats als Militärintendantur und Steuerdirektion machte mit der stetigen Vergröfserung der Armee und der Einführung der Accise (Steuerkommissare) eine immer weiter gehende Arbeitsteilung unter diesen Beamten nötig.

---

[1] Er war jedenfalls schon 1667 preufsischer Kriegskommissar. J. Paczkowski, D. Gr. Kurfürst und Chr. Ludwig v. Kalkstein. Forsch. z. brand. und preufs. Gesch. II 418.
[2] R 34, 179 d. und v. Mörner a. a. O. S. 159.
[3] S. S. 81.
[4] Das Vorstehende aus Kr. Min. a. a. O.
[5] R 30, 52.
[6] R 24, GG 2.
[7] Kr. Min.

Immer mehr nahm sie die Steuerverwaltung in Anspruch, immer mehr wurden die militärischen Geschäfte wieder Offizieren anvertraut. 1684 machte man zuerst die Oberkommissariate in den westlichen und östlichen Landen zu kollegialischen Behörden, den sogen. Kriegskammern[1] (Erst um 1700 waren diese in allen Provinzen eingeführt.) In Preußen blieb die Kontrolle des Kontributionswerks jedoch den 4 Oberräten. Als 1685 v. Viereck als oberster Kriegskommissar nach Preußen geschickt wurde, gab man ihm eine Instruktion mit, die ihn als Direktor der dortigen Kriegskammer mit ziemlich weitgehenden Vollmachten ausstattete. Er hat zu sorgen, daß die Separation der Ritterschaft und Städte fortdauert, er soll mit dem General Grafen v. Dönhoff alles beraten, die monatlich von den Regimentern eingeschickten Rollen quartaliter dem Generalkommissariat einsenden. Er hat mit dem Kriegskommissar Suter die Quartiere zu revidieren, zur Begleitung marschierender Truppen besonders den Kriegskommissar Brockmann zu beordern. Notleidenden Orten kann er die Kontribution moderieren oder erlassen. Er erhält monatlich 100 Thlr.[2]

Aus einem Generalkriegsetat vom Februar 1687[3] lernt man das ganze Personal des damaligen Kommissariats kennen, und zwar befinden sich:

In den Marken: Der Generalkommissar v. Grumbkow, der Quartiermeisterleutnant Margace und die 4 Kommissare Neuhaus, Hessen, Gavron, Plarre[4];

in Preußen: Der Oberstkommissar v. Viereck, die Kriegskommissare Suter, Brockmann, Kahlow und der Kammermeister Kupner; in Pillau und Memel je ein Kommissar;

in Pommern der Oberkommissar v. Glasenapp, ein Kriegs- und ein Proviantkommissar;

in Halberstadt der Oberaccisedirektor Willmann;

in Magdeburg der Regierungsrat und Kommissariatsdirektor v. Mandelsloh mit den Kommissaren Steinhäuser und v. d. Lieth[5];

in Kleve-Mark der Oberstkriegskommissar Frhr. v. Wylich, der Oberreceptor Friedr. Wilh. v. Diest, ein Kriegskommissar, 2 Landkommissare[6];

in Wesel ein Kommissar;

---

[1] Eine Kollegialbildung der preußischen Kammer begann schon 1674. Strecker S. 56. Um die Organisation derselben machte sich besonders der Oberst v. Barfuss 1680 und 1682 verdient. Kr. Min.

[2] Kr. Min. a. a. O. — Instruktion vom 9./19. Juli.

[3] Muser. Bor. Fol. 320. Ein ähnlicher Etat von 1688 bei v. Mülverstedt a. a. O. S. 617 ff.

[4] D. Unterpersonal ist nicht genannt.

[5] Nach seinem Patent vom 1. Dez. 1683 (Kr. Min.) unterstanden Mandelsloh die 4 Kommissare von Magdeburg und Mansfeld: v. d. Lieth, Sahge, Henckenrath, Steinhäuser.

[6] Die Einrichtung der kleve-märk. Kammer s. bei Isaaksohn II 179 ff.

in Minden der Oberkommissar Schlemüller;
in Ravensberg ein Kommissar[1].

1688 wurde schon ein Vorschlag gemacht, das Generalkommissariat in ein Collegium formatum zu verwandeln, aber dazu kam es doch erst 1712. Von völliger Gleichförmigkeit noch ziemlich entfernt, war man doch, wie aus dieser ganzen Entwickelung hervorgeht, in eifrigem Vorwärtsstreben nach diesem Ziele[2].

Das Verhältnis der Kriegskommissare zum Heere und Lande.

Wir haben noch über die socialen Verhältnisse der Kriegskommissare einiges zu sagen. Um die schwierige Stellung, aber auch die Nützlichkeit und Notwendigkeit dieser Beamten zu verstehen, ist daran zu denken, dafs in den ersten Jahrzehnten der Regierung Friedrich Wilhelms die Obersten noch eine ziemlich unbeschränkte Autorität über ihre Regimenter hatten, dafs noch mancher Offizier im Quartier mehr nahm als ihm zustand und die Zahl der „effective praesentes" auf lange Zeit unter der Sollstärke liefs, dafs noch Raub und Mord, Unterschlagung und Dieberei offen und geheim unter Offizieren und Soldaten keine Seltenheit waren[3]. Gegen diese Selbständigkeit der Obersten, gegen diese Mifsbräuche und Betrügereien bediente sich nun Friedrich Wilhelm der Kriegskommissare.

Gewifs waren dazu befähigte Männer nicht leicht zu finden. Als der Rittmeister Christoph v. d. Goltz 1657 Oberkommissar wurde, heifst es in seiner Bestallung, man hoffe, er werde sich gutwillig dazu verstehen[4]. Denn dafs ein Offizier und Adliger gern ein Amt übernehmen würde, in dem er als Aufpasser und Angeber seiner bisherigen Kampfgenossen, als Exekutivbeamter gegen seinen eigenen Stand auftreten sollte, konnte man kaum annehmen. Gerade im Gegensatze zu den Eingesessenen sollte der Kriegskommissar auftreten, indem er von ihnen die bewilligten oder nicht bewilligten Kontributionen einzutreiben, Quartier und Verpflegung der Geworbenen zu verlangen und die Befehle des Fürsten Land- und Stadtbehörden zu übermitteln hatte. Schon Georg Wilhelm sagte 1626, als ein Kriegskommissar angestellt werden sollte, es dürfe kein im Lande Gesessener sein, „denn sonsten will er seine Freunde und Bekannte nicht erzürnen"[5]. Zum allergrößten Teile finden wir daher Leute in

---

[1] 1688 hat sich das Personal etwas geändert, K. Breysig a. a. O. S. 142 ff. bringt es nach einer Gen.-Feldkriegsk.-Rechn.
[2] Der Ausspruch Rankes (Franz.Gesch. IV 12), dafs um 1688 noch in keinem anderen Staate aufser in Frankreich an die Verbindung zwischen militärischer Macht und administrativem Gedeihen gedacht worden war, erfährt nach dem, was bisher über Verpflegung und Kommissariat gesagt wurde, wohl eine Beschränkung. Freilich, „noch existierte Preufsen nicht", aber es entstand.
[3] Darüber s. Abschnitt VI.
[4] Isaaksohn a. a. O. S. 173.
[5] Ebenda S. 38.

diesen Stellen, die Ausländer waren, also kein besonderes Interesse für jemand aufser ihrem Herrn hatten, und Bürgerliche, die von unten auf „im Herrendienst" geschult waren und ohne namhaften Eigenbesitz dem Fürsten anhingen, von dem sie alles zu erwarten hatten. Freilich hielten die Stände, besonders in Ostpreufsen, mit grofser Zähigkeit an ihrem Indigenatsrecht fest und wollten nichts wissen von „fremder Potentaten Abgesandten[1]". Später verlieh der Kurfürst das Indigenatsrecht bekanntlich aus eigener Machtvollkommenheit.

Sehr unangenehm mufsten die häufigen Vorschüsse sein, welche die Kommissare zu leisten hatten und deren Rückzahlungen oft lange auf sich warten liefsen. Stand es damit auch nicht so übel wie in dem benachbarten Sachsen, wo z. B. 1653 der Kriegskommissar Findekeller sich beklagte, dafs er seit 3 Jahren keinen Groschen von seinem Gehalt zu sehen bekommen habe und samt seinen Vorschüssen 8000 Thlr. fordern müsse[2], so finden wir doch auch in Brandenburg Klagen. 1659 ist man Jnckefordt 428 Thlr. 21 Gr. schuldig[3]. Hierin ging es den Kommissaren allerdings nicht besser als den Offizieren.

Denen gegenüber aber war ihre Stellung kaum zu beneiden. „Das Regimentskommissariat sei ein odios officium, soll sich gleichwohl seinem Respekt nach halten, die Tafeln und Mahlzeiten der Obersten und Offiziere meiden und solchergestalt bei dem Regiment sich verhalten, dafs er (so) gleichwohl von Offizieren und Soldaten geforchten werde", sagt eine bayrische Nachricht aus den letzten Jahren des dreifsigjährigen Krieges[4]. Ohne den energischen Schutz des Fürsten konnte sich niemand auf Übernahme dieses Amtes einlassen. Daher findet sich am Schlusse jeder Bestallung der Passus, der Kurfürst wolle den Betreffenden nicht ungehört verurteilen oder Ungnade auf ihn werfen, sondern ihn bei Verläumdungen und Anfeindungen in Schutz nehmen. Dennoch hören wir von häufigen Konflikten mit Offizieren. Schon Platen geriet in einen Kompetenzstreit mit Sparr, dem Capo der Armee, welcher die notwendigerweise selbständigen Verfügungen der Oberverwaltung in Berufung auf seine Kapitulation sich nicht gefallen lassen wollte. Friedrich Wilhelm liefs es aber dabei und beförderte Sparr, um ihn zu besänftigen, zum Feldmarschall[5]. Joh. Edlinger, der Artilleriekommissar, wandte sich 1659 wegen eines Rangstreites mit einem Oberhauptmann klagend an den Kurfürsten, der so entschied, dafs es damit wie bei den Kaiserlichen zu halten sei, Edlinger Oberkommissar sein und hinter dem Oberstleutnant, also vor dem Beklagten rangieren sollte[6].

---

[1] J. G. Droysen a. a. O. III 2, S. 165.
[2] Hauptstaatsarchiv Dresden Loc. 9119 Nr. 3.
[3] R 9 A 11.
[4] Heilmann a. a. O. II 1000.
[5] Isaaksohn, II 171.
[6] R 9 A 11.

Ein wahres Martyrium nennt Isaaksohn die Thätigkeit Ludwigs in Westfalen[1]. Dieser arbeitete allerdings auch wie zwischen 2 Feuern. Den Receptoren und Offizieren soll er Anweisungen auf die Steuern erteilen, er wird dadurch der Hauptfeind der Stände; er rät 1650, diesen gegenüber „aus einem andern clave das Lied zu nehmen", zur Einschüchterung und Exekution Truppen ins Land zu legen[2]. 1654 erreicht die Not den Gipfel, die Lippstädter Garnison leidet Hunger und ist fast nackend, und Sparr ist aufgebracht, dafs den Offizieren die Vorschüsse nicht bezahlt würden. Zu alledem kam noch, dafs die Beamten, auf den Recefs von 1649 vereidigt, der verbot, dafs die einmal gemachten Bewilligungen überschritten und weitere Werbungen angestellt würden, es mit ihrem Gewissen nicht verantworten wollten, dafs neue Forderungen ausgeschrieben würden. In dieser Not rief der Statthalter den Gesandten Weimann zu Hülfe, der zu dem einfachen Mittel rät, den Beamten, welche durch Mahnungen und Drohbriefe der Stände beunruhigt wurden, zu befehlen, nur Briefe ihrer Vorgesetzten zu öffnen, was denn auch „omnium applausu" geschah. Ludwig aber, der selbst bedenklich geworden war, tröstete der Gesandte mit den erhabenen Worten: „Gottes Auge sichet aufs Innerliche und wird uns nicht zur Missethat deuten, was wir nach seinen und den Geboten der Natur zu unserer und des Landes Rettung fürnehmen, wo das Herz sauber ist, da ist die Hand nimmer unrein". 1657 wollte Ludwig seinen Abschied nehmen, aber Friedrich Wilhelm konnte diesen bewährten Diener nicht entbehren, gab ihm einen Gehülfen, der aber schon nach einem Jahre wegen Untauglichkeit entlassen werden mufste, und nahm ihm im Herbst 1658 seine schwerste Bürde, das Einquartierungs- und Musterungswesen ab[3].

Auch der 1668 zum pommerschen Oberkommissar ernannte Jakob Kameke bedang sich aus, nur auf „gnädigste Veranlassung" Musterungen vornehmen zu müssen[4]. Der preufsische Oberkommissar v. Podewils hatte wegen der Verwaltung der Kriegskassengelder einen Streit mit einem Kapitän des Dönhoffschen Regiments und erschofs ihn im Duell; da er in seiner Stellung blieb, darf man wohl annehmen, dafs die Hauptschuld auf seiten des Gefallenen war[5].

---
[1] A. a. O. II 175.
[2] Das Folgende aus UA V.
[3] Ludwigs neue Bestallung vom 4. Sept. 1658. Isaaksohn a. a. O. S. 175. — 1658 schreibt Ludwig, der Kommissar Dr. Beckmann sei „damalen (7. Oktober 1657 UA V S. 908) angenommen worden, als wegen der so starken Einquartierung und Konfusion Paul Ludwig wegen des H. Grafen zu Waldeck wie auch J. Exc. Herrn Gen.-Feldmarschalls Sparrs und mehr andere Offiziere grofse Bedrawungen genötigt worden, J. Ch. D. umb enthebung solch odiosen Dienstes unterthänigst zu bitten". R 34, 17 b. Auf diese Vorstellung Ludwigs wurde Beckmann wegen Untüchtigkeit entlassen.
[4] R 30, 52. — Instruktion vom 16. Juli 1668.
[5] v. d. Oelsnitz a. a. O. S. 127.

Auch die oberste Kommissariatscharge war wenig begehrt. Als die Stelle 1675 wieder besetzt werden sollte, war sie noch in einem so schlechten Angedenken, daſs es schwer hielt, einen geeigneten Mann dafür zu bekommen. Wenigstens reichte Gladebeck, bevor er sie übernahm, ein Memorial ein, in dem er ihre Hauptübelstände aufzählt. „Das Prädikat des General Commissarii ist zwar an sich ein gutes und raisonables Werk, es ist aber durch den leidigen Miſsbrauch in so schlechten Zustand geraten, daſs sich dessen fast ein Jeder scheuet"; er wolle es versehen, aber nur unter dem Namen eines Geh. Kriegsrats oder einem andern; ferner bitte er um tüchtige Unterbeamte und Ordnung, da es ihm nicht möglich sei, Zuschüsse zu thun [1].

Unter Grumbkows energischer Leitung wuchs die Macht der Kommissare dann zusehends. Seit 1680 durften sie Offiziere wegen grober Unordnungen sofort kassieren [2].

Nachdem wir so die Bedingungen für den Bestand des Heeres und die Verwaltungsorgane kennen gelernt haben, können wir uns wieder den Soldaten selbst zuwenden.

---

[1] R 9 A 1. — Memorial v. 28. Juni 1675.
[2] S. S. 131. — Schon 1665 durften die französ. Kommissare deshalb bei der Musterung Offiziere suspendieren. Französische Kriegswirtschaft.

V.

Die Gemeinen.

Die Ergänzung.

Unter Joachim II hatte man sich dem von den deutschen Orden eingeführten, bald in ganz Deutschland üblich gewordenen System der Provisioner zugewandt, welches darin bestand, dafs man einzelnen Führern jährliche Pauschsummen zahlte, wogegen diese sich verpflichteten, in jedem Augenblicke eine bestimmte Zahl Truppen zu stellen. Im Felde erhielten sie aufser der Pauschsumme nur Kost für sich und ihre Leute. Sie schlossen mit Unterführern Verträge, und diese zahlten den für den Kriegsfall Geworbenen ein Wartegeld. Es gab aber für Brandenburg wenig Gelegenheit, sich von der Brauchbarkeit dieser Einrichtung zu überzeugen [1].

Aushebung vom Lande.

Ich sprach schon davon, wie man es in Preufsen wegen der Kostbarkeit der Werbungen mit einer Art Aushebung versucht hatte, davon aber wegen der Untauglichkeit der Wybranzen abgekommen war [2]. Schon 1654 war in Brandenburg ein ähnlicher Versuch gemacht worden. Im November dieses Jahres verlangte nämlich der Kurfürst von seinen kurmärkischen Ständen die Lieferung von Mannschaft, und es wurde zugleich eine Instruktion für Sergeanten aufgesetzt, die in den einzelnen Kreisen taugliche Leute auszulesen, ihnen den Eid abzunehmen und 2 Thlr. Wartegeld zu zahlen hatten „mit der Versicherung, dafs er monatlich entweder 1 Thlr. an Gelde oder denjenigen Unterhalt, welchen Höchstgemeldte S. Ch. D. zum Zuschub jährlich

---

[1] M. Jachns a. a. O. S. 696. — Courbière, Verwaltung S. 46.
[2] S. S. 15.

geordnet, unteilbar aus dem Kreise fähig sein soll". Bekommen sie nicht eine genügende Anzahl Leute zusammen, so sollen sie so viele werben, als ihnen von Ritterschaft und Kommissaren angegeben wird. Für jeden Mann zahlt dann die Ritterschaft 3 Thlr. Werbegeld[1]. Man bemerke wohl, dafs damals gerade der Kurfürst den „Ausschufs vom Landvolk" abschlug[2]. Die eben angeführte Instruktion scheint infolge des Widerstandes der Stände nicht zur Ausführung gekommen zu sein[3].

Die Werbung.

So war man auch hier auf die Werbung allein angewiesen. Was nun diese angeht, so kann ich keinen in bewufster Absicht gemachten Unterschied zwischen „inländischer" und „ausländischer" Werbung erkennen; derselbe gehört einer späteren Zeit an[4]. Wohl setzte sich die Armee mit der Zeit immer mehr aus nationalen Elementen zusammen[5], aber nicht, weil man keine Fremden wollte, sondern einzig und allein, weil man sie nicht bekam[6]. Der Gedanke an eine Nationalisierung der Armee lag jener Zeit doch noch so fern[7], dafs der Grofse Kurfürst 1675 zwei polnische Kompagnieen Towardzysz in Dienst nahm, ihnen den Rang nach der vornehmsten brandenburgischen Truppe, der Leibgarde zu Pferde einräumte und ein höheres Traktament als irgend einer andern seiner Reiterkompagnieen zahlte[8]. Auch daraus, dafs man den Offizieren zu Musterplätzen fast nur Orte im eigenen Lande anwies, kann man ersehen, dafs eine auswärtige Werbung nur geringe Resultate hatte[9]. Im Oktober 1672 meinte

---

[1] R 24 E 5. —
[2] S. S. 9.
[3] UA X S. 312 ff. — Ob der von J. G. Droysen a. a. O. III 2, S. 55 erwähnte Entschlufs, 1654 gediente Leute mit 3 Thlr. jährlichem Wartegeld den Amtsdörfern anzuweisen, zur Ausführung gekommen ist, kann ich nicht sagen.
[4] Courbière, Verfassung S. 47. — Für meine Annahme spricht auch Jachns' Ansicht, dafs bis zu der 1693 eingeführten Rekrutierung vom Lande nur freiwilliger Dienstkontrakt galt. A. a. O. S. 1320.
[5] Courbière, ebenda S. 49.
[6] Courbières „ausländische Regimenter" beweisen am besten, wie man jede Gelegenheit ergriff, auswärtige Mannschaft zu bekommen.
[7] Die paar Trabantenkompagnieen, welche nur aus Einheimischen bestehen durften, beweisen nichts dagegen, zumal man ja 1687 die beiden Kompagnieen Grand-Monsquetaires errichtete, die sich nur aus französischen Offizieren bildeten.
[8] R 24 GG 2. Die Erfahrungen, die man mit ihnen machte, waren keine erfreulichen, Meuterei war an der Tagesordnung. — „Die Uszars titulierten sich untereinander Towarzysz, d. h. Kameraden". M. v. Süfsmilch, gen. Hörnig, Gesch. des Hus.-Regts. Nr. 19, 1882.
[9] Als Ob. Wachtm. v. Klitzing 1655 seine 4 Kompagnieen warb, wurden ihm, jedenfalls nicht zu seiner Bequemlichkeit, sondern, weil man die Musterplätze im eigenen Lande anweisen mufste und dieses nicht überlasten wollte, dieselben für 2 Kompagnieen in der Altmark

Friedrich Wilhelm auf einen Vorschlag seiner Räte Somnitz und Koeppen, eine Werbung im Reiche lasse sich nicht thun, da schon wegen der Durchmärsche genug Beschwerden eingelaufen seien[1].

Wie jedes Land sich seine Unterthanen für den eigenen Kriegsdienst vorzubehalten bemüht war, erkennt man aus den sehr zahlreichen Verboten fremder Werbung und des Dienstnehmens im Auslande[2]. Den fremden Werbern soll ihr Geschäft zuerst untersagt werden, hilft das nichts, so sind sie zu arretieren[3], auch darf keinem Soldaten ohne Pafs Quartier gegeben werden. Nach dem Edikt von 1681 soll jeder, der in fremde Dienste geht oder Mannschaft ausführt, mit dem Verlust seiner Güter bestraft werden[4].

Dahingegen fuhr man selbst fort, die Soldaten fremder Staaten zu sich herüberzuziehen. 1674 wurde dem Gen.-Major v. Schwerin befohlen, die schwedischen Überläufer, welche in brandenburgische Dienste treten wollten, unvermerkt nach Peitz zu schaffen[5], und im folgenden Jahre, als sich nach der Schlacht von Fehrbellin wegen ihrer grofsen Verluste unter den Schweden das Gerücht verbreitet hatte, die Brandenburger gäben ihnen kein Pardon, liefs ihnen Friedrich Wilhelm durch ein Patent nicht nur dieses, sondern auch Aufnahme in seine Armee zusagen[6]. Die Einstellung der Refugiés käme hier auch in Betracht[7].

Die Werbung war, wie gesagt, die einzige Art, wie der Staat sich seinen Bedarf an Gemeinen und niedern Befehlshabern verschaffte. Zugleich mit seiner Kapitulation bekam der Oberst ein Werbepatent, in welchem alle Unterthanen angewiesen, die auswärtigen Behörden aber ersucht werden, dem Vorzeiger des-

---

und Priegnitz, für eine in Halberstadt, für eine in Kleve-Mark angewiesen. R. 24 K. Entgegengesetzte Fälle wie 1646 ein Ersuchen an den Hamburger Magistrat, in seinem Gebiete eine Werbung zu gestatten, gehören zu den Ausnahmen. R 24 E 5. — Bei der Mobilmachung von 1665 werden die Werbeplätze fast nur in kurfürstlichen Landen angewiesen. Sparr und Platen schlugen freilich vor, das Fufsvolk auch im Reiche werben zu lassen. Dieses geschah mit dem Regiment Fargel, in das meist „hochteutsche Knechte, darunter viele Bürgermeistersöhne" eintraten. F. Hirsch a. a. O. S. 246, 250, 270.

[1] UA XIII 337 ff.
[2] Von 1654—1687 deren über 20 allein bei Mylius. So auch in anderen Staaten. G. Droysen a. a. O. S. 394 f.
[3] So verfuhr man z. B. mit einem Baltzer v. Manteuffel im August 1674, der zufolge specieller Erlaubnis vom 21. April j. J. eine Kompagnie für die spanischen Niederlande warb. Da er sich an das später erlassene Verbot nicht kehrte, so wurde ihm Arrest angedeutet, wenn er sich nicht bald von hinnen begebe; seine Völker aber wies man den eigenen Offizieren an. R 24 Z b.
[4] Kön. Bibl. Berlin G. y. 16500.
[5] Orlich III Nr. 217.
[6] M. III 2, 49.
[7] S. S. 140 f.

selben oder einer vidimierten Abschrift die Werbung zu erlauben und ihn zu unterstützen. Vom Tage an, da der Musterplatz „geöffnet" und die Quartiere angewiesen waren, ertönte die Trommel der ausgesandten Detachements. Wie wir von Friedrich Wilhelm selbst hören[1], war es durchaus nicht so leicht, Fufsvolk zu bekommen. 1647 berichtet ein Kapitän Spee aus Duisburg, viele rissen aus, weil die französischen Werber mehr zahlten[2], und Ende 1656 desertierten, nachdem sie eingekleidet und eine Zeit lang verpflegt waren, die in den Niederlanden Geworbenen mit Sack und Pack in ganzen Fähnlein[3]. Noch 1683 heifst es in einem Edikt, aus Frankfurt a. O. seien wohl deshalb so viele desertiert, weil die Nachbarstaaten ihnen viel Geld gegeben hätten[4].

Schutz der Einwohner gegen die Werber.

Die Gewaltsamkeiten der Werber dauerten vom dreifsigjährigen Kriege bis tief ins 18. Jahrhundert hinein, aber sie sind erklärlich bei der Abneigung des Bürgers gegen das Soldatenhandwerk und bei dem dringenden Bedürfnisse des Staates nach Kriegern. „Auf was Weise es auch geschehe" befahl Friedrich Wilhelm 1656 Derfflinger, den nötigen Ersatz herbeizuschaffen[5]. Zwei Strömungen trafen dabei aufeinander, die Sorge für Ersatz und der Schutz der Einwohner.

Das Werbegeschäft mufste dem Soldaten doch als eine sehr erwünschte Abwechselung willkommen sein; man zog in kleinen Trupps durch das Land, wufste sich eine Zeitlang frei von den Vorgesetzten und benutzte dies zu allen möglichen Extravaganzen. Die Werber verlangten luxuriöse Verpflegung, erprefsten Geld, raubten und stahlen, sie liefsen sich von den Bauern Vorspann leisten und blieben da, wo es ihnen behagte, so lange sie wollten. Die Geworbenen selbst thaten sich, ehe sie unter die militärische Zucht kamen, natürlich auch noch etwas zu Gute. In vielen Edikten wird gegen solche Mifsstände geeifert; die Werber sollen mit den Sätzen der Ordonnanzen zufrieden sein, Kommissare und Magistrate sollen sie verhaften, wenn sie extravagieren, nur denen, die einen Werbepafs vorzeigen, ist etwas zu verabreichen; 1656 erliefs man sogar eine besondere Verpflegungsordonnanz für die Geworbenen[6].

Endlich soll niemand mit Gewalt und List zum Kriegs-

---

[1] S. S. 105. An Reitern fehlte es selten. 1669 boten sich dem Kurfürsten sogar einige 100 ohne Werbegeld an. Orlich, III 181.
[2] UA IV 329. —
[3] UA V. 885. Von den 1800 Mann des Regiments Groende und den 1200 der Eskadron Bodelschwingh waren bei der Musterung in der Kurmark nur noch 771 und 800 vorhanden. — Frankreichs Infanterie bestand seit lange nur aus Fremden.
[4] M III 1, 35.
[5] UA VII 437.
[6] R 24 K und gedruckt R 24 Z c.

dienste gezwungen werden. Die Verordnungen von 1659 und 1665 führen sogar diese Kniffe der Werber an; es sei keine zulässige Werbung, wenn Dienstknechte und Handwerksgesellen beim Trunk einander scherzweise versprechen, zugleich in Kriegsdienste zu gehen, und wenn dann der Eine den Andern beim Wort nimmt, oder wenn Leuten heimlich das Handgeld zugesteckt wird oder man sie durch Brüderschaftstrinken für verpflichtet zum Eintritt erklärt[1]. Sogar dem offenen Menschenraub mufste man entgegentreten. Ende der funfziger Jahre beklagt sich die Ritterschaft der Kurmark, die Werber zögen von Dorf zu Dorf, söffen sich toll und voll, nehmen die Knechte vom Pfluge, Reisende und Handwerker von den Stralsen und hauen sie, wenn sie nicht dienen wollen zu Schanden[2].

Aber noch weiter mufste sich der Schutz der Unterthanen erstrecken. Bekanntlich war der Kurfürst eifrig bemüht, Handel und Gewerbe seines Landes durch Herbeiziehung fremder Industrieller und Handwerker zu heben. Fühlten diese sich nun durch die Werber gefährdet, so war kaum anzunehmen, dafs sie lange aushalten würden. Daher wird den Offizieren häufig befohlen, Gewerbtreibende wieder frei zu geben[3].

Ebenso mufste Friedrich Wilhelm daran gelegen sein, dafs Domänenpächter, Hofbesitzer und Ackerknechte der Landwirtschaft nicht entzogen würden, denn auf dieser beruhte ja vor allem die Leistungsfähigkeit des Landes. Es wird deshalb verboten, solche Leute zu nehmen[4].

Dafs man damals schon auf alles umherziehende Gesindel fahndete, um es zu Soldaten zu machen, läfst sich denken, doch ging es auch dabei nicht immer ohne Schwierigkeiten ab[5].

---

[1] M III 1, 26 und 30.
[2] R 24 E 5, undatiert.
[3] Dafür viele Beispiele R 24 Z b.
[4] Z. B. am 13. Febr. 1656, M VI 1, 125. — Im November 1656 wird dem Amtmann von Tangermünde befohlen, zu verhindern, dafs Unterthanen, welche Höfe angetreten haben, sich in Kriegsdienste begeben; will einer dienen, so soll sein Vieh und Mobiliar auf das Amt gebracht werden, oder er soll einen Gewährsmann stellen, in jedem Fall mufs er seine Schulden bezahlen. R 24 K.
1666 hatten abgedankte Soldaten nach Geniefsung der bewilligten Freijahre (s. S. 106) sich wieder werben lassen, was verboten wird, weil das Amt ja nun erst von ihnen Vorteil zog, d. h. die zwei Tage Dienst in der Woche für die Domäne, und Abgaben fordern konnte. R 24 GG.
Selbst der Adel war vor den Praktiken der Werber nicht immer sicher. Anfang 1658 erschien ein Rittmeister des Ob. L. Schmidt auf dem hinterpommerschen Gute des Franz Rüdiger v. Wolde, zog zwei Pferde aus dem Stall, setzte den Wolde auf eins und führte ihn von dannen. Schmidt berief sich darauf, dafs jener ihm vor 20 Jahren unter Baner Dienste zugesagt habe. Die Regierung meldete den Vorfall, es sei selbst vom Feinde nie versucht worden, einen gesessenen Adeligen zu pressen. Der Kurfürst sagte ihr darauf exemplarische Bestrafung beider Offiziere zu. R 30, 221—224.
[5] Als 1674 der Kommandant von Peitz, Ob. L. Ritter, einige

Aber auch der Werber mufste sich die Regierung annehmen, denn es wurde ihnen oft mit Mord und Totschlag gedroht. Unter Gesinde seien nur die Ackerknechte zu verstehen, ledige Diener könnten geworben werden; auch wird verboten, die Werber auf „versessene Reste, die vor Gericht disputabel sind", zu verweisen[1].

Die sociale Stellung der Gemeinen.

Nachdem wir so einen Überblick über die Ergänzung der Gemeinen gewonnen haben, wenden wir uns deren Lebensverhältnissen zu.

In den Heeren aller europäischen Staaten des 17. Jahrhunderts kämpften Deutsche. Noch 1654 bildeten sie die Hälfte der schwedischen Armee[2]. Als der Frieden von 1648 kam, was sollte auch da der entlassene Soldat anfangen, wie sein Leben fristen? Mancher ging vielleicht nach Hause und nahm seine frühere Beschäftigung auf, aber die meisten konnten sich an ein ruhiges, arbeitsames Leben nicht mehr gewöhnen, sie zogen vor, von Raub und Diebstahl zu leben und in Banden die Länder zu durchziehen[3]. Wenn es dann irgendwo Krieg gab, waren sie bereit. Das Los des Soldaten des 17. Jahrhunderts erscheint uns heute als kein beneidenswertes — in Hunger und Blöfse brachte er den gröfsten Teil seiner Tage dahin. Ausbleibender Sold und die Feindschaft des Bürgers verursachten seine Leiden. Man erinnerte sich damals wieder eines alten Sprichworts: Aut militem aut monachum facit despe-

---

Schauspieler werben wollte, widersetzte sich dem der Rat von Beskow, wo jene bei einem Goldschmied wohnten, und behielt einen Wagen mit zwei Pferden u. a. Sachen der Schauspieler zurück. Bei dem Tumult wurden die Räder der Kalesche gestohlen. Rat und Offizier beschwerten sich. Ritter behauptete, der Goldschmied sei ein Diebswirt, auch sei befohlen, „alles herrenlose, nur Gott und Menschen beleidigende Gesindlein zu werben"; die umliegenden sächsischen Orte und Kottbus hätten ihm auch immer angegeben, wenn „solch Gesindlein" da wäre. Dafür schone er dann deren eigene Dienstleute. Friedrich Wilhelm befahl dem Rat, die zurückbehaltenen Sachen auszuliefern. R 21, 120 b.

[1] 13. Februar und 28. März 1656. M VI 1, 125, III 1, 16.
[2] J. G. Droysen a. a. O. III 2, S. 138.
[3] Um das Gebahren dieser Räuberbanden in der letzten Hälfte des grofsen Krieges kennen zu lernen, bietet das schon oft ausgezogene „Soldatenleben" des Moscherosch wohl die beste Gelegenheit: es ist der lesbarste Teil des Philander v. Sittewald. — Nach dem Kriege mufsten die Regierungen sich der Räuber entledigen. 1647 zogen in Bayern der Rumormeister, sein Lieutenant, Kornet und Wachtmeister mit je einem Geistlichen, Henker und einigen Reitern auf den Strafsen umher und knüpften die Vagabunden auf. (J. Heilmann, Kriegsgesch. v. Bayern etc. II 1031). — 1652 schreiben die Geh. Räte an die märkischen Stände, schon wegen der Strafsenräuberei könne man die Kontribution nicht entbehren; (13. April 1652 UA X) und noch 1656 war in Preufsen das Bestellen der Felder wegen der Räuber höchst unsicher (s. S. 112).

ratio¹. Nur die Aussicht, wieder einer ungewissen Zukunft, der Obdachlosigkeit und dem Tode durch Hunger oder den Strick des Henkers anheimzufallen, liefsen ihn bei der Fahne ausharren, wo er doch immerhin einen Anspruch auf die notwendigsten Lebensbedürfnisse, auf ein Lager für seinen Leib, auf Brot und Kleidung machen, selbst auf Beute und gute Tage nach einem Siege hoffen konnte, wo ihm das, was der Mensch mit am schwersten entbehrt, die Anerkennung von andern, nicht versagt blieb. Mochten dann Bürger und Bauer ihn hassen, war er nur tapfer, so wurde ihm das Lob seiner Vorgesetzten, die Hochachtung seiner Kameraden, war er kein Schelm und Dieb, sogar Beförderung zu Teil. Unsicher aber war und blieb seine Lage.

Ihr Verhältnis zur Bevölkerung.

Mit der Bildung eines eigenen Soldatenstandes machte sich immer mehr die Abschliefsung des Bürgers von dem „Kriegsvolk" geltend. Die Einquartierungslast, welche mit dem stehenden Heere kam, suchte jeder Vermögende von sich abzuwälzen. Auf fortwährendem Kriegsfufse lebten die Truppen mit der Bevölkerung. Besonders trat das in den Städten hervor, wo man eifersüchtig die Konkurrenz der arbeitenden Soldaten fernzuhalten bemüht war. Für alle kurfürstlichen Beamten und Offiziere sowie für den Adel durften die Soldaten arbeiten. In Kolberg beschwerten sich 1667 die Gewerksbrüder, die Soldaten nähmen ihnen die Arbeit fort, wogegen der General von Schwerin anführt, jene lägen doch die halbe Woche in den Kneipen und suchten die Soldaten vom Handwerke abzuhalten, was zum gröfsten Nachteile der zumeist aus Handwerkern bestehenden Infanterie gereiche. Freilich erreichte ihre Arbeit an Güte nicht die der zünftigen Meister, Schwerin selbst nahm seine Bedürfnisse von letzteren². Nur zu oft kam es zu Schlägereien zwischen Civil und Militär, wiederholt mufste sogar befohlen werden, dafs man sich bei Feuersbrünsten nicht übel traktiere, sondern gegenseitig unterstütze; jeder Magistrat und Offizier soll dabei die Seinen kommandieren³.

Bei Streitigkeiten steht nach dem Patent vom Dezember 1659 die Cognitio causae dem Vorgesetzten des Beklagten zu, doch kann bei den Militärgerichten eine Magistratsperson, bei den Civilgerichten ein Offizier beisitzen⁴. Es war aber und blieb das

---

¹ Flugschrift im histor. Seminar Berlin: Der Wind gehet nuhn | aus einem | Andern Loche | Um S. Veit | Verändert sich die Zeit | Es wandten sich die Blätter | In Frankreich giebt es Spötter. | Es änderen sich die Sachen | Man mufs es warlich lachen. | Parturiere Montes | Natus ridiculus Mus | Götter-Bothe | giebt | Seine drey Heller auch dazu. | Gedruckt aufm Parnasso. | 1676. | Zu finden | Bey Barthol Warheit.
² R 30, 116.
³ M III 1, 30.
⁴ M III 1, 26.

Verhältnis zwischen Bürger und Soldat ein feindseliges, gespanntes. Die Frau, welche einen Soldaten heiratete, trat damit aus ihrer Familie, wenn diese eine irgendwie achtbare war, aus. Noch lange sollte es währen, bis die Zeit kam, da der Bürger es nicht mehr für unehrenhaft hielt, mit dem Soldaten an einem Tische zu sitzen.

So mufste also der Soldat bei der Fahne ausharren sein Leben lang. Hier aber war von der demokratischen Selbstregierung jener Kriegsbrüderschaften des 16. Jahrhunderts nichts übrig geblieben. Der Landsknecht konnte immer zu Eltern oder Angehörigen zurükkehren und sein bürgerliches Gewerbe wieder aufnehmen. Früher „baten" die Offiziere die Leute bei der ersten Musterung um Gehorsam, jetzt war der Kriegsknecht Soldat und nichts weiter, in dem Verbande der Truppe war er „wesentlich gehorchend". Früher durften nur Hauptmann, Lieutenant und Feldwebel den ungehorsamen Landsknecht mit dem „Regiment" oder den „Knebelstöcken" schlagen, jetzt prügelte der Unteroffizier ebenso den Gemeinen, wie der Rittmeister seinen Wachtmeister, der General den Offizier mit dem Stocke züchtigte[1]. Es entstanden die immer grausamer werdenden Körperstrafen; die Spiefse, mit denen die Landsknechte den zum Tode verurteilten Gesellen niedergestochen hatten, wurden zu Ruten, mit denen der Soldat nicht selten zu Tode geprügelt wurde. Freilich war dieser nur auf Gehorsam und Pflichten, nicht auf Rechte basierte Soldatenstand die Vorbedingung für stehende Truppen, für ein stehendes Heer[2].

Die Traktamentsverhältnisse.

Sehr schwer traf den Mann die ewige Misere mit dem Ausbleiben des Traktaments, welche ihn oft genug zu Meutereien gegen die Offiziere, zu Beraubung und Plünderung der Einwohner trieb. Gegen Ende des Jahrhunderts wurde für spanische Soldaten eine Bittschrift gedruckt und ins Deutsche übersetzt, in der es u. a. heifst, statt des Soldes hätten sie den Buckel voll Schläge davongetragen, „welches scharffe Procedere wir dennoch gern erduldet hätten, wofern nur der Hunger aus unserm Magen geprügelt und der sehnliche Appetit nach Brot zugleich aus seinen zähnbleckenden Logir verjaget worden wäre". Dadurch würde manch ehrliches Mutterkind endlich genotzwänget, die Finger mit Pech zu bekleiben oder auf das Freibeuten zu gehen, worüber es manchmal jämmerlich erschlagen oder wohl gar an das unglückselige Galgenholz aufgeknüpfet werde[3].

---

[1] G. Droysen a. a. O. S. 585, 586, 590. — Buchs Tagebuch I 192; II 44.
[2] Meynert a. a. O. III 96. — Von einem Beschwerderecht hört man weder in den Kriegsartikeln noch sonst wo das geringste.
[3] Supplicatio der Soldaten an ihren Obersten wegen ausstehenden Soldes. Aus dem Wälschen. Gedruckt in diesem Jahr.

Was der Soldat in der ersten Zeit der Regierung Friedrich Wilhelms überhaupt erhielt, ist kaum zu sagen[1]. So lange die Mittel noch so äufserst knapp waren, als der sicher nicht sehr zartfühlende K. v. Burgsdorff 1648 seinem Herrn schrieb, ihm seien beim Anblick des Elends der Knechte in den kurmärkischen Garnisonen die Augen übergegangen[2], so lange reichten die spärlich fliefsenden Einnahmen nur zur Linderung der ersten Not. Aber die Zeiten wurden besser. Seit der Sold dem Kapitän regelmäfsig zuging, war dieser auch verpflichtet, die Mannschaft richtig zu löhnen; bei jeder Musterung wurde der Mann gefragt, ob er sein Traktament richtig empfangen habe. Nach der von 1683 über das Regiment Kurfürstin ist schon oben eine Specifizierung der Löhnung versucht worden[3]. 18 Groschen wurden für Brot zurückbehalten, 10 für Montierung; Quartier, Heizung, Licht, Sauer und Süfs lieferte der Wirt, für 1 Thlr. 8 Gr. mufste der Fufssoldat sich alle andern Bedürfnisse besorgen.

\Da der Gemeine des 17. Jahrhunderts Soldat von Beruf war und diente, so lange sein Arm die Waffe führen konnte, so war er oft beweibt. Dafs er mit seiner Familie von 1 Thlr. 8 Gr. monatlicher Einnahme — in heutigem Geldwerte etwa 15,60 Mk. — nicht leben konnte, liegt auf der Hand. Wie wir sahen, war ihm daher erlaubt, aufser Dienst ein Handwerk zu treiben, die Frau verdiente wohl auch etwas. Dem Quartierwirt konnte es aber nur wenig angenehm sein, wenn der Soldat eine grofse Familie hatte, und nicht die wenigsten Streitigkeiten werden hierdurch entstanden sein./ Daher eben suchten wohlhabendere Leute die Soldaten auszuquartieren. Wir lernten das Quartierreglement von 1681 kennen und den Unterschied, den es zwischen dem Quartiergeld beweibter und unbeweibter Soldaten macht[4]. Dabei ist bestimmt, dafs der Wirt seinen Mann nicht ausquartieren darf, wenn er keine andere Wohnung findet, Magistrat und Offiziere müssen beim Suchen des Quartiers behülflich sein; laut der Ordonnanz von 1684 sollen dabei die Frauen berücksichtigt werden. Zugleich wird auf ein früheres Reglement verwiesen, wodurch die bei jeder Kompagnie zulässige Zahl von Frauen bestimmt war. Ich habe es nicht gefunden. 1679 befahl jedenfalls Friedrich Wilhelm dem Fürsten von Anhalt, dafs in jeder Kompagnie von dessen Regiment z. F. nicht mehr als 30 bis 40 sein sollten[5].

---

[1] Die Gebührnisse der Gemeinen nach den Ordonnanzen bringt Tabelle II S. 58.
[2] R 21, 7 d.
[3] S. S. 76.
[4] S. S. 67.
[5] Orlich III 322.

Die Reduzierungen.

Noch schlimmer als das Ausbleiben der Löhnung war der Umstand, dafs mit der Reduzierung des Regiments die Abdankung der Soldaten drohte, welche für die Regierung immer mit grofsen Schwierigkeiten verknüpft war. Denn sie war den Soldaten meist Sold schuldig und hatte den Offizieren versprechen müssen, sie nicht ohne Berichtigung ihrer Reste licentiieren zu wollen. Darum findet man bei den grofsen Reduzierungen auch immer lange Verhandlungen mit den Ständen über Bewilligung der dazu nötigen Mittel. Zuweilen entzog man auch unter dem Vorwande, die Soldaten hätten während der Dienstzeit mehr genossen als ihnen gebühre, ihnen einen Teil ihres Traktaments. Als im November 1651 die zum Kriege geworbenen Regimenter entlassen werden, erhalten die Gemeinen zum gröfsten Teil statt des rückständigen Soldes auf 4 Monate nur $^1/_2$ Monatstraktament, weil sie üppig gelebt und „aufser dem kostbarlichen Traktament" den Leuten auch noch Geld abgeprefst hätten. Wenn es ihnen möglich gewesen wäre, sagt unser Gewährsmann, so hätten sie grofse Ungelegenheiten gemacht[1].

Hatte ein Regiment die Verpflegung richtig erhalten, so bekamen die Soldaten bei der Abdankung selten etwas Besonderes. Diese wurde immer ähnlich wie eine Musterung vorgenommen; einige Kommissare erhalten die nötigen Gelder, bezahlen nur die wirklich Vorhandenen und machen eine Rolle der Abgedankten. Die, welche in kurfürstlichen Landen zu Hause sind, werden von Offizieren bis zu ihrer Heimat geführt[2].

Als 1660 ein Teil der Infanterie beibehalten wurde, werden die am besten bewaffneten und bekleideten Leute ausgelesen und in die nicht reduzierten Truppenteile eingestellt[3]. Man wollte aber auch die Entlassenen möglichst dem Lande erhalten, zunächst um für den Kriegsfall geübte Mannschaft bereit zu haben. Im November 1660 hatte der Statthalter von Preufsen, Fürst Radziwill, den in die preufsischen Ämter entlassenen dienstpflichtigen Dragonern (Wybranzen) einen Eid abgenommen, dafs sie niemand anders als dem Kurfürsten dienen wollten[4], und ein Jahr später schreibt Friedrich Wilhelm an Schwerin, er habe einige Kompagnieen untergesteckt, damit er die Gemeinen behalten könne, „denn zum Fufsvolk nicht wieder zu gelangen ist"[5].

Sodann suchte man hierdurch die Bevölkerung zu ver-

---

[1] UA V 569.
[2] v. Mülverstedt a. a. O. 782 ff.
[3] Ebenda S. 592 f.
[4] UA XI 147.
[5] Ebenda S. 833.

mehren, die Verwüstungen der langen Kriegszeit durch arbeitende Hände zu beseitigen. Dazu wurden den Leuten einige Freijahre und Baumaterial zur Errichtung von neuen oder Ausbesserung von verfallenen Häusern gewährt. Im Jahre 1661 melden die Kreiskommissare der Kurmark, wieviel Offiziere und Soldaten sich niedergelassen haben. Aus der Uckermark wird z. B. angegeben: In den Städten Templin, Strafsburg, Prenzlau (Tangermünde fehlt) 3 Offiziere, 24 Unteroffiziere und Soldaten, auf dem Lande 9 und 20. Die Offiziere sind meist einheimische Adlige, die Gemeinen auch meist aus dem Lande gebürtig, zum gröfsten Teile im Dienst bei Gutsbesitzern, Pfarrern und Amtspersonen; von den 8 Leuten in Templin haben 5 Häuser. In Berlin haben zwei Kornets einen Bierschank etabliert[1]. Bei der Reduzierung von 1666 sollen „die besten und wohlmontiertesten Reiter zurückbehalten, ihnen aber Gewehr und Montierung gelassen und ihnen angezeigt werden, dafs der Kurfürst denen, die sich in seinen Landen niederlassen wollten, einige Prärogativen und Freiheiten bewilligen, bei künftigen Gelegenheiten aber, wenn es wieder zu Werbungen kommen sollte, sie vor anderen akkomodiren wollte". Die Infanterie entliefs man da, wo sie geworben war, damit die Leute desto eher bewogen würden, sich im Lande niederzulassen[2]. Bei der Reduzierung von 1679 entliefs man zuerst diejenigen, welche sich im Lande setzen wollten[3].

Es ist hierin eine Art von Pensionierung zu erblicken. Zu einer solchen machte man damals in Brandenburg überhaupt die ersten Anfänge.

Die Alters- und Invalidenversorgung.

Wenn es in den meisten anderen Verwaltungszweigen immer einen mehr oder minder harten Kampf kostete, die Leitung den Händen der Korporationen oder Einzelner zu entwinden und in die des Fürsten überzuführen, so konnte dieser auf einem Gebiete ganz von vorn anfangen, in dem Invaliden- und Pensionswesen. Indem das Heer zum stehenden wurde, indem der einmal geworbene Soldat auf Lebenszeit aus der bürgerlichen Gesellschaft schied, ging er damit auch aller Rechte verlustig, welche dieselbe ihren Alten und Kranken zu Teil werden liefs, der kriegsunbrauchbare Soldat wurde zum Bettler, wenn nicht der Staat für ihn sorgte[4].

Aber nicht Friedrich Wilhelm trifft der Vorwurf zeit-

---

[1] R 24 E 1.
[2] F. Hirsch a. a. O. S. 270.
[3] Orlich III 309.
[4] Das Folgende meist aus E. Schnackenburg, Das Invaliden- und Versorgungswesen des brandenb.-preufs. Heeres bis z. Jahre 1806. Berlin 1889.

genössischer Schriftsteller, dafs die Invalidenversorgung in nichts mehr bestehe als in der Erlaubnis zum Betteln. Seit jeher finden wir ihn für die Versorgung der Alten und Witwen, für die Pflege der Verwundeten sehr besorgt; leider waren ihm auch hierbei die mangelnden Mittel das gröfste Hindernis. Dafs aber das in den Kapitulationen der Obersten vorkommende Versprechen, für die Invaliden zu sorgen, keine leere Formel war, beweisen eine Menge Beispiele[1]. Der Kurfürst bewilligt den Verwundeten Schmerzensgelder, den Krüppeln und Witwen lebenslängliche Pensionen.

In der Erkenntnis, dafs der Staat mit der Entfernung eines Teiles seiner Unterthanen aus der Gesellschaft auch die Pflicht für deren Altersversorgung übernehmen müsse, entstand gegen Ende des 17. Jahrhunderts das staatliche Invalidenwesen, wobei es immerhin dem absoluten Fürstentume jener Zeit entsprach, wenn man dasselbe als Gnadensache und eigenste Angelegenheit des Monarchen auffafste. 1671 begann der Bau des pariser Invalidenhauses, in den siebziger und achtziger Jahren entstanden die brandenburgischen Invalidenkompagnieen, 1694 fing man in Wien mit der Errichtung des Allgemeinen Krankenhauses an, 1728 wurde in Kursachsen ein Invalidenkorps eingeführt. Auch hier geht unser Kurfürst den Deutschen weit voran, denn noch 1701 waren im Wiener Versorgungshause infolge der schleppenden Verwaltung und Mifsbräuche nur 2 Offiziere, 96 Chargen untergebracht[2].

Die 1675 in Spandau errichtete halbe Blessiertenkompagnie hatte nach dem Etat von 1680 ½ prima plana (9 Köpfe) und 50 Gemeine und wurde mit 130 Thlr. monatlich verpflegt. Jeder Gemeine erhielt 1¼ Thlr. nebst Bier und Brot. 1681 brachte man sie auf eine ganze Kompagnie von 18 Primaplanen und 150 Mann. In demselben Jahre entstand in Johannisburg in Ostpreufsen eine halbe Blessiertenkompagnie mit demselben Etat wie die spandauer von 1680. Endlich befand sich in der Vorstadt Friedrichswerder bei Berlin eine Kompagnie „alte Trabanten", eine Art Schlofsgardekompagnie, die 1 Hauptmann, 1 Wachtmeister, 1 Korporal und 47 Gemeine zählte und monatlich mit 252 Thlr. 4 Gr. besoldet wurde. Sie war für die Ausrangierten der beiden Kompagnieen Trabanten z. Pf.

---

[1] Ich will dieselben nicht nochmals anführen, da man sie bei Schnackenburg a. a. O. in grofser Anzahl findet. — Geradezu schrecklich mufs im dreifsigjährigen Kriege oft das Los der verwundeten und kranken Soldaten gewesen sein. In Brandenburg geschah indessen für sie doch nicht wenig. In Wrietzen wurden z. B. 1634 90 Verwundete und Kranke verpflegt, wozu jede Hufe 1 Groschen geben mufste. Als endlich noch 3 zurückbleiben, bittet „ein ehrbarer Rat, dafs sie abgefordert und cassiret werden mögen, weill sie nicht mehr vortkönnen". (E. Friedlaender a. a. O. unter „Stadt Wrietzen".) Was wurde nun aus ihnen?

[2] Feldzüge Eugens I, I 294.

Bei der öfter angeführten Musterung von 1683 melden sich ein „Sergeant Joh. Andres von 58 Jahr, welcher E. Ch. D. 33 und Chron Spanien 13 Jahr, der Fourier ... Bartel Wehrmann, welcher 69 Jahr alt und E. Ch. D. und Dero sel. Herrn Vatern H. A. 48 Jahr gedient" und noch weitere 4 alte Leute und bitten um Aufnahme in die Spandauer Blessiertenkompagnie.

Wenig konnte ich von der Lebensführung des Soldaten unserer Periode herbeibringen, nichts davon, wie er fühlte und dachte. Einen Simplicissimus gab es nicht mehr, und noch war die Zeit nicht da, wo uns die Gemeinen wieder ihre Erlebnisse erzählten wie der Schweizer Ulrich Bräker oder der Musketier Dominikus[1]. Nur einige wenige gemütvolle Stimmen des Geschlechtes jener harten Zeiten tönen zu uns herüber. Andreas Böckler hielt es für angezeigt, in seine Schola militaris (1665, 1685) jenes Lied aufzunehmen, das einst Philander von Sittewald eine Schildwache nach der Melodie „Ein feste Burg ist unser Gott" hatte singen hören[2]:

> Gott ist der Christen Hülff und Macht,
> Ein veste Citadelle.
> Er wacht vnd schillert Tag und Nacht,
> Thut Rond vnd Sentinelle.
> JESVS ist das Wort,
> Brust-Wehr, Weg vnd Port.
> Der rechte Corpoural
> Hauptmann vnd General
> Quartier vnd Corps de garde.

---

[1] G. Freytag, Bilder a. d. deutschen Vergangenheit. V. — Aus d. siebenjähr. Kr. Tagebuch des preufs. Musketier Dominicus. Herausgegeben von D. Kerler. München 1891.

[2] H. M. Moscherosch, Gesichte Philanders von Sittewald. Strafsburg 1665. II 691. — Sonst hat Moscherosch für unsere Zeit keine Gültigkeit; die erste Auflage erschien schon vor 1642.

VI.

Die Offiziere [1].

Der Einflufs des dreifsigjährigen Krieges auf die Offiziere.

Schon öfter ist darauf hingewiesen worden, dafs der dreifsigjährige Krieg unser Volk noch mehr als in seinen wirtschaftlichen Verhältnissen in moralischer Beziehung geschädigt hat. In wirtschaftlicher litten die Gemeinen, nicht die Offiziere; im Gegenteil, bei allgemeiner Not vertranken, verspielten und verjubelten sie die dem Adligen, Bürger und Bauer genommene Habe. Desto schlimmer stand es mit ihnen in moralischer Hinsicht. Kriecherei und Betrügerei nach oben, Scheelsucht untereinander, unmenschliche Roheit gegen die Einwohner und eigenen Soldaten, ein gegen Pflicht und Ehre abgestumpftes Gewissen sind die Hauptkennzeichen dieser Offiziere, die mehr durch gröfsere Schlauheit und Gewissenlosigkeit als durch Tapferkeit und Bildung sich emporgeschwungen hatten.

\Keineswegs ist es Friedrich Wilhelm gelungen, diese Laster und Untugenden ganz auszurotten, dazu wären ruhigere Zeiten nötig gewesen, und vor allem galt es, dem Offiziersstande bedingungslosen Gehorsam und Unterwerfung unter den Willen des Fürsten beizubringen./

\Denn in demselben Mafse, wie sich im dreifsigjährigen Kriege die Lage des gemeinen Mannes immerfort verschlechtert hatte, war die autonome Stellung der Offiziere gewachsen. Wie die Regierung Friedrich Wilhelms sich dadurch charakterisiert, dafs sie

---

[1] Dieser Abschnitt behandelt nur die Oberoffiziere, nicht die Unteroffiziere.

das Los der Soldaten wieder zu einem erträglichen gestaltete, ebenso hat sie die Macht der Offiziere einzuschränken verstanden. Hierdurch kam das Heer in die Hände des Fürsten.

Die schrankenlose Gewalt und die Verrohung, welche die Offiziere der dreifsiger und vierziger Jahre kennzeichnet, ist als eine Folge der durch keine genügende Kontrolle zurückgehaltenen, fort und fort nach oben und unten um sich greifenden Selbständigkeit, sowie alle Ehre und Pflicht für nichts achtenden Gewinnsucht anzusehen. Man kann sich in der That die Zustände „nicht haarsträubend, nicht krafs genug" denken. Man sagt kaum zu viel, wenn man den höchsten Offizier den gröfsten Dieb und Räuber nennt. In väterlicher Sorge schreibt 1641 der alte Herrmann Wrangel seinem Sohne, dem General Karl Gustav: „Mache, dafs Du was aufhebst, gleich wie die andern thun, der was nimmt, hat was"[1]. Der Graf Königsmark kam mit nichts nach Deutschland und raubte sich dort ein Vermögen zusammen, das eine Jahresrente von damaligen 130000 Thlr. abwarf[2]. Während alles verarmte, bereicherten sich die Offiziere, die betrügerischen Armeelieferanten und Kommissare[3]. Sie brachten die Güter der Städte „um ein Hundebrot" an sich und kauften einen grofsen Teil des alten Adels aus.

Die grofse Werbung von 1638 mit ihren Konsequenzen offenbart in schreckenerregender Weise, was durch den langen Krieg aus dem brandenburgischen Offiziersstande geworden war[4]. Einen schlechteren General als seinen ersten hat der brandenburgisch-preufsische Staat wohl nie besessen. Von einer Sorge für die ihm unterstellten Truppen, von einem Dienen für den Fürsten, der ihn bezahlte — Klitzing erhielt aufser seinem Gehalt als Regimentsinhaber jährlich 13500 Thlr. — ist nicht die geringste Spur zu entdecken. Es wurde ihm wiederholt vorgeworfen, er habe für sich allein 40000 Thlr. empfangen. Er und seine Offiziere durchstreifen mit starker Bedeckung die Marken und füllen ihre Taschen durch Tribulationen der Einwohner und Sauvegarden. Die „Frau Generalin" fährt mit einem Detachement von 30 Dragonern daher. Diese Dragoner Klitzings betrieben die Räuberei im grofsen Stile, zogen z. B. einmal von dem kurfürstlichen Amte Fürstenwalde mit 500 Schafen ab. Die anderen Offiziere ahmten natürlich ihrem General eifrig nach. Um den Zustand der Regimenter kümmerte sich keiner.

Am 22. August schreibt Schwarzenberg an den Kriegskommissar v. Blumenthal, der Oberst v. Waldow habe 1200

---

[1] W. Rüstow a. a. O. II 40.
[2] In heutigem Geldwerte etwa 1½ Millionen Mark.
[3] G. Schmoller, Die Entstehung des preufs. Heeres. S. 255.
[4] Urkundlich dargestellt von T. v. Mörner a. a. O. S. 207 ff.

Mann zu stellen versprochen und kaum 100 geliefert. Klitzing sei statt 2600 keine 400 stark, im Felde seien kaum 2500 Mann vorhanden von den 10000, die man im Juni gemustert; am 9. September beziffert er die Kräfte auf nur noch 1100 Mann. Dabei liefsen sich alle diese Obersten komplett bezahlen oder forderten wenigstens komplette Bezahlung, wenn sie nicht schon mit dem Werbegelde durchgegangen waren. Die Truppen waren in jämmerlichster Weise vernachlässigt. Blumenthal berichtet am 7. August, aus Mangel an Proviant fielen die „Kerls" um „wie die Fliegen", könnten des Tags kaum eine Meile marschieren, ihre einzige Nahrung sei unreifes Obst und faules Wasser; die Generalstabsoffiziere hätten oft das trockene Brot nicht. In Spandau verpflegte man 477 Mann, es fanden sich aber nur 120, dazu meist noch „purlautere vngeübte Jungen". Am schlimmsten war es mit der Artillerie bestellt. Klitzing konnte sie nicht zu seinen Räubereien benutzen, also liefs er sie ganz verwahrlosen. „Mit vnser Artilleri ist es nunmehr auf die todte Neige gekommen", schreibt der Kommissar am 14./15. August .... „es wollen auch die wönige knechte alle stunden davon lauffen, weiln die kaiserliche die ihrige monatlich auszahlen lassen". Der zum Direktor bestallte Oberstückhauptmann Mentweich hatte die Sache bald satt und verschwand.

Das war die Erbschaft, die nun der zwanzigjährige Fürst antrat: Ein Land, in dem eigene und fremde Truppen wie grofse Räuberbanden hausten. Unter den gröfsten Schwierigkeiten und Nöten, die dem Statthalter den Tod brachten, seinen Nachfolger in Irrsinn stürzten, gelang es, das Heer bis auf die notdürftigsten Festungsbesatzungen und einige Reiterkompagnieen zu reduzieren, welche Friedrich Wilhelm aufser den Werbungen von 1651 bis zum nordischen Kriege wenig vermehrte und wegen der spärlichen Bewilligungen auch wenig vermehren konnte.

Die Stellung der Offiziere in Gesellschaft und Staat.

Um nun die Regeneration, welche der Kurfürst mit dem Offizierstande zu Wege brachte, zu verstehen, müssen wir zunächst das Wesen und die Stellung desselben in Gesellschaft und Staat kennen zu lernen suchen und dazu das Verhältnis der Offiziere zur Bevölkerung, das Verhältnis derselben unter einander und das zum Fürsten betrachten.

Das Verhältnis der Offiziere zur Bevölkerung.

Noch mehr wie die Gemeinen waren die Offiziere den Bürgern verhafst. Gerade deren Überforderungen hatten ja das System der Quartierverpflegung zur vollkommenen Räuberei zur härtesten Plage der Bevölkerung gemacht. Dazu waren durch die fortwährenden Quotisationskonflikte, später durch den Streit über die Einführung der Accise Städte und Adel aufeinander erbittert, und aus dem Adel rekrutierten sich die Offiziere. Rohe Gewalt auf der einen, säumige Zahlungen auf der anderen Seite standen sich entgegen. Deswegen ist bei den Klagen, von denen die Akten aus jener Zeit wimmeln, oft schwer zu entscheiden, auf wessen Seite die Hauptschuld liegt. Zunächst zwei Beispiele aus dem Jahre 1656.

Ein Hauptmann A. W. v. Aulogk hat wiederholt um eine Ordre an die Stadt Zinten ersucht, die nachkommenden Soldaten zu verpflegen. Weil nun dieselbe ausgeblieben sei, meldet er im Mai, sind die Leute wegen Mangel an Unterhalt weggelaufen, die Kranken, welche noch da seien, drohe die Stadt auf die Strafse setzen zu lassen[1]. Dagegen bittet am 21. November Samuel v. Wilmersdorff, der Landrat von Pr. Holland, inständig, ihn doch von dem Regiment Syberg zu befreien und ihm statt dessen einen Offizier mit Wybrauzen zu schicken. Amt und Stadt gegen die die Einwohner förmlich belagernden Räuberbanden zu schützen, dazu könnten die Sybergschen vor Fressen und Saufen nicht kommen. Statt ihrer müfsten die Bürger den Wachtdienst verrichten; diese hätten nicht nur die Soldaten, deren Weiber und Pferde zu unterhalten, sondern ihnen auch zu „Uffmastung fremder Pferde, damit sie selbte ufs teuerste verkaufen können", die Mittel zu geben. Zu nichts als zur Tribulierung der Bürger, und Ausschlagung der Fenster seien die Soldaten geschickt[2].

Noch 1672 verlangte der Oberstlieutenant v. Hammerstein vom Görtzkeschen Regiment, dem die Stadt Gardelegen mit 200 Thlr. assigniert war, aufser dem Traktament auch Speisung und Pferdefutter; als man es ihm verweigerte, drohte er, er werde in die Trompete stofsen und in die Häuser fallen lassen, „auch kein Kommando halten, sie möchten stehlen, wie sie wollten". Darauf liefs ein Lieutenant Clest, als Hammerstein abwesend war, den Boden des Einnehmers mit Gewalt öffnen; es kam dabei zu Prügeleien, der Quartiermeister zerrifs die Liquidation des Rates, das Korn nahm man mit. Wenn wir auch keine Darstellung des Vorfalls von seiten der Offiziere haben, so mufs doch ihnen die Hauptschuld beigemessen werden, denn nach Untersuchung der Sache durch den General-Auditeurlieutenant werden sie mit einem starken Verweise bestraft[3].

[1] A. Strecker a. a. O. S. 8.
[2] R 7, 91.
[3] Kr. Min. XVI 3, 10a. — In Preufsen kam es wegen der säumigen Zahlungen noch später zu den erbittertsten Streitigkeiten. Als im August 1678 der Kapitän Auer vom Regiment Graf Dönhoff in Creutzberg Quartier nehmen wollte, sperrte man die Thore zu. „Kapitän Auer ist

Seitdem ihre Mauern sie nicht mehr vor Einquartierung schützten, brachte, wie schon erwähnt, auch Brotneid die Städter gegen die Soldaten auf[1]. Unter den Offizieren, die bei den Reduktionen entlassen wurden, hatten wohl die meisten Güter oder begüterte Verwandte, bei denen sie sich bis zur Wiederanstellung aufhalten konnten[2], aber es mochte wohl auch mancher arme Schlucker dabei sein, der nichts besafs und in dem ökonomische Anlagen nicht weckenden Kriegsleben auch nichts erübrigt hatte. Zu einer Beamtenstelle aber besafs wohl kaum einer die nötigen Vorkenntnisse, und emsigen Arbeitsfleifs erzieht der Krieg nicht. Jene Freiheiten, mit denen man ihnen half, und von denen wir schon oben sprachen[3], waren dem Bürger wenig erwünscht, durchaus aber gegen alle ihre Gerechtsame mufste es ihnen erscheinen, wenn ein Offizier in einer Stadt einen Bierschank oder ein Gewerbe anfing. Das mufste der Kurfürst denn auch verbieten[4].

Es können nicht alle Klagen der Bürger angeführt werden; alle Ordonnanzen und Edikte eifern besonders gegen die Beleidigungen und Mifshandlungen der Kommissare und Magistrate, gegen die Aufhetzung der Einwohner gegen diese, wodurch man das Nötige und oft mehr schneller zu erzwingen hoffte[5].

Das Verhältnis der Offiziere untereinander.

Wenn das Verhältnis der Einwohner zu den Offizieren kein gutes war, so war das der Offiziere untereinander oft nicht besser. Die beginnende Souveränität und das Zurückdrängen des Einflusses der Stände förderten in dem Verhältnis zwischen Fürst und Unterthan wieder den privaten Charakter. Dem Beamten und Offizier war sein Fürst der Staat. Mit ihm schlofs man die Kapitulation, er bezahlte, man diente dafür ihm allein; ob und dafs man damit dem Lande diente, daran dachten die wenigsten. In der Hand des Monarchen lag das Wohl und Wehe des Einzelnen, und je mehr, je höher sich Mittel, Macht und Ruhm jenes erhoben, je näher man ihm stand, um so mehr fühlte man sich. E. v. Burgsdorff be-

---

jedoch aufs Thor gedrungen, hat ihrem Schöppenmeister vor dem Thore einige Löcher in den Kopf geschlagen, den Rücken abprügeln" und ihn in Arrest nehmen lassen. Einige Tage darauf quartierte sich das ganze Regiment Dönhoff in die Stadt ein. Orlich I 384.

[1] S. S. 102 f.
[2] S. S. 105 f.
[3] Ebenda.
[4] M III 1, 30 und Orlich III 126.
[5] Jedenfalls war es den Unterthanen immer um möglichst gute Disciplin zu thun; 1648 schenkte die Bürgerschaft einer preufsischen Stadt dem Fähnrich Friedrich v. Berka von der Arnimschen Eskadron das Quartier, „weiln er eine scharfe Kommando unter den Soldaten gehalten". v. d. Oelsnitz a. a. O. S. 71.

klagte sich 1646 bitter, dafs er nicht zur Hochzeitsfeier des Kurfürsten nach Holland gehen dürfe, sondern statt dessen die Bauern placken müsse, was ein Anderer wohl ebenso gut verrichten könne, Oberstlieutenant Schönaich gräme sich deshalb fast zu Tode[1].

Indem man sich aus dem allgemeinen Unterthanenverhältnis in ein specielleres zum Fürsten zu setzen suchte, entstand die immer mehr um sich greifende Sucht nach Titeln. Es heifst in den Adressen immer: Oberstallmeister und Oberst, Kämmerer und General, Kammerjunker und Hauptmann. Alle Offiziere bis zum Obersten inkl. wurden vom Kurfürsten mit „Du" angeredet; als der Gouverneur von Pillau, Oberst Truchsefs-Waldburg, 1680 um ein „Ihr" für sich bat, liefs es Friedrich Wilhelm doch beim Alten[2].

Es mutet uns heute sonderbar an, wenn Derfflinger, der Höchstkommandierende, seine Befehle an die Obersten mit den Worten beginnt: „Hochwohl-Edelgeborener, Hochgeehrter Herr Obrister", und sie schliefst: „ich verbleibe Meines Hochgeehrten Herrn Obristen dienstwilligster Diener"[3]. So wachte jeder auf das eifersüchtigste über die ihm zukommenden äufsern Ehren, was oft zu den heftigsten Auftritten um so mehr führen mufste, als über den Rang der höheren Offiziere zunächst gar nichts festgesetzt war[4], und die innere wahre Ehre den meisten ein unbekanntes Ding war.

Als im Juni 1656 der Oberst v. Spaen mit seinen Truppen aus Kleve in Berlin eintraf, fürchteten die drei dort befindlichen Obersten Pfuhl, Görtzke und Quast, dafs jener, der wohl schon damals bei Friedrich Wilhelm gut angeschrieben war, ihnen im Kommando vorgezogen würde; ihm zu weichen, könne ihnen nicht zugemutet werden, äufsersten sie sich zu Derfflinger[5]. Dieser selbst weigerte sich, unter den schwedischen General Müller zu treten, weshalb der Statthalter Graf Wittgenstein Befehl erhielt, ihn festzusetzen, falls er nicht gehorchen wollte[6]; auch dem Generalmajor Wrzesowitz wollte er sich nicht unterordnen, eher den brandenburgischen Dienst aufgeben[7]. So streiten die Obersten über den Vorrang, der General will sich keinem andern fügen, die obersten Armeeführer Sparr und Waldeck leben in steter Eifersucht, mit dem Generalkommissar endlich gerät Sparr in heftigen Kompetenzkonflikt — keine leichte Aufgabe war es da für den Fürsten,

---

[1] UA IV 221.
[2] K. v. Lossow a. a. O. S. 37.
[3] Kessel, Henniges v. Treffenfeld. S. 81.
[4] S. S. 116.
[5] R 30, 221—224.
[6] Orlich II 377.
[7] UA VII 624.

Eintracht zu schaffen; befehlen durfte er nur zu wenig[1], sonst pafste es den Herren einfach nicht, und sie gingen in andere Dienste, sie wufsten nur zu gut, dafs sie „rare Personen" waren, die jeder mit offenen Armen empfing.

In einem sehr üblen Lichte erscheinen später die Zustände in Preufsen. Nachdem der Gen.-Lieutenant v. Bawyr sich schon im September 1657 dem Abmarsche der Truppen aus Kleve-Mark widersetzt hatte[2], kam es seinetwegen in Preufsen zu den häfslichsten Auftritten. Im Februar 1659 schreibt Radziwill, Bawyr und de la Cave, der Kommandant von Pillau, seien in grofsem Zwist, de la Cave wolle jenem durchaus nicht gehorchen, wobei er seine Kapitulation vorschütze. Als auch Görtzke sich von ihm nichts befehlen lassen wollte, bat der Statthalter den Kurfürsten, jedem seinen Wirkungskreis vorschreiben zu wollen. Bald darauf überfällt Bawyr den Gen.-Lieutenant v. Kalkstein, der selbst unbewaffnet war und verwundet ihn. Darüber war nun der ganze preufsische Adel empört; Radziwill meint, Bawyr könne dort nicht weiter dienen, Friedrich Wilhelm möchte Recht über ihn sprechen[3].

Ein recht prägnantes Beispiel dafür, wie man sich auf die Kapitulationen stützte, ist ein Excefs des Kommandeurs der Leibgarde, Oberstlieutenant v. Schlieben, gegen den Gouverneur von Berlin-Cölln, General-Lieutenant v. d. Goltz. Dieser wollte Schlieben befehlen, einen Trabanten als Boten nach Sachsen zu stellen; der aber schlofs sich in seine Wohnung ein und war nicht zu sprechen, worauf Goltz den Mann von einem Rittmeister erhielt. Schlieben liefs den Boten nicht fort. Als er deshalb in Arrest gesetzt wurde, verteidigte er sich mit seiner Kapitulation; Goltz habe ihm nichts zu befehlen, er habe keinen Vorgesetzten als nur den Kurfürsten, dessen Respekt er höher setze als den Goltzes, der sich nur „eine gewissen Jurisdiktion an der Garde zu suchen gedächte". Die Sache endet damit, dafs Schlieben den Gouverneur um Verzeihung bitten mufs. Er fafste seine Stellung dem Wortlaute der Kapitulation nach richtig auf, falsch und strafbar war die verzögerte Beförderung der Briefe[4].

Zwischen den Generalen v. Spaen und v. Eller bestand auch fortwährende Zwietracht; als beide 1675 dem Bischof von Münster zu Hülfe ziehen sollten, mufste ihnen erst befohlen werden, bei Strafe der Enthauptung alle Irrungen

---

[1] Als 1661 Oberst v. Podewils sich in Preufsen der Einführung der Accise widersetzte, konnte Friedrich Wilhelm „dergleichen Impertinenz" doch nicht anders bestrafen als mit der Drohung, ihn beim nächsten Avancement nicht berücksichtigen zu wollen. Orlich III 90.
[2] UA V 907.
[3] Orlich II 388.
[4] R 9 A 14.

untereinander bei Seite zu setzen. Dasselbe wiederholt sich 1679 ¹.

Dafs der Kurfürst am Schlusse jeder Kapitulation dem Betreffenden versprechen mufste, ihn nicht ungehört verurteilen oder ihm seine Gnade entziehen zu wollen, deutet darauf hin, dafs man sich gegen Verleumdungen doch nie sicher fühlte. Buch sagt, der General-Quartiermeister Blesendorf sei von gewissen Leuten angeschwärzt worden, er wolle nicht darauf schwören, dafs er sich nicht aus Verzweiflung darüber habe töten lassen ².

Bei solchen Verhältnissen waren Duelle ganz an der Tagesordnung, wie sehr auch der Kurfürst dagegen mit Edikten und Strafen vorging. Meist entstanden sie, wie das Duelledikt vom 6. August 1689 hervorhebt, zwischen Leuten, die sich auf Fressen, Saufen, Spielen und liederliches Leben legten ³. Man kommt, wenn man die Notizen Buchs liest, wirklich auf den Gedanken, dafs kein Gastmahl verging, ohne dafs die Teilnehmer sich nicht schwer betranken, in welchem Zustande sie dann ihrer gegenseitigen Erbitterung Luft machten. Freilich darf man hierbei nicht unerwähnt lassen, dafs diese Völlerei und Zanksucht in andern Ständen ebenso Sitte war ⁴.

Um den Rangstreitigkeiten ein Ende zu machen, erliefs der Kurfürst ein Edikt und wiederholte es 1684 in schärferem Tone, nach dem die Obersten ihren Rang untereinander nach dem Tage der Vorstellung ihrer Regimenter haben sollten ⁵.

Das Verhältnis der Offiziere zum Fürsten.

Es liegt auf der Hand, dafs man, so lange jeder heute hier morgen dort, wo er eben die meisten pekuniären Vorteile zu erlangen hoffte, diente ⁶, und diese ganze Thätigkeit mehr den Charakter einer privaten Spekulation als den eines pflichtbewufsten Dienens für den Staat hatte, von einem vaterländischen Offizierkorps überhaupt nicht reden kann. Courbière hat ganz Recht, wenn er sagt, dafs Friedrich Wilhelm,

---

¹ Orlich III 256 und Kessel, Buchs Tagebuch II 172.
² Blesendorf fiel 1677 vor Stettin. Buchs Tagebuch I 300.
³ M II, 3, 14.
⁴ Man lese z. B. die Schilderungen des Studentenlebens jener Zeit von E. Grosse in Velhagen u. Klasings Monatsheften 1892, III.
⁵ M III, 1, 55.
⁶ Ein markantes Beispiel dafür ist ein gewisser Theler, welcher diente: 1. der Stadt Danzig als Musketier 1 Jahr, 2. Spanien 6 Jahre, 3. Frankreich 3 Jahre, 4. Sachsen 5½ Jahre, 5. Schweden 1 Jahr, 6. Frankreich 1 Jahr, 7. Sachsen 9 Jahre, worauf er hier 1682 mit 49 Jahren Oberlieutenant wurde. v. Schimpff, Gesch. des sächs. Gardereiterregiments.

um aus der Gesamtheit der Führer wirklich ein geschlossenes Ganze zu bilden, es verstehen mufste, das Interesse jedes Einzelnen an sich und sein Haus zu knüpfen und durch dieses gemeinsame Interesse auch das Gefühl der Gemeinschaft in den Herzen seiner Generale und Obersten zu erzeugen[1]. In wie weit ihm dieses aber gelang, was zu wissen von der gröfsten Wichtigkeit wäre, sagt Courbière nicht. Wenn er behauptet, es geschah vor allem durch Naturalisierung der fremden Offiziere, die meisten seien schon Unterthanen Friedrich Wilhelms gewesen, der Kurfürst habe nach einem nationalen Offizierkorps gestrebt[2], so dürfte dagegen doch folgendes in Betracht kommen.

Es kostete sehr grofse Summen, fremde Offiziere zu bekommen, und schon deshalb war man auf den eingeborenen Adel angewiesen; noch 1713 galt die schwedische, dänische, polnische, österreichische Offizierstelle mehr als die brandenburgische[3]. Friedrich Wilhelm konnte also gar nicht anders, er mufste seinen Adel zu Offizieren nehmen[4]. Darum eben liefs er sich sein Recht, dessen Vasallendienste zu gebrauchen, nicht entgehen und verbot ihm in mannigfachen Edikten, bei Verlust seiner Güter in fremde Dienste zu treten[5].

Dafs er fremde Offiziere nahm, wo er sie bekam, kann man nicht wohl leugnen. Zunächst war es ihm um französische zu thun, die damals mit Recht als die erfahrensten galten; man erinnere sich an de la Cave, du Plessis-Gouret, Graf

---

[1] Verfassung S. 59.
[2] Ebenda S. 57.
[3] G. Schmoller, Verwaltung Ostpreufsens a. a. O. S. 48.
[4] Wie die uns erhaltenen Musterrollen zeigen (z. B. bei v. Mülverstedt), so ergänzten sich die Offiziere zum allergröfsten Teile aus dem einheimischen Adel. Er allein besafs ja auch die militärische Ausbildung. In der ersten Zeit diente er noch viel in den Reihen der gemeinen Reiter, wie z. B. im Arkebusierregiment E. v. Burgsdorffs 1645 auf drei Gemeine etwa ein Adeliger kommt, jedoch haben 2 Kompagnieen gar keine Adlige. 1656 finden wir in Burgsdorffs Leibkompagnie, die 1645 30 Adlige zählte, nur noch einen einzigen (R 21, 7 d). Überhaupt nahmen dieselben nun unter den gemeinen Reitern ab. 1672 kommen beim Regimente Anhalt z. Pf. auf etwa 500 Reiter nur 17. Mit dem Wachsen der Armee brauchte man sie eben nur noch als Offiziere. Die adligen Gemeinen waren Avantageure (Pagen). Bei der Infanterie stehen auch in den früheren Zeiten nur sehr wenige adlige Gemeine. Es sei hier gleich erwähnt, dafs die höheren Offiziere mit Einschlufs der Obersten fast nur Adlige waren; die Ausnahmen sind sehr gering; Derfflinger und Henning wurden geadelt. Aufser den Fremden finde ich nur sehr wenige bürgerliche Obersten wie Hille, Fargel (F. Hirsch a. a. O. S. 250 nennt ihn von Fargel), den Artilleristen Weiler.
[5] Fünf Edikte von 1654—1666 in R 24 E 2 und sieben von 1674 bis 1687 in Kön. Bibl. Berlin G. y. 16 500. 1675 thaten fast sämtliche Edelleute des niederbarnimschen Kreises Kriegsdienst. Schreiben des Kreiskommissars Jak. Melchior v. Görtzke vom 25. September 1675 an den Gen.-Wachtmeister v. Sommerfeldt. Kr. Min. XVIII 2 d 3 I.

d'Espeüse, Graf de Cominges; auch Namen wie Chauvet, de Hallart, du Hamel, Mortaigne und viele andere deuten auf französischen Ursprung und finden sich vor der Einwanderung von 1685. Aus Holland gewann man besonders Ingenieure wie Kornelis von der Kloot (1655), Jean ten Venhuys (1658 bis 1661) und Heinrich Wallmann (1659), letzteren mit dem hohen Gehalt von monatlich 80 Thlr. und Servis[1]. Dafs Friedrich Wilhelm diese Fremden zu naturalisieren suchte, hatte doch in erster Linie darin seinen Grund, dafs er die erprobten Kräfte seinem Staate erhalten wollte und sodann, weil sie meistens wohlhabende Leute waren und Geld ins Land brachten. Aber es gelang durchaus nicht immer, sie dauernd zu fesseln. Der Oberst Frhr. v. d. Goltz, welcher von polnischer Abkunft war und bis 1656 in österreichischem und französischem Dienste gestanden hatte, brachte es im brandenburgischen bis zum Gouverneur von Berlin und General von der Infanterie, Colbert, nennt ihn einen fort bon officier[2]; 1677 ist er aber dänischer Feldmarschalllieutenant und 1681 kursächsischer Generalfeldmarschall. Auch Graf Promnitz, der 1672 ein Regiment z. Pf. warb und durch seine Attacke bei Fehrbellin bekannt ist, ging später nach Kursachsen[3], der Kurhesse Oberst Uffel 1665 in braunschweigische Dienste[4].

Ich glaube der Gröfse des Fürsten mit meiner Behauptung nicht zu nahe zu treten. In richtiger Erkenntnis der thatsächlichen Verhältnisse seiner Zeit setzte er sich zum ersten Zwecke, ein starkes, wohlgeübtes Heer, in Furcht vor ihm, abhängig von ihm, zu schaffen. Zur Furcht trat die Verehrung für den grofsen Monarchen, den lorbeerbekränzten Sieger und dann erst „das Interesse für ihn und sein Haus" und „das Gefühl der Gemeinschaft in den Herzen der Generale und Obersten".

Wohl wollte er nur „ihm anständige Officirer", aber das Gefühl für Ehre, wie es heute im preufsischen Offizierkorps lebt und es zusammenhält, das hat erst sein Enkel geschaffen. „Je mehr Diener, desto mehr Diebe", lauten die lakonischen Worte im Testament von 1667, und wenn der Kurfürst dieses auch von den Finanzbeamten sagt, so lassen die Musterungsbestimmungen und Edikte die Offiziere doch in keinem viel besseren Lichte erscheinen. Gegen Ende der Regierung war das unzweifelhaft besser geworden, aber wenn noch 1683 die Unteroffiziere bei der Musterung schwören müssen[5], wirklich diese Charge zu bekleiden, so läfst dieses doch wenig Raum

---

[1] v. Bonin a. a. O. S. 14.
[2] U.A II 370.
[3] Vorstehendes aus Schuster und Francke a. a. O.
[4] v. Mülverstedt, S. 466.
[5] Diese Bestimmung war in der Musterordnung von 1672 noch nicht enthalten. S. S. 129 f.

für die Annahme, dafs Anhänglichkeit und Ehrgefühl ganz die schnöde Gewinnsucht besiegt hätten.

Die Vorschüsse.

Wir haben die Korruption des Offizierstandes durch den dreifsigjährigen Krieg kennen gelernt. Suchen wir uns nun die Schwierigkeiten klar zu machen, welche einer Regeneration desselben besonders entgegentraten.

Was sich einer Veränderung der Kapitulationen, der Hauptdeckungsmittel der Autonomie der Obersten, auf die wir unten näher eingehen, hindernd in den Weg stellte, war, dafs die Regierung als Schuldnerin der Offiziere auf ihre Privilegien Rücksicht zu nehmen hatte. Mit der Übernahme eines Regimentes war doch immer ein ziemliches Risiko verbunden. Der Oberst mufste das Traktament, wenn es von den Orten, auf die man ihn angewiesen hatte, nicht gezahlt wurde, aus eigenen Mitteln vorschiefsen, um Meutereien zu verhindern[1]. Dieser Vorschufs war nötig, seit der Kurfürst Truppen im eigenen Lande hielt. Wir sahen schon bei Besprechung der Verpflegung, wie die Heere des dreifsigjährigen Krieges auf Kosten der Länder lebten, in denen sich der Krieg abspielte. Erdmannsdörfer setzt näher auseinander, wie der General auch ein guter Ökonom sein mufste, wie es eine seiner Hauptaufgaben war, ein Land möglichst lange prästationsfähig zu erhalten; der General konnte allein durch gute Wirtschaft bedeutenden Gewinn für die eigene Kasse erzielen[2]. In solchem Mafse war das jetzt doch nicht mehr möglich. Während des schwedisch-polnischen Krieges waren die Winterquartiere fast immer in der Heimat, nur im Sommer gab es Gelegenheit, auf Kosten des feindlichen Landes zu leben. Dann kam die lange, nur von einzelnen Türkenhülfen, der münsterischen Unternehmung und der gegen Magdeburg unterbrochene Friedensepoche. In den Feldzügen gegen Frankreich und Schweden 1672—79 befand man sich immer auf Reichs- oder eigenem Gebiet, ein Plündern und Rauben kam da leider auch vor, aber von einer systematischen Ruinierung der Landschaften kann nicht mehr die Rede sein. Wer also Gewinn von seiner Stelle haben wollte, konnte ihn nur in guter Verwaltung finden. Indessen waren die Ausgaben selten geringer als die Einnahmen. Friedrich Wilhelm konnte zu Obersten doch

---

[1] Im August 1651 schreibt der Oberst Quast, er könne auf die vorgeschlagenen Kapitulationspunkte nicht eingehen, da er dann von seinem Eigenen zusetzen müsse, wozu er es nicht habe, der Hofmarschall v. Puttlitz möge genügende Mittel vorschlagen. R 24 E 5.

[2] B. Erdmannsdörfer, Graf G. Fr. v. Waldeck, Berlin 1869. S. 78 ff.

nur Leute nehmen, die Vermögen besafsen[1]. Denn wer hätte damals einem Soldaten Kredit gegeben! Und Unterschlagungen liefs sich der Kurfürst nicht mehr gefallen. Schon die ganzen Werbegelder schofs der Offizier meist vor, und das Abzahlen derselben sowie des vorgeschossenen Traktaments liefs oft nur zu lange auf sich warten. Im Anfange der Regierung Friedrich Wilhelms meldeten sich zahlreiche Offiziere mit ganz enormen Restforderungen aus früheren Jahren[2]. Die Stände, an welche die Offiziere zur Verpflegung angewiesen waren, zahlten oft wenig oder gar nichts; dann werden Exekutionen befohlen, aber dennoch blieben Rückstände, denn wo nichts war, da war auch nichts zu nehmen. Im November 1660 verzeichnet Platen, dafs vom Oktober und November 1659 den Stäben der Generale Goltz und Pfuel 2662 Thlr. restieren, welche Summe einigen Städten zur Bezahlung assigniert wird, aber vergebens; die Offiziere klagen, es käme nichts ein[3].

Wahrhaft furchtbare Zustände herrschten in den westlichen Landen, wo weniger die Einwohner als die Soldaten litten. Von allen Offizieren und Beamten, die mit der Verpflegung zu thun hatten, ertönen Klagen[4]. Schon im April 1646 brach unter den Offizieren und Mannschaften der Garnison Kleve eine Meuterei aus; der Oberst Adam v. Hake, der Ob.-Wachtmeister v. d. Marwitz und 3 andere Offiziere erschienen auf der Regierung und forderten ungestüm ihren Sold, mit einem einzigen Monat könnten sie nicht zufrieden sein. Aber die Stände gaben nichts[5]. Um eine allgemeine Meuterei zu

---

[1] In der schon angeführten Supplicatio vom Ende des Jahrhunderts (s. S. 103) heifst es noch, man müsse einem Heere, Regiment oder Kompagnie einen freigebigen, reich angesessenen und gutmütigen Kavalier fürstellen, der nicht auf sein eigen Interesse und Beutel allein, sondern auch auf die Notdurft der Soldaten sieht.

[2] 1641 sendet der Oberstlieutenant Schick eine nach seiner Kapitulation berechnete Restforderung über 19898 Thlr. 18½ Gr. ein, die Friedrich Wilhelm nicht nach der Kapitulation, sondern nach der gedruckten Verpflegungsordre mit Winter- und Sommertraktament umgerechnet zu bezahlen befiehlt (s. Tabelle I, S. 56, Nr. 4, 5). Der Oberstwachtmeister J. Holst rechnet für sich einen Rest von 11103 Thlr. heraus. R. 24 E 3. — 1644 erhält Oberst v. Potthausen für eine Forderung von 28000 Thlr. ein Lehn in der Altmark. v. Mörner a. a. O. S. 244. — Noch 1655 meldet sich der Rittmeister v. d. Goltz mit einem von K. v. Burgsdorff unterschriebenen Restzettel von 1632/33 auf 11472 Thlr 8½ Gr., die er in dessen Regiment damals vorgeschossen hatte; er habe wegen des Ruins des Vaterlandes kein Geld fordern mögen, da aber jetzt — also nach 22 Jahren — alle seine Kameraden bezahlt würden, so bitte er auch um Vergütung. Es wurde ihm ein „mittelmäfsiges" Lehn in der Neumark angewiesen. R 24 M a. Der alte, von Burgsdorff unterschriebene Restzettel liegt bei den Akten.

[3] R 24 GG 1.

[4] Das Folgende aus UA V.

[5] Meinten diese doch später, sie müfsten „des Kurfürsten unnötige Völker zum Plaisir und eigennützigen Vorteil desselben Ministres" unterhalten.

verhindern — eine Kompagnie hatte schon beim Beziehen der Wache die Gewehre fortgeworfen — machte Hake endlich einen Vorschuſs aus eigenen Mitteln. Aber noch im Juli waren, wie der Rentmeister Moll berichtet, die Truppen 4 Monate unbezahlt. Der Receſs von 1649 machte erst diesen Zuständen durch Abführung der Truppen ein Ende.

In ähnlicher Weise waren während des schwedisch-polnischen Krieges die Obersten zu Vorschüssen gezwungen. Der Statthalter Fürst Radziwill empfiehlt 1659 den Obersten Hille als sehr tüchtigen Offizier, der seit 5 Monaten noch keinen Heller seiner Oberstengage genossen habe. Des Obersten v. Schönaich Güter seien von den Schweden ruiniert, er müsse betteln gehen. 1660 ist man ihm, Radziwill, 7000 Gulden schuldig, aber er könne warten; hingegen sei der Gen.-Major Görtzke schlecht daran, er habe, um sich Achtung zu verschaffen, 5000 Thaler auf Abschlag seiner Löhnung vorausverzehrt; Oberst Wallenrodt habe seit 5 Monaten keinen Pfennig gesehen.[1]

Mit der Zeit wurden die Geldverhältnisse, wie wir in Abschnitt III gesehen haben, bessere; sobald aber durch Kriege gröſsere Ausgaben nötig wurden, blieb noch oft die Bezahlung aus. 1673 war Stendal dem Regiment Homburg 2000 Thlr. schuldig, die von den Offizieren vorgeschossen werden muſsten[2], und im Januar 1676 berichtet Spaen auf kurfürstlichen Befehl, die Steuergelder würden sehr spät gezahlt, „wodurch die Offiziere vielmahlen mit groſsen und schweren unkosten zween, drey und Vier Monat soldt haben vorschieſsen und die Gelder auf 5, 6 und 7 verpensionieren müssen". Diese Kosten brächten sie dadurch ein, daſs sie weniger Mannschaft hielten als bestimmt sei. Die Reformen des zum Oberreceptor ernannten F. W. v. Diest brachten in diesen westlichen Landen einige Besserung, dafür war aber Diest oft in bedeutendem Vorschuſs[3].

Viel schlimmer stand es zu derselben Zeit im Osten. Oberst Barfuſs berichtet aus Pasewalk, bei dem anstrengenden Dienst sei auch die letzte Kompagnie in der Montierung ganz abgerissen, er habe bisher von Wasser und Brot gelebt, täglich würden so viele krank und stürben dahin, daſs in kurzer Zeit das Regiment ruiniert sein würde. Seit 10 Wochen habe er nur 50 Wispel Roggen und 144 Thlr. empfangen, die Offiziere hätten die Montierungen verkauft[4].

Friedrich Wilhelm konnte nur schwer Abhülfe schaffen, er muſste sich sogar oft im voraus ausbedingen, daſs die

---

[1] Orlich II 387 f.
[2] H. Jungfer, D. Gr. Kurfürst u. Friedr. v. Homburg. 1670 bis 1673. — Forsch. z. deutsch. Gesch. 1885. S. 539.
[3] R 34 n 18 g.
[4] Orlich II 38.

Offiziere Vorschüsse leisteten[1]. Nach seiner Instruktion von 1669 mufs Meinders darauf sehen, dafs die Offiziere, falls die monatliche Zahlung nicht richtig erfolgt, ihren Leuten den Sold vorschiefsen[2]. Noch 1672 versprach Graf Promnitz in seinem Entwurf zur Kapitulation über ein Regiment z. Pf., 10000 Thlr. zur Werbung vorzuschiefsen[3].

Die Finanzerei.

Wenn dieses Mifsstände waren, die sich aus den ganzen Zeitverhältnissen ergaben, so kommen wir nun auf solche, die allein der Gewissenslosigkeit und Habgier der Offiziere zur Last fallen. In den Händen der Obersten und Kompagniechefs lag die Sorge für Ersatz, Verpflegung, Bekleidung und Ausrüstung der Truppen. Die Kontrolle über ihre Verwaltung aber hatte total versagt. Dadurch eben konnte besonders das Amt des Obersten den Charakter einer finanziellen Spekulation annehmen. Männern wie Klitzing, in deren Seelen die „Finanzerei" alles Pflichtgefühl gegen sich selbst, ihr Land, ihre Truppen und den Kriegsherrn erstickt hatte, war es gar nicht darum zu thun, Siegeslorbeeren zu erkämpfen, wenn man sie nur unbehelligt liefs, waren sie zufrieden. Damit war aber einem Fürsten wie Friedrich Wilhelm durchaus nicht gedient.

Gleich nach dem Tode Georg Wilhelms liefsen die kurmärkischen Stände dem Kurfürsten vorstellen, dafs der Übermut der Soldaten und Offiziere kaum zu ertragen sei. Die Offiziere brächten, wenn man kein Geld schaffen könnte, den Besitz der Städte um ein Hundebrot an sich, man müsse ihnen die Güter Kontributions-Schofs + und von allen oneribus frei verschreiben; schon fingen die Einwohner an auszuwandern. Es seien vierteljährliche Musterungen anzustellen, denn die Kompagnieen würden komplett bezahlt, wobei sie doch oft nur 30—40 Mann zählten. Die Servitien würden in Geld bezahlt, folglich müfsten die Truppen sie kaufen. Statt der Militärexekutoren seien die Landreuter, statt der Winter- sei die Sommerordonnanz zu verwenden[4]. Auf das alles geht denn auch der Kurfürst ein. Aber lange nicht alle Mifsbräuche haben die Stände berührt.

---

[1] Aus den ersten Jahren des Kurfürsten liegen dafür viele Beispiele vor. 1648 mufs General Houwald in Preufsen die Werbegelder vorschiefsen (UA I 268 ff.), der Resident im Haag, Christian Moll holländische Offiziere bewegen, mit ihren Truppen in kurf. Dienste zu treten; sie müssen aber Gelder vorzustrecken sich bereit erklären (UA IV 78). 1651 sollen Derfflinger, Pfuhl, Görtzke „u. a. renommierte Obersten" in den Marken auf eigene Kosten Kompagnieen werben (UA VI 127).
[2] A. Strecker a. a. O. S. 128. —
[3] G. Lehmann a. a. O. S. 156.
[4] Eingabe der ständischen Deputierten. 8./18. Januar 1641. UA X 77 ff.

Aufser dafs sich die Offiziere auf mehr als die „effective praesentes" verpflegen liefsen, welcher Mifsbrauch, wie wir gleich sehen werden, durch die Musterungen abgestellt wurde, suchten sie sich auf alle mögliche Weise mehr Geld zu verschaffen, als ihnen zukam. Da liefs man sich sogenannte Neben- oder Freiquartiere anweisen, d. h. Wohnungen für Leute, die gar nicht vorhanden waren und nahm dann von den Wirten für das Nichtbeziehen derselben Geld[1], oder der Oberst liefs sich aufser seinem Oberstenquartier noch eins als Rittmeister geben, oder man logierte einen guten Freund bei sich ein, der dann das Quartiergeld in die Tasche steckte[2], oder der Offizier bezog, während er abkommandiert war, auch noch von seinem Standorte für sich und seine Leute Quartiergeld[3], oder man zwang endlich den Einwohnern Salvaguardien auf und forderte dafür ein Hohes[4]. Die Offiziere entblödeten sich sogar nicht, an Strafsen, Thoren und Wasserwegen förmliche Zollstationen anzulegen; trotz häufiger Verbote nimmt z. B. in Spandau der wachthabende Offizier 1660 von dem durchpassierenden Schiffe für sich einen Dukaten[5], und im Dezember 1661 beschweren sich die Stände, dafs die Offiziere in den Städten von den Durchreisenden eine Schatzung, auf den Jahrmärkten von den Marktleuten Stättegeld forderten[6]. Kurz, eine unwürdige Gelderpresserei und Schacherei an allen Ecken und Enden. Auch durch allerlei Hinterthüren zu höherem Gehalt zu kommen, scheute man sich nicht; wie denn 1656 der Kornet Waldau dem Mons. Meinders sagen läfst, „wenn es durch dessen Vermittelung geschehen könnte, dafs er die Lieutenants- und der Kapitänlieutenant die Rittmeistergage bekämen, wollten sie beiderseits eine ansehnliche Diskretion an Mons. Meinders abzutragen wissen". An der Integrität dieses Beamten scheiterten aber ihre Praktiken[7].

In den siebziger Jahren traf man endlich strengere Mafsregeln. Die Ordonnanz von 1675 bestimmt, dafs zu viel Gefordertes vierfach wiederzuerstatten sei, und im Oktober 1679

---

[1] M III 1. 48. — 1666 beklagte sich der Kurfürst Maximilian Henrich von Köln, die brandenburgischen Offiziere hätten — wie vorgegeben wird — in brandenburgischen Landen sich die Quartiere abkaufen lassen und sie in dem kölnischen Gebiet gewaltsam genommen. UA XI 722.
[2] M III 1, 67.
[3] M III 1, 42, 46.
[4] M III 1, 11. — Über Sauvegarden bestimmt die kursächsische Ordonnanz von 1646, dafs wo solche zur Sicherung der Kommerzien und Feldarbeit begehrt werden, für einen Musketier aufser der bestimmungsmäfsigen Verpflegung wöchentlich nicht mehr als ½ Gulden, für den Reiter nicht mehr als 1 Thlr. und Pferdefutter gegeben werde. J. Ch. Lünig, Codex Augusteus I 1998.
[5] R 21, 138.
[6] Orlich II 402.
[7] A. Strecker a. a. O. S. 9.

befiehlt Friedrich Wilhelm, den Offizier, der solches nicht verhindert habe, zu kassieren[1].

Die Regeneration des Offizierstandes.

Die Musterungen.

Wenn wir schon einige Maſsregeln kennen gelernt haben, durch die man eine Besserung dieser Zustände zu erreichen hoffte, so kommen wir nun zu derjenigen, auf die schon öfter hingewiesen wurde, die der Regierung als die wichtigste erscheinen muſste, weil durch sie allein der Hauptbetrügerei der Offiziere vorgebeugt werden konnte, zu der Musterung. Die Wichtigkeit dieses Geschäftes wird es rechtfertigen, wenn wir zu dessen Darstellung etwas weiter ausholen.

Man kann sagen, daſs sehr bald nach Entstehung der Söldnerheere schon alle Miſsstände derselben hervortraten[2]. Als das Material sich immer mehr verschlechterte, als der Landsknecht zum Berufskrieger geworden war, da kam es seinem Führer einzig und allein auf Bereicherung an. Die Söldnerei muſste, ihrem Ursprung aus der Geldwirtschaft entsprechend, bald zum obersten Grundsatz die Schonung der Truppen haben. Abgesehen davon, daſs die Zeltkameraden von heute sich morgen als Feinde gegenüber stehen konnten, so war mit dem Verluste an Mannschaft immer ein pekuniärer Nachteil für den Obersten oder Hauptmann verbunden. Die Werbung entwickelte sich dann schnell zu einem förmlichen Lieferungsgeschäft. Es kam so weit, daſs man Leuten Patente für die Aufstellung von Kompagnieen gab, daſs diese dann die Gelder eintrieben, aber keinen einzigen Mann warben, sondern sich in den Gewinn mit dem Patentaussteller teilten[3].

Darum war der Kriegsherr seit jeher darauf bedacht, sein Interesse durch Musterungen in acht nehmen zu lassen. Der Musterherr hatte auf Tauglichkeit, Geübtheit und Ausrüstung zu sehen und die Namen zu verzeichnen[4]. Da galt es nun für die habgierigen Hauptleute, jenen zu hintergehen, und man

---

[1] Orlich III 307.
[2] Schon Macchiavelli erkannte diese Schäden, indem er meint, die Söldner seien genötigt, entweder den Krieg zu verewigen oder die Kriegszeit derart auszunutzen, daſs sie im Frieden von der Beute schwelgen könnten. M. Jachns S. 458. Und der erfahrene Kriegsoberst Schwendi klagte kurz vor seinem Tode († 1584):
    Finantz und Trug wird durchgebracht,
    Der arme Knecht wird schlecht bedacht,
    Der alte Spruch wird an uns bewehrt,
    Gefräſs und Geseuf mehr tödt danns Schwert.
Ebenda S. 541.
[3] Ebenda S. 687.
[4] Fronsperger a. a. O. S. 70.

kann sagen, sie verstanden es. 1577 erschien sogar eine gedruckte Anweisung dazu von einem Musterschreiber Stanislaus Hohenspach, welcher sagt, er habe sie auf Bitten mehrerer Hauptleute publiziert: „Wollest einen auff einen Blinden oder andern Namen durchschicken, so gieb jme denselben auff ein Zedel geschrieben und befiehl jhme, dafs er fleissig darauff mercke, und wann man verlist, dafs er nu dapffer darauff durchgehe, als wan es sein eigener nam were." Will man einen, der schon längst tot ist, als krank angeben, so legt man einen Hurenjungen oder kranken Knecht, der zuvor schon durchgegangen, im Landsknechtskleid in ein Quartier. Wenn sein Name gerufen wird, schreit eine Rotte, er liege im Losament, aber keiner, er sei tot oder entlaufen, „damit sie an der Musterung nichts plodern." Noch schlimmer war es freilich in Frankreich, wo man einfach Marketender, Huren und Buben in Landsknechtskleidern vorstellte.[1]

Je länger, desto schlimmer wurde es damit. Wie schwierig und aussichtslos die Thätigkeit der Kommissare war, erfahren wir von Wallhausen, wenn er sagt:[2]

„Unsere Kriegsleute heutiges Tages prakticiren und üben sich lieber in Partiten zu machen, wie sie nur den Herrn wacker besch.....n und betriegen können; wann einer ein Fähnlein von 300 Mann hat und 150 Passifalanten, die er durchbringen kann, den Commissarien eine Nase zu machen nicht weifs, der ist kein erfahrener Kriegsmann. Der aber seine Herrn und Commissarien, so in der Herrn Namen munstern, wacker und hurtig betriegen kann, und der solche Stücklein am besten kann, der ist der beste Kriegsmann, der ist ein verschmitzter Kopf: Ja ich glaube es sehr wohl, auf etc. Stück, aber von Abrichtung seiner Soldaten soll keiner ihm den Kopf zerreifsen... Wann ein Commissar abgefertiget wird, in was Angst, in was Sorg seines Leibs und Lebens sitzet er am Munster Disch. Wann er die Knechte munstern soll und ihre Bezahlung machen, mit was Schnarchen und Pochen, Fluchen und Schweren wird den Kommissarien oft das Gewehr von manchem losen, leichtfertigen Hallunken für die Füfse geworfen, wann ihm nicht eben doppelter Sold zugelegt wird, da doch von 100, ja 1000 kaum einer seinen Sold rechtschaffen wie unsere Vorfahren verdient.... Ihre Zahlherrn, ihre fürgesetzte Obrigkeiten, wie ehren sie dieselbige? Frage diejenige Commissarien, so von hohen Potentaten und Herrn sind zu solchen Teufelirern geschickt worden, die sie billiger ehren sollten.... sie werden es wissen zu erzählen, wie sie mit ihnen umbgesprungen, wie sie sind von ihnen zermartert worden, ärger als kein Henker einer mifsthädigen

---

[1] M. Jaehns a. a. O. S. 771.
[2] Kriegskunst zu Fufs. S. 14, 20.

Person mit der Folter thut: Wenn ichs erzählen wollte, würde ein ganzes Buch davon werden."

Wohl waren auch im dreifsigjährigen Kriege strenge Strafen für Musterungsvergehen in den Kriegsartikeln enthalten, wohl wurden auch plötzlich Musterungen befohlen und Instruktionen, wie die Kommissare dabei zu verfahren hatten, erlassen[1], aber die Gefahr, welcher diese sich dabei aussetzten, und ihre eigene Unredlichkeit[2] machten ihre Thätigkeit ziemlich erfolglos. Auch die brandenburgischen Regimenter wurden von Kommissaren gemustert, aber gerade durch den Mangel an genügender Kontrolle zergingen sie „wie der schaum vf der Wasser"[3]. Mit dem Regierungsantritt Friedrich Wilhelms setzte die Reformation auf diesem Gebiete ein. Zuerst allerdings sind die Schattenseiten noch stark überwiegend; sehr langsam nur kann der überall behinderte Fürst vorschreiten.

Die Hauptbetrügereien fanden mit den passevolanti oder piazza morte statt. Ursprünglich waren es nur auf einen Tag gemietete Söldner, durch die man dem Kommissar die fehlenden Plätze verbergen wollte[4]. Gustav Adolf gab ihnen jedoch einen ständigen Platz in den Soldlisten. „Mit solchen Passevolanten geht es auf diesen Schlag zu, dafs allewege aut 11 Mann Geld gegeben und in der Musterung gut gethan wird, wenn sich 10 Mann präsentieren. Dafür mufs der Kapitän die Kompagnie immer cumplet halten ohne Finanzerei, aufser nach grofsen Verlusten in Schlachten[5]." Auch in Brandenburg blieben sie in einzelnen Fällen erlaubt. Im Januar 1654 bittet ein Lieutenant v. Gallop in der Schanze Oderberg um 2 Passevolanten, da er kein Servis erhalte, und in solchen Fällen den Offizieren Passevolanten gut gethan würden. Er bekam sie[6]. In der Instruktion für den Kriegskommissar Winkler von 1656 werden pro Kompagnie 5, in der für den kleve-märkischen nur 3 bewilligt[7]. Als aber 1670 die Kommissare bei den preufsi-

---

[1] G. Droysen a. a. O. S. 417 ff.
[2] Wallhausen sagt, aufser jungen Leuten und reichen Leuten sei zum Kriege noch nötig, „dafs die Commissarii den gemeinen Seckel nicht bestehlen." Corpus militare. Hanau 1617. S. 74. — Sehr schlecht kommen die Kommissare bei Moscherosch fort: „das alte Sprichwort ist Homo homini lupus, aber billiger soll man heutiges Tags sagen: Homo homini Judaeus, Homo homini Commissarius. Die Juden sein die Marksauger der Christen, die Commissarii die Blutsauger der Christen." Dieses Thema wird dann auf 17 Seiten erörtert. Moscherosch a. a. O. S. 776 ff.
[3] Worte Schwarzenbergs vom 9. Sept. 1638. v. Mörner a. a. O. S. 219.
[4] G Droysen a. a. O. S. 411.
[5] W. Schildknecht a. a. O. S. 165 f. — In Österreich sollen sie bis 1660 gesetzlich zur Rekrutierung gestattet gewesen sein. Feldzüge Eugens I. 1 287.
[6] R 24 E 5.
[7] S. S. 128.

schen Truppen deren 300 vorfanden, wurden ohne ausdrückliche Genehmigung alle verboten [1]. Im Kriege muſs dieses Unwesen aber wieder eingerissen sein, denn am 27. Dezember 1674 schreibt Meinders aus Straſsburg, da man sparsam sein müsse, „so s'e' et in E. Ch. D. gn. Gefallen, ob sie die Regimentsstäbe und Primaplanen für voll ansetzen, daneben aber bei der Parole oder durch schriftliche Ordre dem Kommandanten bei den Regimentern anbefehlen lassen wollen, daſs sie die eigentliche Anzahl ihrer Gemeinen unverzüglich eingeben sollen, da meines unterth. Erachtens E. Ch. D. nicht Ursach haben, auf tote oder auſser ihren Diensten abwesende Leute einige Gelder zu zahlen" [2]. Die Ersatzart der Abgänge durch zweimonatliche Offenhaltung der Stellen seit 1678 — also eine so lange Führung eines Passevolanten oder Blinden — wurde schon erwähnt [3].

Für das Musterungsgeschäft selbst gewährte Friedrich Wilhelm den Kommissaren den nötigen Schutz. Die allmählichen Verbesserungen darin werden wir am besten an der Hand einiger Musterungsrollen-Berichte und -Instruktionen erkennen.

In den Musterrollen des Burgsdorffschen Regiments z. F. von 1640 sind die Leute nur mit Namen und Heimatsort aufgezählt [4]. Die Bemerkungen des Musterers über die von E. v. Burgsdorff 1644/45 aufgestellten Arkebusierkompagnieen z. R. sind schon eingehender. Musterkommissar ist K. v. Burgsdorff. Er bemerkt, welche Leute als Kranke, Beurlaubte, Entlaufene fehlen, welche untauglich sind, wieviel an der Sollstärke mangeln. Ebenso macht er Notizen über die Pferde, wie „ein zu klein Pferd", ein „so gar gering Pferd", ein „ander Pferd" (anzuschaffen) und „das Pferd ist umbgefallen" [5].

Die Musterrollen des Jahres 1656 sind unterschrieben von dem Kompagniechef und dem „Churf. brandenb. verordneten Munster-Commissarius." Es begann damals das 1655 wieder errichtete Kriegskommissariat einzugreifen. Doch herrscht vor der Hand noch ziemliche Verschiedenheit. In einer von dem Kommissar Wernicke unterschriebenen Musterrolle der Kompagnie des Oberstwachtmeisters v. Hacke [6] ist bei jedem Mann, der nicht zur Stelle ist, genau der Grund seiner Abwesenheit angegeben; 5 Leute „sollen" mit einem Sergeanten auf Werbung sein, 4 auf Exekution, ein Gefreiter sitzt im Stock, weil er einen Mann totgeschlagen hat, andere sind nach Spandau

---

[1] v. d. Oelsnitz a. a. O. 122 nach dem Königsberger Archiv.
[2] UA XIII 657.
[3] S. S. 52. — Blinder, nicht weil er nichts sah, sondern weil man ihn nicht sah. Noch heute die Ausdrücke: Blinder, blinde Rotte.
[4] R 24 G 6, 7.
[5] R 24 Z b.
[6] Actum Spandau, 14. April 1656. — R 24 G 6, 7.

und Löknitz abkommandiert, 4 entlaufen, 2 gestorben, 2 nach Attestaten beurlaubt. Auch ist bei Neugeworbenen bemerkt, was für die Soldzahlung von Wichtigkeit war, wie lange jeder schon bei der Kompagnie steht.

Bald aber werden allgemein gültige Bestimmungen erlassen. In dem Kriegsrecht von 1656 wird befohlen, dafs jeder Offizier sich zu jeder Stunde mustern lassen soll; keiner darf Pferd oder Rüstung von einem andern entleihen; welcher Offizier von einem andern Volk entleiht, soll zum Schelm gemacht und des Lagers durch die Steckenknechte verwiesen werden. Auch wird der Kapitän, mit dessen Wissen sich ein Mann zur Musterung vermietet, kassiert, der Mann selbst das erste und zweite Mal mit Spiefsrutenlaufen, das dritte Mal mit Enthauptung bestraft. Nur bei der Musterung dürfen Leute entlassen werden. Die Musterkommissare sollen die Rollen selbst anfertigen und die Namen der Entlaufenen mit einem Galgen zeichnen[1]. Alles dieses waren keine neuen Verordnungen; ich bemerkte schon, dafs dieses Kriegsrecht eine Übersetzung des schwedischen ist. Aber man blieb in Brandenburg nicht dabei stehen.

Wir haben aus dieser Zeit ein Schema für die Instruktion eines kleve-märkischen „Monsterkommissarius"[2], das in der Hauptsache mit den Instruktionen der für die Armee in Preufsen im Oktober 1656 ernannten beiden Kommissare Winckler und Schubert[3] übereinstimmt. Gerade damals war eine sehr scharfe Musterung nötig, weil überall im Lande die Werbetrommel gerührt wurde und für den Wiederbeginn des Krieges im nächsten Jahre Vollzähligkeit der Truppenteile von der gröfsten Wichtigkeit war. Aus diesen Instruktionen lernt man so recht kennen, wie gut die Regierung wufste, Leute welchen Schlages ihre Offiziere waren, als auch, welchen Mut, welche Klugheit, ja Verschlagenheit die Kommissare besitzen mufsten, um den Unredlichkeiten der Offiziere auf die Spur zu kommen.

Rasch, ohne dafs diese etwas davon vermuten, sollen sie die Musterungen vornehmen, „da er dann seine Gelegenheit anzustellen, dafs er ohnvermerkt, etwa des Abends, wann die Thore zugehen, in die Garnison einkommen und alsbald die unterschriebenen Rollen von dem Kommandanten, Obristen, Kapitän und Vorsteher der Kompagnieen einfordern (soll)." Am folgenden Morgen hält er die Musterung mit jeder Kompagnie ab, die in geöffneten Gliedern aufzustellen ist. Er verkündet, dafs keiner, der nicht zur Kompagnie gehört, bei Leib- und Lebensstrafe durch die Musterung gehe. Die einzelnen Leute

---

[1] Seit 1668 wurden in Frankreich den Entlichenen die Lilien auf die Wange gebrannt, seit 1678 schnitt ihnen der Henker sofort die Nasen ab. Französische Kriegswirtschaft.
[2] R 24 Z b.
[3] R 9 A 11.

sind an einem von der Kompagnie so entfernten Orte zu inquirieren, dafs niemand die Fragen hört. Der Musterschreiber ruft die Leute bei Namen nach der Rolle auf, wobei der Kommissar aufpafst, ob einer bei dem Namen „strauchelt." Den mufs er dann besonders befragen, ob er wirklich so heifse, woher er sei, wie lange er bei der Kompagnie diene, ob und wieviel Geld er empfangen habe, wie seine Offiziere heifsen, wie sein Quartiergeber u. a. Schöpft er Verdacht, so kann er durch den Auditeur beim Wirt des Mannes Erkundigungen einziehen lassen und, falls sich die Aussagen als falsch erweisen, beim Kommandanten oder Generalauditeur die Bestrafung des Mannes beantragen, dessen Kapitän aber durch den Kommandanten in Arrest setzen lassen, bis Kriegsgericht über ihn abgehalten ist. Werden Leute als krank oder abkommandiert angegeben, so hat der Auditeur sich dieses vom Quartierwirt bescheinigen zu lassen. Der Kommandant mufs ein schriftliches Attest einreichen, wann er Leute beurlaubt hat, der Magistrat ein Verzeichnis der einquartierten Soldaten, aus dem deren Namen, die Zeit der Einquartierung, die Namen der Wirte und die Kompagnie zu ersehen ist. Der Kommissar kann durch offene Musterung oder heimliche Inquisition beim Magistrat oder Balletierer vorgehen, „damit Wir nicht auf beederlei Art, mit wenigern Soldaten und dann mit mehreren Traktament als sein soll hintergangen werden." Er mustert aus die zu Jungen, Taube, Blinde, Stumme u. a. Invaliden, auch Offiziersknechte, auf 20 Mann ist nur ein Passevolant zu gestatten. Statt der Ausgemusterten mufsten die Offiziere auf ihre Kosten neue Leute werben. Auch hat der Kommissar sein Augenmerk auf die Waffen zu richten, auf Güte der Obergewehre und Vollzähligkeit der Seitengewehre, wobei den Offizieren anzudeuten ist, dafs bei der nächsten Musterung für jedes fehlende Seitengewehr 1 Thaler vom Traktament abgezogen würde. Den Schlufs bildet ein Vergleich seiner Musterrolle mit der des Kapitäns, beide werden von diesem und ihm unterschrieben, eine bleibt bei der Kompagnie, die andere sendet er mit einem Bericht über den Verlauf der Musterung an das Generalkommissariat, welches danach die Assignationen aufstellt.

Nach v. d. Oelsnitz[1] wurden laut Reskript vom Dezember 1657 die Vorschriften für die Musterung vervollständigt, indem man 3 Listen anlegen liefs: 1. die einfache Stammrolle der Kompagnie, 2. den Frontrapport und 3. das eigentliche Musterungsprotokoll mit 11 Rubriken. Für letzteres hielt man später gedruckte Formulare vorrätig.

Im Jahre 1672 wurde dann, um für die grofsen Neuwerbungen Einheitlichkeit in das Musterungsgeschäft zu bringen,

---

[1] A. a. O. S. 100.

eine Musterordnung publiziert, welche für die Folgezeit maſsgebend geblieben ist[1]. Die darin enthaltenen Bestimmungen haben wir zum gröſsten Teile eben (S. 128 f.) kennen gelernt. Der Musterschreiber trägt die Antworten in ein Formular ein, das ungefähr so aussah:[2]

Muster-Tabell.

No.	Tauf- und Zunamen der Offiziere und Soldaten	Vater-land	Alter	Ob er vor diesem gedienet? Wo? Wie lange? Und wann er zuletzt in kurfürstlichen Dienst gekommen?	Auf was Art er letzt geworben worden	Ob er beweibet und Kinder habe und wie viel?	Ob er seinen Sold empfangen? Wie viel monatlich? Und wie weit er bezahlet?	Ob er wohl montieret und bewehrt, auch zu Kriegsdiensten geschickt?	Ob er geschworen?
1	Kapitän N. N.								
2	Lieut. N. N.								
3	Fähnr. N. N.								
4	Sergeant N.								
5	Sergeant N.								
	u. s. w.								

Bei der ersten Musterung muſsten alle Leute zugegen sein, bei späteren sind Atteste über den Grund der Abwesenheit der Einzelnen einzufordern; ist einer krank, so müssen dessen Kleider und Waffen zur Stelle sein. Offizierburschen sind besonders vorzustellen, Passevolanten nicht zuzulassen. Alle früheren Bestimmungen, besonders die im Kriegsrecht enthaltenen, sind zu beobachten.

Später wurde diese Musterordnung noch um einige Zusätze vermehrt[3]. Die Unteroffiziere müssen schwören, daſs sie wirklich Unteroffiziere sind, die Korporale, daſs die in der Rolle verzeichneten Mannschaften wirklich Dienst thun und Traktament erhalten. Leute, die zur Arbeit beurlaubt sind, erklären, daſs sie ihr Traktament dennoch richtig erhalten und davon die sie auf Wache vertretenden Kameraden bezahlt haben[4].

Als der Staat später aufhörte, Schuldner der Offiziere zu sein, konnte er, da er sie richtig bezahlte, auch Nachweise über das Empfangene verlangen. Nach seiner Instruktion von 1669 soll Meinders alle Monate oder Quartale die Rollen der Kompagnieen einfordern[5]. In den Ordonnanzen der folgenden Jahre werden die Regimenter demgemäſs instruiert, in der von

---

[1] M III, 1, 34. — 22. März 1672.
[2] Aus J. F. S. Compendium additionale. Das Formale über die Musterungen findet man für die frühere Zeit bei G. Droysen a. a. O. S. 410 ff., für unsere Epoche bei C. W. Hennert, Beyträge zur Brandenb. Kriegsgesch. 1790. S. 40 f. und Stuhr a. a. O. S. 224 ff.
[3] J. F. S. Comp. addit.
[4] Das spätere Freiwächtersystem nimmt hier schon seinen Anfang. Freilich hatte der Kapitän noch wenig Vorteil davon.
[5] A. Strecker a. a. O. S. 128.

1679 wird bestimmt, dafs in den Rollen immer notiert werde, wann ein Mann abgegangen sei. Wurde jetzt plötzlich eine Musterung befohlen, so nahm der Kommissar einfach die letzte Rolle zur Hand und konnte Unredlichkeiten schnell entdecken.

Bei Pflichtverletzungen in dieser Hinsicht hielt Friedrich Wilhelm nicht mit Strafen zurück, denn nur so konnten die Musterordnungen ihren Zweck erreichen. Im Herbst 1674 war der Oberstlieutenant v. Börstell seiner Kapitulation nicht nachgekommen, indem er nach den ausgemachten 3 Monaten die bestimmten 348 Mann zur Verstärkung der Leibgarde z. F. in Berlin nicht zusammen hatte, der Statthalter mufs deshalb die Offiziere in Arrest nehmen lassen. Ein im folgenden Jahre über den Oberstlieutenant von Mörner verhängtes Kriegsgericht sollte nur dann aufgehoben werden, wenn er die Kompagnie auf eigene Kosten wieder auf den richtigen Stand bringt. Selbst an den Fürsten von Anhalt schreibt der Kurfürst 1672, er hoffe, dafs bei dessen Regiment die Mannschaften der Kapitulation gemäfs komplett wären, sonst möge er unverzüglich für Ersatz sorgen; und 1681 erfährt Anhalt einen scharfen Tadel: Es habe ihn sehr befremdet, schreibt Friedrich Wilhelm, dafs, da er dem Regiment z. F. doch die richtige Verpflegung und die Kleidergelder wie den andern habe zahlen lassen, es nicht auch wie jene untadelhaft zur Musterung erscheine. Unter den wirklich Vorhandenen befänden sich viele untüchtige und meist übel bekleidete, auch schlecht exerzierte Knechte. Von nun an solle Derfflinger ohne kurfürstlichen Specialbefehl jedes Regiment, so oft er es für nötig halte, mustern lassen dürfen; die Kommissare aber hätten das Recht, die Offiziere, deren Kompagnieen in mangelhaftem Zustande gefunden würden, abzudanken. Anhalts Regiment z. Pf. war dagegen sehr gut befunden worden[1].

Durch die genügend detaillierten Musterungsbestimmungen, durch die Energie, mit welcher Friedrich Wilhelm darauf hielt, dafs sie befolgt würden und durch die aufserordentlichen Befugnisse, welche er den Kommissaren verlieh, beseitigte er aus der Armee die betrügerische Finanzerei und gewöhnte seine Offiziere daran, nicht den eigenen, sondern den Vorteil des Staates in erste Linie zu setzen. Wieder der Musterungsbericht über das Börstellsche Regiment von 1683 läfst uns sehen, was man mit den Musterungen erreicht hatte; das Ergebnis ist ein gutes, die 8 Kompanieen sind komplett, sogar 4 Mann überzählig, gut uniformiert, bewaffnet und richtig besoldet; 7 Leute werden als gewaltsam geworben ausgemustert[2].

Während in früherer Zeit zu Musterkommissaren fast nur Offiziere ernannt worden waren, legte Friedrich Wilhelm dieses

---

[1] Orlich III 217, 218, 220, 240, 293, 320 ff.
[2] S. S. 76.

Geschäft in die Hände der von den Regimentern ganz unabhängigen Kriegskommissare, deren Stellung wir ja schon kennen gelernt haben[1]. Später jedoch, als der Kurfürst sich ergebene Offiziere herangebildet hatte, übertrug er die Musterungen wieder zum Teil diesen, und zwar in der Weise, dafs ein Offizier und ein Kriegskommissar als Musterungskommissare fungierten. Dieses geschah wohl, weil man dem Kriegskommissar einen Hinterhalt geben wollte[2], weil sich die Musterung auch auf die Exerzierausbildung erstreckte und für die Revision der allmählich einheitlich werdenden Kleider und Waffen ein Sachverständiger nötig war, und weil endlich die Kriegskommissare durch ihre wachsende Thätigkeit in der Steuerverwaltung zu sehr in Anspruch genommen wurden.

Die Kapitulationen.

Fast ebenso wichtig, wie die strenge Handhabung der Musterungen ist die stetig vorrückende Beschränkung der Autonomie der Obersten durch Beseitigung ihrer durch die Kapitulationen verbrieften Vorrechte. Während es in Österreich noch bis tief ins 18. Jahrhundert bei dieser Unumschränktheit der Obersten blieb, mufste das kleine Brandenburg-Preufsen die geringe Zahl seiner Regimenter durch deren Güte, Verläfslichkeit und unbedingte Subordination ersetzen.

Wird zwischen zwei Parteien ein Vertrag geschlossen, so ist bei Nichterfüllung der Bedingungen desselben durch einen der beiden Teile auch der andere seiner Pflichten enthoben. Hiermit ist das Verhältnis der Obersten des 16. und 17. Jahrhunderts zu ihren Kriegsherrn bezeichnet. Der Offizier versprach, eine bestimmte Truppenzahl in einer bestimmten Zeit zusammenzubringen, über diese „ein Regiment" zu errichten, die taktischen Verbände mit „Ämtern" zu versehen und endlich das Regiment entweder dem Kriegsherrn zu beliebiger Benutzung zu überlassen oder mit ihm als dessen Oberster zu dienen. Dagegen verpflichtete sich der Kriegsherr, ihm die Mittel zur Werbung zu geben oder wiederzuerstatten und für seine künftigen Dienste sowie den Unterhalt des Regiments ein Bestimmtes zu zahlen. Das waren ursprünglich die Hauptpunkte der Kapitulation. Die Pflichten der dem Kriegsherrn zu vereidigenden Truppen enthielt der Artikelsbrief. Bezahlte nun der Kriegsherr das ausbedungene Geld nicht, so konnte

---

[1] S. S. 88 und 92 ff.
[2] G. A. Böckler a. a. O. S. 416 ff. sagt, die Musterung geschehe am besten durch Kommissare, „welchen dann auch ferner andere hohe Officirer und Generalen auf Befehl des Feldherrn zu Zeiten beiwohnen, nicht allein wegen des mehrern Aufsehens (Beaufsichtigung) bei der Musterung, sondern auch einen gröfsern Respekt für dem Volk sich zu machen, zugeordnet werden." — Heute wird die Musterung vom Brigadekommandeur und einem Intendanturbeamten vorgenommen.

der Oberst das Regiment entlassen, was aber auch nicht so einfach war, denn die Soldaten wollten besoldet sein, er mufste das dann entweder aus eigener Tasche thun oder auf Kosten des Landes leben und nehmen, wo etwas zu nehmen war. Auf der andern Seite war die Kontrolle des Obersten durch den Kriegsherrn eine viel schwierigere; wir lernten sie eben als Musterung kennen.

Der Hauptübelstand dieser Söldnerheere war doch immer der Mangel einer höheren Idee, für die sie kämpften. Der Fluch der Vaterlandslosigkeit, welcher sich an ihre Fahnen heftete, und die alleinige Rücksicht auf das eigene Selbst hatten endlich Männer wie Rochow zu Landesverrätern gemacht. Die mangelnden Soldzahlungen hatten indessen diesen Leuten doch immer einen Schein von Recht gegeben, auf ihre Kapitulationen zu pochen. So lange sie Gläubiger der Regierung waren, war es dieser unmöglich, ihnen etwas von ihren hergebrachten Privilegien zu nehmen. Die Kapitulationen bewegen sich bis in den schwedisch-polnischen Krieg hinein doch noch ziemlich in den alten Formen, so die mit Ehrenreich v. Burgsdorff über ein Regiment Arkebusierreiter von 1644[1] und die mit Oberst Joachim Rüdiger Frhrn. v. d. Goltz vom 28. Januar 1656 über ein Regiment z. F. von 1200 Mann[2]. Diese letztere wähle ich als Beispiel, wie man damals verfuhr.

Das Regiment soll in 12 Kompagnieen von je 100 Mann ohne das erste Blatt innerhalb 4 Monaten vom 1. Januar an gerechnet, in der Altmark bereit stehen. Die Mannschaften dazu kamen folgendermafsen zusammen: 2 Kompagnieen — 213 Mann — gab der Oberst von Trott, die Garnison von Küstrin gab 178, von Driesen 94, von Oderberg 80, von Spandau 200 Mann[3]; dazu warb der Oberstleutnant Joh. v. Krug 4 neue Kompagnieen, deren Laufplatz in Gardelegen war; das Quartier Goltz's mit 7 Kompagnieen war Salzwedel, hier auch der Musterplatz für die Neugeworbenen; die zwölfte Kompagnie endlich sammelte sich in Neuwedel[4]. Wie nach allen Kapitulationen Friedrich Wilhelms kommandierte auch nach dieser der Oberst, welcher das Regiment aufstellte, es in Zukunft. Goltz soll unter des Kurfürsten oder Derfflingers Befehl stehen, in und aufser Landes. Diese Bestimmung war nötig, weil, wie wir sahen, ein Rangverhältnis der höheren Offiziere noch nicht festgestellt war, und Derfflinger, der ja auch die Oberstencharge bekleidete, jedem andern Regimentskommandeur als General besonders vorgesetzt werden mufste. Ferner soll Goltz auf gute Disciplin sehen und auf Beobachtung

---

[1] R 24 Z b.
[2] R 9 A3.
[3] v. d. Oelsnitz a. a. O. S. 76.
[4] R 24E 5.

der Kriegsartikel halten, er ist dafür verantwortlich, dafs die Kompagnieen immer komplett sind; darauf leistet er einen Eid. Es folgen die zu liefernden Werbegelder und die Art der Verpflegung während der Werbemonate[1]. Endlich werden dem Obersten einige Zugeständnisse gemacht, durch die eigentlich seine ganze Autonomie begründet war, und an denen er begreiflicherweise auf das zäheste hing: Die Annehmung und Absetzung der Offiziere und die Regimentsjustiz. Goltz soll die Oberoffiziere bis zum Kapitän inkl. mit Vorwissen des Kurfürsten anstellen, er erhält freie Justiz über alle Offiziere, er kann sie vor Kriegsrecht stellen, sie bestrafen und abdanken „wie bei Teutsch Regimentern Herkommens"/

Es leuchtet ein, dafs damit die Offiziere, also auch die Gemeinen, mithin das ganze Regiment in der Hand des Obersten war. Die Offiziere konnten durchaus nicht in dem Kurfürsten denjenigen sehen, der sie anstellte, belohnte und bestrafte, der ihnen helfen konnte; überhaupt vermochte dieser in keiner Weise über einen Offizier selbständig zu verfügen, nur durch Vermittelung des Obersten war dieses möglich.

Eine ganz freie Besetzung aller Offizierstellen fand freilich nicht statt. Schon H. v. Kracht sollte die Kompagniechefstellen mit Vorwissen des Kurfürsten besetzen, ebenso 1644 E. v. Burgsdorff und auch Goltz[2]. Es wurde dann zur Regel, dafs die Obersten bei Neuwerbungen die Kompagniechefs dem Kurfürsten zur Bestätigung nannten, dafs die frei werdenden Kompagnieen von diesem vergeben wurden[3]. Aber auch auf Anstellung der Subalternoffiziere suchte Friedrich Wilhelm Einflufs zu gewinnen. Die Kapitulationen der letzten Jahre des fünften Jahrzehnts bringen die Wendung, der Oberst habe freie Annehmung und Absetzung der Offiziere, „jedoch dafs auch allezeit tüchtige und kriegserfahrene, auch Uns anständige Personen zu denen Chargen befordert, und die Konservation des Regiments wie auch Unserer Dienste dadurch desto besser beobachtet werden mögen[4]". So konnte der Kurfürst wenigstens gegen „ihm nicht anständige" Offiziere Einspruch erheben.

---

[1] S. S. 50 ff. — Trott und die Garnisonen lieferten 765 Mann, Krug warb 400, also fehlten an den 1200 noch 35; doch werden von den 765 manche auf dem Marsche desertiert, manche untauglich gewesen sein, die durch Neuwerbungen ersetzt werden mufsten.

[2] Wenn stellenweise schon vor 1630 eine Genehmigung des Kurfürsten bei Besetzung der untersten Offizierstellen vorkommt — v. d. Oelsnitz a. a. O. S. 64 — so geriet dieses doch bald in Vergessenheit.

[3] Als im Dezember 1651 ein Kapitän v. Bismarck vom Trottschen Regiment seinen Abschied nimmt, bittet der Oberst, dessen Kompagnie vergeben zu dürfen, was der Kurfürst abschlägt, da über die Stelle schon anders disponiert sei. R 21, 120 d, e. — Im Juli 1660 dankt Oberst v. Schwerin, dafs der Kurfürst den Oberstwachtmeister Berndt mit einer Kompagnie begnadet habe. R 30, 116.

[4] R 24 E 5, ein Schema für Kapitulationen.

Besonders wünschenswert mufste es sein, die autonome Gerichtsgewalt der Obersten einzuschränken. Schon Maximilian von Bayern wollte einmal diese Jurisdiktionsrechte schmälern, da vereinigten sich aber seine sämtlichen Obersten gegen dieses Vorhaben, und der Kurfürst mufste davon abstehen[1]. Auch Friedrich Wilhelm kam hierin nur langsam vorwärts. Nach den späteren Kapitulationen des schwedisch-polnischen Krieges soll die Bestrafung und Kassierung der Offiziere, seit den sechziger Jahren die ganze Jurisdiktion[2], nach dem Kriegsrecht gehandhabt werden, also nicht mehr nach Gutbefinden der Obersten und „wie bei Teutsch Regimentern Herkommens". Aber noch konnte der Fürst selbst die eigenen Unterthanen nicht direkt schützen. Im Juni 1656 bescheidet der Statthalter die kurmärkischen Stände auf ihre Klagen über die Insolentien der Soldateska dahin, dafs sie sich an die Obersten zu wenden hätten, denen stände nach ihren Kapitulationen die Jurisdiktion zu. Erst wenn diese sich weigern, Recht zu sprechen, sollen sie ihre Beschwerden bei ihm anbringen; Derfflinger werde dann die Delinquenten exemplariter bestrafen[3].

Wenn der Kurfürst als Schuldner der Obersten also vor der Hand nicht daran denken konnte, diesen an ihren Privilegien viel zu kürzen, so gelang es ihm allmählich doch auf andere Weise, die Obersten von sich abhängig zu machen und so die Wichtigkeit der Kapitulationen in den Hintergrund zu schieben. Der Monarch, welcher sich über die antiquierten Vorrechte der Stände hinwegzusetzen wufste, konnte sich auf militärischem Gebiete durch die überlebten Werbekontrakte nicht beschränken lassen. Als die alten Obersten, die sich dem jungen Fürsten gegenüber doch immer als viel erfahrener vorgekommen waren, allmählich starben, als dann der Krieg neue Lücken in ihre Reihen gerissen hatte, da gab Friedrich Wilhelm die frei werdenden Regimenter, wem er wollte, wenn auch nicht ohne Kapitulation[4]. So hatte er ein mächtiges Mittel in der Hand, den Ehrgeiz zu wecken, tüchtige und treue Männer zu belohnen[5]. Damit bekam auch die Bezeichnung „Oberst" eine ganz andere Bedeutung. Bisher war

---

[1] Heilmann a. a. O. S. 1031.
[2] Kapitul. mit Graf Friedr. zu Dönhoff. 24. Juli 1668. v. d. Oelsnitz a. a. O. S. 119 ff.
[3] R 24 K.
[4] An und für sich war dieses nichts neues. Schon in früherer Zeit mufste natürlich, wenn der Oberst starb, ein neuer bestimmt werden, wie denn 1639 nach H. v. Krachts Tode dessen bisherigem Oberstlieutenant Georg Friedrich v. Trott das Regiment „conferiert" wird. v. d. Oelsnitz a. a. O. S. 59. Aber das kam damals eben nur im Kriege vor.
[5] Als 1657 die Stelle des Kommandeurs der Leibgardedragoner frei wurde, machte der Kurfürst den Hauptmann zu Mohrungen und

sie nur demjenigen beigelegt worden, der ein Regiment aufgerichtet und über dasselbe Kommando und Administration hatte. Als nun das Heer zum stehenden geworden war, und Friedrich Wilhelm die frei werdenden Regimenter nach seinem Belieben besetzte, wurde diese Bezeichnung zum blofsen Titel, der auch Offizieren, die keine Regimenter hatten, zu teil wurde[1].

Einen weiteren Fortschritt bemerkt man mit dem Jahre 1672, als Derfflinger auf Grund seiner Kapitulation sich für berechtigt hielt, seinem Herrn den Gehorsam zu verweigern[2]. Damals wurde in die Kapitulationen der Zusatz eingeschoben, dafs die Obersten sich „dergestalt zu verhalten, wie es Unsere ergangene Verordnung, oder welche Wir noch ferner ergehen lassen möchten, erfordern". „Hierdurch erst, sagt Courbière[3], wurde das Terrain gewonnen, allgemein gültige organische Bestimmungen für das gesamte Heer zu erlassen."

In der That, man ging jetzt rasch vorwärts. Bald wird befohlen, dafs alle Offiziere vom höchsten bis zum Kornet oder Fähnrich vor der Anstellung dem Kurfürsten namhaft zu machen sind, „damit nach Befinden Unser Interesse und Dienst hierbei beobachtet werden möge[4]". Somit lag auch die Anstellung der Subalternoffiziere in der Hand Friedrich Wilhelms. Überall setzt er nun Offiziere ein, versetzt sie von einem Regiment zum andern, ernennt Obersten, giebt diesen Regimenter oder auch nicht: Die Abgeschlossenheit des Regiments als privatrechtliche Genossenschaft war beseitigt. Es klingt schon ganz modern, wenn Buch 1679 notiert: Sydow vom Leibregiment erhält sein Patent als Oberst der Kavallerie, Kopping wurde Oberst des Dragonerregiments, was Sydow gehabt, den Oberstlieutenant Dewitz vom Regiment Treffenfeld machte man zum Oberstlieutenant im Leibregiment, und der Major v. Sydow von dem Regiment kam an seine Stelle, der Prinz von Merseburg wurde Major im Leibregiment[5].

1675 scheint Friedrich Wilhelm die Oberstlieutenants schon nach Anciennetät zu Obersten gemacht zu haben, denn im Juni d. J. beschwerten sich sämtliche Oberstlieutenants, weil der Kurfürst einen Mortaigne, der jünger als sie alle sei,

---

Ob. W. v. Hohendorf dazu; zugleich war aber nötig, den 4 Kapitäns zu befehlen, jenen als ihren Oberstlieutenant zu respektieren, denn er war es ja nicht, der sie geworben hatte. R 9 A 4.

[1] 1660 wird der Kommandant von Küstrin, Oberstlieutenant v. d. Marwitz Oberst, er behält sein bisheriges Traktament, das erste freiwerdende Regiment soll er haben. Oberstlieutenant v. Barfufs, dem schon lange ein Regiment versprochen war, wird Oberst an Stelle des verstorbenen Ritterford. R 9 A 3.
[2] S. S. 143.
[3] Verfassung S. 59.
[4] Potsdam, den 21. August 1673. Orlich III 209.
[5] Tagebuch II 152, 155.

zum Obersten machen wollte, worauf dessen Beförderung zurückgezogen wurde¹.

Auch der Gerichtsgewalt der Kommandeure wurden nunmehr engere Schranken gesetzt.' 1663 verbot der Kurfürst den Obersten, Verbrecher, die durch ein Kriegsgericht zum Tode verurteilt seien, zu begnadigen, denn das gehöre ad reservata principum, er wolle ihnen nur gnädigst zulassen, dafs sie den Verurteilten statt mit dem Strange mit dem Schwerte hinrichten lassen könnten². Aber auch über das Urteil selbst bedang er sich eine Begutachtung oder Verwerfung aus, indem er 1673 befahl, dafs ihm vor der Publikation die Akten und Sentenz einzuschicken seien, „damit Wir daraus ersehen mögen, wie in der Sache verfahren, und darauf weitere Verordnung erfolgen könne³". Dasselbe wurde 1687 wiederholt; besonders sei in den aufserhalb der Kurlande liegenden Regimentern keine unparteiische Justiz gepflegt worden; der kurfürstliche Schulze (General-Auditeur) habe von nun an immer die Akten durchzusehen und sie dann dem Kurfürsten zu Approbation oder Moderation vorzulegen⁴.

Um die von Friedrich Wilhelm im Laufe seiner Regierung erreichten Resultate bei Aufstellung der Kapitulationen zusammenzufassen, wird eine Vergleichung der oben angeführten mit Goltz und einer, die bald nach des Fürsten Tode mit dem Grafen Alexander v. Dohna über Aufstellung eines Bataillons geschlossen wurde⁵, am zweckmäfsigsten sein. Während dort der Oberst dem Kurfürsten das Regiment „liefert", wird das Bataillon hier dem Offizier „konferiert". Damals mufste Derfflinger als Vorgesetzter besonders namhaft gemacht werden, jetzt soll Dohna „unweigerlich exequieren, was Wir immediate oder Unsertwegen die hohe Generalität demselben respective befehlen, committieren und auftragen werden". Statt freier Justiz der Obersten verändert oder verwirft der Kurfürst nach seinem Gutdünken das kriegsgerichtliche Urteil, statt freier Anstellung der Subalternoffiziere sind die Kandidaten dem Kriegsherrn zu nennen, über ihren bisherigen Dienst,

---

¹ Orlich III 250.
² M III 1, 29.
³ Orlich III 209. — Schon 1658 wird in der Kapitulation mit Oberstlieutenant Batten bestimmt: „doch soll er in hochwichtigen Sachen und wenn es Leib- und Lebensstrafe angeht, die gefällete Urteil für der Exekution Uns oder Unserer Generalität einschicken, und bis er darauf Resolution erhalten, solche nicht exequieren." R. 24 K. Doch habe ich diese Bestimmung in keiner andern brandenburgischen Kapitulation jener Zeit gefunden, wohl aber in den kursächsischen, in denen es heifst, „in Hauptverbrechen, so an Ehre und Blut gehen," sei an den Kurfürsten zu berichten und Bescheids zu gewarten. Das bleibt dort so von den fünfziger bis in die siebziger Jahre. Hauptstaatsarchiv Dresden. Loc. 9089, Nr. 29 c.
⁴ M III 2, 64.
⁵ K. v. Lossow a. a. O. S. 26 ff. Kapitulation vom 11. März 1689.

ihre Fähigkeiten und Führung ist zu berichten. Eine willkürliche Entlassung der Offiziere gab es nicht mehr; hat sich einer vergangen, so kann er vom Dienste suspendiert werden, nach den Bestimmungen ist gegen ihn vorzugehen und Bericht zu erstatten.

Soweit hatte es der Grofse Kurfürst gebracht, in dieser Weise konnte sein Sohn kapitulieren.

Aufser den Kapitulationen mit Obersten ist uns besonders aus der Zeit des nordischen Krieges eine grofse Zahl von solchen mit Offizieren über Aufstellung von Eskadrons und Freikompagnieen erhalten. Sie unterscheiden sich kaum von denen mit den Obersten. Die Offiziere treten manchmal mit ihren Truppen in ein Regiment, verlieren damit aber natürlich ihre Selbständigkeit, da Eskadrons oder Freikompagnieen nur unter der Generalität standen[1]. Dieses führt uns auf die andern Offiziere.

Der Bildungsgang.

Der Bildungsgang des Offiziers war während und unmittelbar nach dem dreifsigjährigen Kriege meist der von der Pike auf. Der junge Mann wurde Page bei einem höheren Offizier, welcher ihn, sobald er alt und stark genug war, die Waffe zu führen, wehrhaft machte. Sodann durchlief er die verschiedenen Unteroffiziersgrade bis zum Fähnrich oder Kornet. Es kam dabei ganz auf seinen Patron an, ob er mehr oder weniger lernte; je einflufsreicher dieser war, um so schneller war das Avancement, um so sicherer die Hoffnung auf Erlangung einer Kompagnie. An dem kurfürstlichen Hofe waren die Stellen der Pagen und Kammerjunker eine Vorschule für den Offizier, und öfter verwandte sich der Kurfürst für einen seiner Zöglinge[2]. Ein Fürsprecher bei Hofe war dem Junker eine erwünschte Person. Ein Fähnrich v. Falkenhain von der Garnison Pillau, der schon 10 Jahre gedient hatte, beklagte sich, er würde nicht befördert, weil „er keine patronos bei Hofe" habe; er wurde darauf „wegen der Gerechtigkeit" Lieutenant bei der Leibkompagnie[3]. Im Februar 1666 verwendet sich Friedrich Wilhelm für seinen Kammerjunker v. Burgsdorff und ersucht den Gen.-Wachtmeister v. Pfuel, ihm bei der Komplettierung seines Regimentes eine Kompagnie zu geben[4].

Für die Weiterbildung seiner Offiziere zeigte sich der Kurfürst eifrig besorgt. Da in seinem eigenen Lande wenig

---

[1] Viele dieser Kapitulationen findet man in R 9 A 4. — Das Nähere über Eskadrons, Bataillons und Freikompagnien s. oben S. 22 f.
[2] Courbière, Verfassung S. 57.
[3] K. v. Lossow a. a. O. S. 35.
[4] Kr. Min. Kurf. Friedrich Wilhelm. — B. war schon früher Offizier gewesen.

zu lernen war, beförderte er Reisen ins Ausland, besonders nach Holland und Frankreich, der Kriegsschule des damaligen Europa[1]. „Umb alldort in dehnen Waffen sich zu versuchen undt umb auch in anderer Wissenschaft des Kriegswesens sich umbzuthun", wurden aus Pillau einmal die Fähnriche v. d. Groeben, v. Truchsefs-Waldburg, v. Podewils u. a. beurlaubt[2]. Unter „der andern Wissenschaft des Kriegswesens" verstand Friedrich Wilhelm wohl besonders die des Ingenieurs und Artilleristen. Im September 1665 erhält Joachim Ernst v. Blesendorf zu einer zweijährigen Reise in fremde Lande, um sich in der Architektur und Ingenieurwissenschaft zu perfektionieren, jährlich 400 Thlr.; nach seiner Rückkehr soll er „Unsere jungen Prinzen unterrichten[3]". 1673 wird zu gleichem Zwecke der Ingenieur Christian Neubauer auf Reisen geschickt[4]. Den erfahrenen Baumeister und Ingenieur Memhardt liefs der Kurfürst öfter junge Leute in seiner Kunst unterrichten[5].

Bald nach der Räumung von Hinterpommern entstand dann in Kolberg die erste brandenburgische Kriegsschule[6]. Über das Vorbild, nach dem sie errichtet wurde, haben wir sehr verschiedene Mutmafsungen. Courbière nimmt die fränkischen Pagerieen an[7], Orlich stützt sich auf eine Stelle bei M. Rango[8], wo es heifst, sie sei entstanden, damit die pommersche Jugend ... zum grofsen Nachteile ihres Heils nicht mehr nötig hätte, fremde Reiche zu besuchen, wo, wie es öfter geschieht, sie ihr Vermögen verschwenden. Ich möchte aber eher J. G. Droysen[9] und H. Riemann folgen, welche als Vorbild das von Gustav Adolf in Stockholm gegründete Collegium illustre annehmen und behaupten, dafs nach der

---

[1] Besonders hatte früher der Graf Johann von Nassau-Siegen die Beurlaubung des Adels in fremde Dienste befürwortet, weil man sonst „nichts anders ziehen wird als trunkenpolz und Flögel." Bald werde man aus Mangel an erfahrenen deutschen Obersten fremde nehmen müssen. Auch Ritterschulen müfste jeder Fürst einrichten. Discurs das itzige Teutsche Kriegswesen belangendt. 1608, bei Jaehns a. a. O. S. 912 ff. — Man sieht, wie klar der Graf seine Zeit erkannte. Ein Analogon für diese Beurlaubung ins Ausland finden wir heute in den seit einer Reihe von Jahren in der deutschen Armee dienstthuenden türkischen Offizieren.
[2] K. v. Lossow a. a. O. S. 33. Datum fehlt.
[3] Mnscr. Bor. Fol. 317.
[4] U. v. Bonin a. a. O. S. 14.
[5] Mnscr. Bor. Fol. 317 und R 9 A 8.
[6] H. Riemann, Gesch. der Stadt Kolberg, 1873, S. 495 weist nach, dafs sie nicht vor 1655 gegründet sein kann.
[7] Verfassung S. 58.
[8] Orlich, Friedrich Wilhelm, d. Grofse Kurf. 1836, S. 224. M. Rango, origines Pomeranicae, Colbergae 1684, S. 337.
[9] a. a. O. III 2. S. 117, 480. — In Frankreich bestand seit 1607 ein Collegium zu La Flêche, dann die von Richelieu gegründete Akademie zu Paris. Feldzüge Eugens I, I 511.

Ausbildung die jungen Leute in der französischen Garde Dienst suchen sollten. An letzterem ist nicht zu zweifeln, denn am 17. Februar 1663 bescheidet Friedrich Wilhelm den Chef der Akademie auf einen Vorschlag folgendermafsen: „Wir haben vernommen, was Ihr wegen eines Reccommendationsschreiben nacher Frankreich für die allda in den Exercitiis gewesene junge Edelleute anhero berichtet. Weil Wir nun bedenken tragen, dergleichen recommandationes an den König in Frankreich abgehen zu lassen und auch Unser Geheimer Rath Frhr. v. Blumenthal sich zu Paris befindet, als konnen sie sich bei ihm wie auch Unserm Agenten daselbst, Johann Becken angeben und deren Raths und Hülfe sich zu diesen ihrem Vornehmen gebrauchen". Schwerin, der Chef der Akademie, kann ihnen an Beide Schreiben mitgeben; er hatte besonders die französische Gardekavallerie zum Eintritt vorgeschlagen[1].

In der Ritterakademie fanden Aufnahme die Söhne des pommerschen Adels und angesehener kolberger Bürger. Ihre Zahl war wohl 24. Den Unterricht hatten sie frei, erhielten auch ein Traktament, die Kosten wurden vom Kurfürsten und der hinterpommerschen Ritterschaft aufgebracht. Quartier und Beköstigung mufsten sich die Zöglinge in der Stadt aus eigenen Mitteln beschaffen. Der Hauptunterricht bestand in körperlichen Übungen, Reiten, Fechten, Tanzen, während Ingenieurkunst, Mathematik, Französisch u. a. romanische Sprachen erst in zweiter Linie kamen[2].

Wenn auch schon vorher die Pagen manchmal Kadetten genannt wurden, so kam diese Bezeichnung officiell erst 1685 mit den Refugiés nach Brandenburg[3]. In diesem Jahre

---

[1] R 30, 116.
[2] v. Crousaz, Gesch. des preufs. Kadettenkorps. Berlin 1857. S. 27 ff. — G. Friedlaender, D. Kön. allgemeine Kriegsschule, Berlin 1854. S. 13.
Im Etat von 1687 (Mnscr. Bor. Fol. 320) finden sich unter „pommersche Etats" die Posten:
Dem Stallmeister 27 Thaler 20 Groschen
- Fechtmeister 18 - 16 -
- Tanzmeister 24 - 20 -
- Professori 18 - 16 -
Von Zeit zu Zeit wurden von den Akademikern auch Ballets und Komödien aufgeführt, so am 4. Juni 1671 „bei Beendigung des Hufenwerks" eine vom Sprachmeister Wilhelm de Bruyn verfafste „freie Komödie Tugend und Laster", oder in demselben Jahre, „zur glücklichen Anherokunft" B. v. Schwerins eine Karrikatur „ratio status". Riemann a. a. O. S. 496. — Aufser den Namen einiger Lehrer ist dieses so ziemlich alles, was über die Akademie bisher bekannt wurde. Die Dokumente sind 1807 bei der Belagerung Kolbergs verbrannt. Wahrscheinlich hat 1666—71 in Küstrin eine ähnliche Anstalt bestanden. v. Crousaz a. a. O. S. 24.
[3] In Frankreich bestanden in den achtziger Jahren 9 Kadettenkompagnieen. Die Regimentskadetten gingen den Kadettenanstalten

schreibt Friedrich Wilhelm an Derfflinger, er wolle die Vertriebenen in einem Regiment zu Pferd und zu Fuſs anstellen, worauf für die Kavallerie das Regiment Briquemault, für die Infanterie 1686 das Regiment Varenne und das Bataillon Courneaud bestimmt wurden. Letztere beiden wurden neu errichtet. Oberstlieutnant Courneaud kommandierte auſser seiner eigenen Kompagnie noch 3 Kompagnieen Kadetten zu 30, 40 und 40 Köpfen; 1688 zählten seine 4 Kompagnieen 50 Mann Primaplanen, 60 Cadets und 80 Gemeine. Die Gemeinen waren auch Franzosen, aus den Kadetten wurden Offiziere [1].

Übrigens blieb das Pagenwesen noch weiter bestehen; Friedrich Wilhelm I verlangte ja von jedem höheren Offizier, daſs er einen Pagen hielt und ausbildete [2].

Die Regimentsoffiziere.

Man kann, so lange die Anstellung der Regimentsoffiziere in der Hand der Kommandeure lag, von einem Avancement in heutigem Sinne kaum sprechen. Der Oberst brauchte für seine Kompagnieen Rittmeister oder Kapitäns, die ihm dieselben warben und es dadurch allein wurden, so wie er Oberst durch Aufstellung des Regiments. Gab ihm der Kurfürst fertige Kompagnieen, so erhielt er keine Werbegelder für diese, immerhin aber traten die Offiziere unter sein „Regiment", nnd er konnte sie befördern, wie ihm das seine Kapitulation zugestand. Die Kompagnieoffiziere, der Lieutenant und Kornet oder Fähnrich warb der Kompagniechef, doch wurden sie vom Obersten bestätigt, der ja für alle Offiziere die alleinige Verantwortung hatte. Der Lieutenant oder Fähnrich konnte Hauptmann werden, wenn er vom Obersten eine Kompagnie erhielt. Hiermit muſste sich innerhalb des Regiments eine Beförderung nach dem Dienstalter geltend machen. 1658 beschwerte sich ein Lieutenant Lengenich, daſs ihm der Kornet v. d. Marwitz zur Kompagnie vorgezogen sei [3]. Seitdem dann Friedrich Wilhelm die neu anzustellenden Offiziere namhaft zu machen waren, muſste auch sein Einfluſs auf Besetzung der Stellen wachsen [4]. Indessen konnten, da im Dienst eine Bereicherung wie früher nicht mehr möglich war, wegen der vielen Vorschüsse doch nur wohlhabende

---

voraus. Die berliner und magdeburger entstanden erst 1701, die kolberger 1703, nachdem die dortige Akademie 1701 aufgelöst worden war. v. Crousaz a. a. O. S. 34 ff.

[1] G. Lehmann a. a. O. S. 176 ff.
[2] Courbière, Verfassung S. 82. G. Friedlaender a. a. O. S. 29.
[3] Orlich II 397.
[4] S. S. 134.

Leute Kompagnieen übernehmen, die andern blieben eben ihr Leben lang Fähnrich oder Lieutenant[1].

Die Generale.

Was nun die Generale angeht, so waren es aufser dem General-Kriegskommissar v. Platen besonders 3 Männer, deren sich Friedrich Wilhelm zur Bildung seiner Armee bediente, die sich in fremdem Dienste die Erfahrung verschafft hatten, nach welcher der Fürst bei seinen eigenen Unterthanen vergeblich suchte: Sparr, Waldeck und Derfflinger. Sparr war beim Beginn des nordischen Krieges General-Feldzeugmeister und Capo der Armee, er konnte selbst hohe Offiziere einsetzen, wenn „periculum in mora". Friedrich Wilhelm mufs sehr viel von ihm gehalten haben[2], denn als er den Zustand der von Waldeck in Preufsen aufgestellten Truppen mifsfällig bemerkte, zog dieses dem Grafen auch von des Kurfürsten Seite einen Tadel zu. Auf Sparrs Verdienst um die Artillerie komme ich unten zurück[3].

Waldecks eminentes Organisationstalent ist bekannt, leider kennen wir von den Details zu wenig, auch nahmen den vielseitigen Mann seine andern Geschäfte in Politik und innerer Verwaltung sehr in Anspruch, endlich schied er schon 1658 aus brandenburgischem Dienste.

Derfflinger blieb wie Sparr bis zum Lebensende in demselben. Was derselbe Friedrich Wilhelm wert war, und wie dieser den nicht leicht zu behandelnden, seiner Verdienste wohl bewufsten General festzuhalten bemüht war, kann hier nicht wiederholt werden[4]. Jedenfalls war er bei allen Militärangelegenheiten die rechte Hand des Kurfürsten. „Ich würde unglücklich sein, wenn ich ihn verlöre; ich wüfste nicht, wo ich einen andern bekommen sollte, der das Werk recht aus dem Grunde verstünde und mir an die Hand gehen könnte", ruft 1675 Friedrich Wilhelm aus, als der alte Feldmarschall

---

[1] Für ein Abkaufen der Kompagnie des Vorgängers, das sicher stattfand, habe ich nichts bestimmtes finden können. — 1714 wurde der Kaufpreis der Kompagnie auf 600 Thlr. festgesetzt. M. Lehmann, Histor. Zeitschr. 67, S. 268. — 1673 bittet der Gouverneur von Memel, Oberstlieutenant v. Nolde, einem „gar abgelebten alten Fähnrich" der 34 Jahre treu gedient hatte, das halbe Traktament zu lassen. E. Schnackenburg u. a. O. S. 22. Dagegen gab es damals sehr junge Generale und Obersten. Trott wurde mit 35 Jahren Oberst, Generalmajor wurden: Goltz mit 35 Jahren, Schwerin mit 42, Graf Dönhoff mit 39, Schöning mit 37 Jahren.
[2] Der französische Gesandte de Lumbres bezweifelt freilich seine Fähigkeit, als Oberkommandeur selbständig zu befehlen, er eigne sich mehr zum Führer kleiner Korps und für die Defensive. UA II 63. Bestallung Sparrs zum Capo der Armee vom 7. April 1655.
[3] S. S. 149.
[4] Darüber Graf z. Lippe-Weifsenfeld, Derfflinger. Berlin 1880.

die Regimenter zur Vertreibung der Schweden aus der Heimat in Bereitschaft setzte¹.

Wie der Oberst, so schlofs auch der General mit dem Kriegsherrn seine Kapitulation. Derfflinger setzte 1655 in der seinen hohe Forderungen durch, 300 Thlr. monatliches Generalstraktament, und dafs kein anderer nach ihm angestellter General ihm vorgehen sollte. Dieses war der Punkt, auf den er 1672, als dem Fürsten von Anhalt das höchste Kommando nach dem Kurfürsten zugesichert wurde, sich stützend seinen Abschied verlangte. Im schwedisch-polnischen Kriege wurden mehrere Generalmajors ernannt wie Görtzke, Pfuel, Kannenberg, Eller, Trott, Goltz, deren Gehalt ein stehendes ist. Im Frieden wurden den meisten, da ihre Regimenter aufgelöst waren, Stellungen als Gouverneure gegeben².

Auch bei der Beförderung zum General sahen die Obersten auf Berücksichtigung des Dienstalters. So mufste der Kurfürst, als er 1679 den Oberst Henning v. Treffenfeld nach dem Siege von Splitter zum Generalmajor ernannte, auf die Beschwerde des älteren Oberst v. Printz die Ausfertigung des Patents zurückhalten. Sie bekamen dann beide zugleich Generalspatente³.

Eine besondere Anerkennung für höhere Offiziere war die Ernennung zum Geheimen Kriegsrat⁴. Auch Obersten wie B. v. Schwerin wurden es⁵. Damit war eine Geldzulage verbunden. Später scheinen alle Generallieutenants diesen Titel gehabt zu haben, denn dieses giebt Schöning 1685 als Grund an, warum er um Beförderung zum Kriegsrat bittet⁶.

Die Altersversorgung.

Auch diesen Abschnitt wollen wir mit einigen Angaben über Alters- und Invalidenversorgung beschliefsen.

Da es mit der geordneten Verwaltung den Offizieren nicht mehr möglich war, sich im Dienste zu bereichern, und sie nach langer Aktivität nicht mehr im Stande waren, eine andere Beschäftigung zu ergreifen, so mag mancher in eine traurige Lage geraten sein. Wie man den bei Reduktionen Entlassenen zu helfen bemüht war, erwähnte ich oben⁷. Dann zahlte man

---

¹ L. v. Ranke, Gesch. des preufs. Staates I 318.
² 1666 beklagen sich Quast und Pfuhl, sie hätten zwar von ihren Regimentern je eine Kompagnie behalten, aber das Traktament nicht bekommen und schon 5 Monate aus ihrem Beutel gelebt, bleibe dasselbe weiter aus, so werde ihr Schaden immer gröfser, während die andern Gen.-Wachtmeister von ihren Gouvernements lebten. R 9 A 1.
³ Buchs Tagebuch a. a. O. II 143.
⁴ S. auch S. 26.
⁵ Patent Wyburg, 6. April 1659. R 9 A 2.
⁶ Kr. Min. XVIII 2 d 3 I.
⁷ S. S. 55 und S. 106.

schon früh entlassenen Offizieren ein Wartegeld, um sie im Kriegsfall bereit zu haben. Im August 1644 erhält der Oberst Vorhauer ein Wartegeld von jährlich 600 Thlr., d. h. er sollte es erhalten, denn nach 5 Jahren hören wir, dafs man es ihm für 4 schuldig ist. Als die preufsischen Wybranzen für den Winter 1657 in die Heimat beurlaubt wurden, erhalten ihre Obersten Polenz, Dobeneck, Klingspor und Borowski mit ihren Stäben und Primaplanen als Wartegeld das halbe Traktament[1].

Ähnliche Anstellungen mit Wartegeld kommen weiter sehr häufig vor[2]. Die niedern Offiziere wurden als „reformierte" Kapitäns, Lieutenants einem Truppenteil attachiert, sie bezogen dann $1/2$ oder $2/3$ Traktament. Alten Offizieren gab man wohl auch Gouverneur- und Kommandantenstellen, wie z. B. Oberst v. Bomsdorf, als er 1675 felddienstunfähig wurde, die Kommandantur von Oderberg erhielt, die er schon früher gehabt hatte[3]. Oder man zahlte alten Soldaten, die treu gedient hatten, das Traktament weiter, wie dem Oberstwachtmeister Kreckler, der 1657 vom Dienste im Felde dispensiert wurde und Zeit Lebens seine monatliche Gage von 30 Thlr. bezog; doch sollte er sich, wenn dem Lande Gefahr droht, in Ravensberg beim Statthalter oder General v. Eller melden[4]. Den dreimal verwundeten Rittmeister v. Brumsee schickte Friedrich Wilhelm in ein Bad und gewährte ihm sein bisheriges Traktament auf Lebenszeit[5].

Die Invalidenkompagnieen von Spandau und Johannisburg werden ihre Primaplanen mit invaliden Offizieren und Unteroffizieren besetzt haben. Endlich hatte man seit der Reformation in den in Amts- und Landeshauptmannschaften umgewandelten Komtureien, deren in der Kur- und Neumark 33 bestanden, und in den Einkünften der Domkapitel Brandenburg, Havelberg, Lebus und Halberstadt sehr geeignete Altersversorgungsstellen und -mittel, um höhere Offiziere zu pensionieren. Bei diesem Modus blieb man bis 1806[6].

---

[1] R 24 Z 2. Verpflegungsentwurf für die in Preufsen gelassenen Truppen vom 11. Okt. 1657.
[2] R 9 A 3. — S. auch S. 55.
[3] Orlich III 253.
[4] R 9 A 4.
[5] Dieses u. a. Beispiele bei E. Schnackenburg a. a. O.
[6] Ebenda S. 22.

VII.

Die Artillerie.

Absichtlich ist in der bisherigen Darstellung ein Eingehen auf die Verhältnisse der Artillerie und Ingenieure unterblieben, weil die Artillerie in jener Zeit eine ganz exceptionelle Stellung einnahm und mit den Einrichtungen der anderen Waffen nur äufserst wenig gemein hatte, Ingenieure als besondere Waffe aber noch gar nicht existierten[1].

Die artilleristischen Schriftsteller des 16. und 17. Jahrhunderts berichten eigentlich nur über technische Dinge wie das Giefsen der Rohre, die Anfertigung von Munition und Material, über Schufstafeln, Elevation und Feuerwerkerei. Es gehört nicht in den Rahmen meiner Arbeit, diese speciell artilleristischen Dinge zu erörtern, nur nach derjenigen Seite hin, nach welcher ich bisher die anderen Waffen behandelt habe, möchte ich in diesem letzten Abschnitte über die Verfassung der Artillerie Einiges bemerken.

Die Zunft der Büchsenmeister.

Die Herstellung und Bedienung der meist komplizierten Belagerungsmaschinen hatte schon vor der Einführung der Feuerwaffen die Unterhaltung speciell dazu ausgebildeter Meister nötig gemacht. Die schwierige Anfertigung der Kanonen sowie des Pulvers, der Schrecken, ja Abscheu, mit dem die neue „teuflische" Erfindung die Welt erfüllte, und das geheimnisvolle Dunkel, mit dem die Büchsenmeister ihre Kunst zu umgeben wufsten[2], alle diese Umstände liefsen Anfertigung

---

[1] Es gab nur Ingenieuroffiziere, die Mannschaften wurden von der Infanterie kommandiert. Was über die Verhältnisse der Ingenieure unter Friedrich Wilhelm bisher bekannt geworden ist, findet man bei A. v. Bonin, a. a. O. S. 4 ff.

[2] Noch 1618 beginnt der Titel einer Handschrift: Feuerwerkb,

und Bedienung der Geschütze in den Händen Einzelner, die sich bald zu einer streng abgeschlossenen Zunft herausbildeten. Wie bei andern, so mufste auch bei dieser der junge Mann eine Lehrzeit durchmachen, dann dem Meister einen zweimonatlichen Sold als Lehrgeld zahlen und durch Abgabe einiger Probeschüsse seine Befähigung nachweisen. Sodann erhielt er seinen Lehrbrief und suchte bei einem Kriegsherrn oder einer Stadt Dienst[1]. Von Kaiser und Reich aber wufsten sich die Büchsenmeister Privilegien zu verschaffen, bei ihnen finden wir sogar den ersten fürstlichen Artikelsbrief. Er wurde der Artillerie 1444 vom Kaiser Friedrich III verliehen und zerfällt in Rechte und Pflichten[2]. In diesem sowie auch in den späteren ist wohl die eigentümlichste Bestimmung jene, dafs die Artillerie dem fliehenden Verbrecher ein Asyl gewährt, 1444 auf 3 Tage, nach Fronsperger auf unbestimmte Zeitdauer[3]. Wird diese „Artilleriegerechtigkeit" verletzt, so sind sämtliche Artilleriebediente ihres Eides entbunden und können das Heer verlassen.

Im Frieden hielten die Fürsten es doch immer für angezeigt, eine genügende Anzahl Büchsenmeister bereit zu halten, indem man sie wie die Provisioner mit Wartegeld versah und in den Zeughäusern unter einen Zeugmeister stellte. Brach Krieg aus, so borgte man sich die fehlenden von Nachbarstaaten oder warb neue nebst den nötigen Handlangern an. Auch ein Detachement „Schanzbauern" mit Hacken, Piken und Spaten teilte man dann der Artillerie zu.

Indessen hatte diese ganze Organisation doch bald mehr Schatten- als Lichtseiten. Bei einem sehr weitgehenden Berufsstolz war jeder Meister ein besonderes Stück Artillerie, er machte neue Erfindungen und gofs die Geschütze nach seinem Gutdünken, so dafs an eine auch nur annähernde Gleichmäfsigkeit im Kaliber der Rohre und in anderem Material gar nicht zu denken war. Ebensowenig liefs er sich im Kampfe über Stellung und Verwendung seines Geschützes viel vorschreiben. So ging aber die ganze Kunst nicht vorwärts. Der Spanier Luis Collado klagt 1586, die umherziehenden Büchsenmeister, meist Deutsche, seien Trunkenbolde und verstünden wenig, noch weniger freilich die spanischen und italienischen[4].

Eine Besserung dieser Übelstände konnte nur dadurch gelingen, dafs der Staat, welcher eine gröfsere Artillerie hielt, dieser eine waffengemäfse Organisation angedeihen liefs und

---

probirt, colligirt und an Tag gegeben wider die Dunklhlmauser, welche ihr Feuerwerkh so verborgenn und hoch als ein Heiligthumb halten. M. Jachns, a. a. O. S. 991.

[1] Stuhr, a. a. O. S. 111 ff.
[2] F. Müller, a. a. O. II 25 ff.
[3] L. Fronsperger, a. a. O. S. 221.
[4] M. Jachns, a. a. O. S. 697.

das zunftmäfsige möglichst beschränkte. Den Anfang damit machte Frankreich. In Deutschland hatte zuerst 1526 Herzog Wilhelm IV von Bayern in seinem Zeughause Artillerieunterricht erteilen lassen, in den siebziger Jahren des 16. Jahrhunderts entstand hier ein oberstes Landzeugamt, 1686 die erste deutsche Artillerieschule[1]. Einen grofsen Fortschritt bemerkt man mit der Einführung der eisernen 4-pfündigen Regimentsgeschütze durch Gustav Adolf. Sie wurden von Musketieren bedient und unterstanden in taktischer Hinsicht dem Regimente. Torstenson hatte schon einen Oberstlieutenant, der die ganze aus 63 Konstabeln, 30 Stückjunkern und 600 Handlangern bestehende Artillerie kommandierte[2].

In Brandenburg war bis zum dreifsigjährigen Kriege die Artillerie wohl auch dann und wann einem Obersten unterstellt worden, wie 1578 dem Grafen Lynar, 1611 am Rhein Meinhard v. Schonberg, aber zu einer wirkungsvollen Thätigkeit ist sie nie gelangt. Zwar hatte man in den verschiedenen Festungen keinen Mangel an Geschützmaterial, doch standen die meisten Stücke wohl nicht auf der Höhe der Zeit, da es in dem „Unvorgreiflichen Entwurf" von 1614 heifst, Geschütz sei Gottlob genug vorhanden, aber es müsse umgegossen werden[3]. Die Anfertigung und Bedienung lag auch hier ganz in den Händen der Büchsenmeister, die sich mit ihren Gesellen und Handwerkern im kurfürstlichen Solde in den Festungen befanden. Im dreifsigjährigen Kriege wurden wohl mehrere Ansätze gemacht, dieser Waffe aufzuhelfen, aber es kam zu keiner nennenswerten Besserung[4]. Der kläglichen Verwahrlosung der Artillerie 1638 wurde schon gedacht[5]. Auch in Preufsen hielten sich aufser in Memel, wo das gröfste Zeughaus war, in den meisten Schlössern Büchsenmeister auf, gegen Ende des 16. Jahrhunderts im ganzen 28[6].

Unter dem Kurfürsten Friedrich Wilhelm blieb die Artillerie noch immer eine Zunft. Während in den andern Waffen der genossenschaftliche Landsknechtscharakter bald völlig beseitigt war, konnte dieser Prozefs bei dem schwer zu erlernenden Dienste der Büchsenmeister nur viel langsamer vor sich gehen. Auch lag ja der Artillerie nicht nur die Herstellung des gesamten Geschützmaterials ob, sondern auch die der anderen Waffen, der Munition, sämtlicher Fahrzeuge und Brücken. Dadurch schon erhielten die Konstabler mehr

---

[1] Ebenda S. 1253.
[2] J. Heilmann, Kriegswesen der Kaiserlichen und Schweden im dreifsigjähr. Kriege. 1850. S. 64.
[3] M. Jaehns, a. a. O. S. 1075.
[4] K. W. v. Schöning, histor.-biogr. Nachrichten zur Gesch. der brand.-preufs. Artillerie. Berlin 1844. I 27 ff.
[5] S. S. 111.
[6] Stuhr, a. a. O. S. 370.

den Charakter von Handwerkern als von Soldaten. Da brauchte man Zimmerleute und Stellmacher, welche die Lafetten und Brücken, die Munitions-, Sattel-, Schanzzeug- u. a. Wagen anfertigten, Pulvermacher, Geschütz- und Kugelgiefser, Schlosser, Schmiede und Plattner. Alle diese arbeiteten im Frieden im Zeughause oder in ihren Werkstätten bei demselben unter Leitung des Zeugwärters, der ihnen ihre Arbeit zuteilte und sie zugleich in der Bedienung der Geschütze ausbildete; sie hiefsen Büchsenmeister oder Konstabler und waren die eigentlichen Artilleristen. 1651 wurden in Spandau für 4 entlassene oder verstorbene Konstabler 5 junge Handwerker, die der Zeugwärter Christoph Silo im Schiefsen ausgebildet hatte, als Büchsenmeister in Vorschlag gebracht[1].

Wie die anderen Zünfte, so ergänzte sich auch die der Büchsenmacher aus sich selbst und bewachte eifersüchtig ihre Vorrechte und überlieferten Gebräuche. Auch der Artikelsbrief, den Friedrich Wilhelm 1672 für die „Artilleriebedienten" erliefs[2], trug noch sehr den Charakter einer Zunftordnung. Die Strafen sind auch für rein militärische Vergehen meist Geldbufsen und fliefsen in die Lade. Sie werden erlegt für Dienstversäumnisse, für Zuspätkommen zur Arbeit, für Beleidigungen und Schlägereien, für Fortbleiben von Leichenbegängnissen der Genossen; von den Strafgeldern werden die Begräbniskosten bestritten, bleibt ein Rest, so kann dafür eine „Ergötzlichkeit", bei der die beiden jüngsten Meister aufwarten, veranstaltet werden — lauter Bestimmungen, wie sie in jeder Handwerkerzunftordnung jener Zeit zu finden sind.

Auf der anderen Seite war man aber auch bedacht, das Militärische nicht ganz von dem Handwerksmäfsigen ersticken zu lassen. Das Asylrecht, welches der Artillerie noch in dem Artikelsbrief Johann Sigismunds 1610 zugestanden war[3], ist verschwunden, zahlreiche neue, rein militärische Bestimmungen sind aufgenommen. Der Konstabel darf die Strafse nie ohne Seitengewehr und seine Instrumente betreten. Wer den Wachtdienst nachlässig versieht oder dabei betrunken gefunden wird, soll 12 Stunden an ein Stück geschlossen werden und 1 Thlr. bezahlen. Bei Lebensstrafe darf keiner ein Stück ohne Befehl abfeuern. Von dem ihm anvertrauten Geschütz soll sich der Büchsenmeister im Kriege nie entfernen, er darf dann weder das Lager noch die Garnison verlassen, Tag und Nacht liegt er bei seinem Stück, er bleibt, wenn eine Stadt erstürmt wird, mit fertiger Zündrute dabei stehen und läfst sich nicht zum Plündern verleiten.

---

[1] R 21. 138 b.
[2] M III, 1, 33. — 1. Januar 1672.
[3] v. Schöning, a. a. O. S. 21.

Die Artillerieoffiziere Friedrich Wilhelms.

Schon seit die Verhältnisse im brandenburgisch-preufsischen Staate angefangen hatten, eine ruhigere und geordnetere Gestalt anzunehmen, hatten die Reformen auf dem artilleristischen Gebiete begonnen[1]. Mit Recht wird dabei dem General v. Sparr das Hauptverdienst zugeschrieben. Ihm war schon als kaiserlichem Obersten vor allem die Sorge für die Artillerie anvertraut, er leitete im dreifsigjährigen Kriege manche Belagerung, baute und reparierte Festungen. Das ihm 1638 angebotene Kommando der brandenburgischen Artillerie nahm er nicht an. Erst 1649 folgte er dem Ruf Friedrich Wilhelms, seit 1650 befand er sich in brandenburgischem Dienste als Kriegsrat, Gouverneur von Kolberg, Oberkommandant aller Festungen in Hinterpommern, Mark, Ravensberg, Halberstadt und Minden und Oberst eines Regiments z. F. Seit 1649 war er kaiserlicher, 1651 wurde er brandenburgischer Feldzeugmeister. Sofort nach seinem Übertritte nahm er sich eifrigst der Artillerie an und suchte seine reichen Erfahrungen in dem neuen Dienste zu verwerten. Er empfiehlt Offiziere und Feuerwerker, die er selbst ausgebildet hat, besorgt vorteilhafte Munitionseinkäufe und läfst veraltete Rohre umgiefsen. Er legt die Kupferwerke von Plettenberg an und überläfst sie dem Oberkommissar Ludwig, durch den sie an den Kurfürsten kommen, er repariert die alten Festungswerke und plant die Erbauung neuer[2].

Die fortwährende Kriegsbereitschaft, zu welcher der Staat gezwungen war, machte eine stete Fertighaltung des artilleristischen Personals und Materials nötig. Zunächst waren es die Gouverneure und Kommandanten, denen neben der Sorge für die Widerstandsfähigkeit der fortifikatorischen Anlagen die Aufsicht über die Artillerie ihrer Festungen oblag. Sie reichten von Zeit zu Zeit Relationen über den Bestand an Material ein, berichteten über Veränderungen im Personal, machten Vorschläge für Ergänzungen und waren verantwortlich für die Ausbildung und Disciplin der Artilleristen. Sodann fing man an, ständige Artillerieoffiziere anzustellen, welche alle Vierteljahr in den Festungen herumreisen, die Zeughäuser und Magazine inspizieren, von deren Vorstehern ein Inventar einfordern, einen daraus gemachten Extrakt dem Kurfürsten

---

[1] In Frankreich nahm sich Ludwig XIV sehr eifrig der Artillerie an; 1671 entstand eine regelrechte Artillerietruppe von 4, später 22, Kompagnieen, die zu einem „Regiment Füsiliere" vereinigt waren. Daneben wurde 1684 ein Regiment königlicher Bombardiere errichtet. Auch Fachschulen und theoretische Mannschaftsschulen liefs der König anlegen. Man war hier den übrigen Ländern weit voraus. Meynert, a. a. O. S. 222. Feldzüge Eugens I, I. S. 522.
[2] Vorstehendes aus v. Mörner, a. a. O.

einsenden, die Salpetersieder beaufsichtigen, Munition und Handfeuerwaffen einkaufen und Geschütze giefsen lassen. In den Marken war der erste Artillerieinspektor Kapitän Elias Franke (1646—60)[1], ihm folgte der Oberhauptmann und Oberzeugmeister Ernst Weiler, jener bekannteste Artillerieoffizier des Grofsen Kurfürsten. Nachdem dann seit 1664[2] Brostrup v. Schört als Oberst, seit 1675 als Stückgeneral und Kommandant von Peitz der Artillerie vorgestanden hatte, erhielt Oberstlieutenant Weiler das Kommando der gesamten Artillerie, 1683 wurde er Oberst, 1685 Gouverneur von Peitz[3].

Dieselbe Stellung wie Franke hatte in Preufsen seit 1663 der Hauptmann Meschede, nach seinem Tode 1677 erhielt sie Oberstlieutenant Andreas v. Helmich. An der Spitze der preufsischen Artillerie stand aber von 1660 ab bis zu seinem 1684 erfolgtem Tode der Oberst Johann Hille[4]. Ihm folgte der Oberhauptmann und Oberingenieur der preufsischen Festungen Steutner von Sternfeld[5].

Die Abgrenzung der Thätigkeit dieser Artillerieoffiziere wurde erst allmählich abgeschlossen. Viele Funktionen teilten sie noch lange mit Beamten, so die Aufsicht über die Salpetersiederei, welche in den Händen Privater lag (z. B. Franke mit dem Oberkommissar Jnckefordt), über die Magazine mit den Gouverneuren und Proviantbeamten. Nach und nach gingen diese Verwaltungssachen zum gröfsten Teile in die Hände der dazu ernannten Beamten über.

---

[1] Sein Patent vom 25. Sept. 1646. R 9 A 13 a.
[2] F. Hirsch, a. a. O. S. 261.
[3] R 21, 120 b. und Schöning a. a. O. S. 72 ff., dessen Angaben aber nicht zuverlässig sind.
[4] In wie vielseitiger Weise man damals einen tüchtigen Mann gebrauchte, dafür ist dieser Hille ein Beispiel. 1656 wirbt er im Klevischen (J. G. Droysen, a. a. O. III, 2 S 242. Damals war er Kavallerieoffizier. R 24 E 5); 1657 wird er Schiffskommandant (Kr. Min. Kurf. Fr. W.) und vermittelt den diplomatischen Verkehr zwischen Preufsen und Kopenhagen, wo man die kurfürstliche Jacht als vorzüglichen Schnellsegler bewundert (UA VII, S. 786); 1658 kommandiert er die preufsische Artillerie (Orlich II, S. 385); 1659 lobt ihn Radziwill aufserordentlich als Verteidiger des Oberlandes, er sei ein Mann, den man zu allem gebrauchen könne (ebenda S. 387); 1660 inspiziert er die hinterpommerschen Häfen (Kr. Min. a. a. O.), baut eine Redoute an der Passarge (UA IX, S. 119) und steht seit diesem Jahre bis zu seinem Tode an der Spitze der preufsischen Artillerie (Mnscr. Bor. Fol. 317 Artillerieetat von 1660/61 und v. Schöning. a. a. O. S. 379); bis 1663 ist er Gouverneur von Braunsberg (UA IX, S. 458 und J. G. Droysen, a. a. O. III. 2, S. 456); 1669 inspiziert er die im königsberger Schlofs und in den Freihäusern liegenden Truppen (Kr. Min. a. a. O.); seit 1670 ist er Gouverneur in der Schanze Friedrichsburg, wo er nur eine Kompagnie hat (v. d. Oelsnitz a. a. O. S. 125); 1676 rüstet er Kaper aus, er war der Vorgänger Raulés (Kr. Min. a. a. O.); 1677 soll er auf eigene Kosten eine Kompagnie werben (ebenda).
[5] v. Schöning, a. a. O. S. 379.

Nachdem Sparr Feldmarschall geworden war, ernannte der Kurfürst Derfflinger und den Grafen Christian Albrecht zu Dohna zu Generalfeldzeugmeistern. 1674 wurde es der Herzog August von Holstein-Plön neben Dohna. Der Generalfeldzeugmeister hatte über die Artillerieoffiziere zu berichten, sie mit Vorwissen des Kurfürsten anzustellen und abzusetzen und das gesamte Material zu inspizieren und in Stand halten zu lassen[1]. Seit 1660 vermehrte sich die Zahl der unteren Artillerieoffiziere fort und fort. Im Etat von 1687 sind für sämtliche Festungen aufgeführt: 1 Oberst, 1 Oberstlieutenant. 4 Oberhauptleute (Majors), 4 Hauptleute, 1 Zeugmeister, 3 Zeugwärter, 8 Lieutenants und 2 Stückjunker[2]. Von einem selbständigen Disponieren der Konstabler über ihre Geschütze weifs die brandenburgische Kriegsgeschichte nun nichts mehr, Weiler und seine Offiziere sind es, welchen die taktische Führung der Artillerie wie im Feld- so im Festungskriege obliegt. Während die Armee fast nie in die Lage kam, Festungen zu verteidigen, wurde von der Artillerie im Felde und bei Belagerungen ein sehr ausgiebiger Gebrauch gemacht, wofür die bekanntesten Beispiele Fehrbellin und Stettin sind. Die guten Leistungen der mit doppelter Bespannung versehenen manövrierfähigen Feldartillerie in jener Schlacht trugen nicht wenig zur Erlangung des Sieges bei, die Geschütze waren vom leichtesten Kaliber, Zwei- und Dreipfünder und Haubitzen. Zur Belagerung der pommerschen Festungen wurden aus Küstrin, Spandau, Lippstadt, Bielefeld und Minden die schweren Stücke herbeigeschafft, aus Berlin allein kamen 108 grofse Geschütze, 31 Mörser, aus Küstrin 72 Kanonen, 10 Mörser[3].

Die Hülfsmannschaften.

An ein Exerzieren der Feldartillerie war im Frieden schon deshalb nicht zu denken, weil man überhaupt erst bei der Mobilmachung das nötige Menschen- und Pferdematerial zusammenbrachte. Aufser den ein oder zwei Büchsenmeistern war zur Bedienung des Geschützes natürlich noch eine mehr oder weniger grofse Zahl Handlanger und Pferdeknechte nötig und wir müssen uns nun fragen, woher denn diese und die Bespannung kamen[4].

Was zunächst die Regimentsgeschütze betrifft, so werden diese wie schon unter Gustav Adolf von den Gemeinen des Regiments unter Leitung einiger Büchsenmeister bedient worden sein. Als Handlanger zu den schweren Feld- und Be-

---

[1] Patent des Herzogs v. Holstein zum General-Feldzeugmeister. v. Schöning, a. a. O. S. 377.
[2] Muscr. Bor. Fol. 320.
[3] v. Kessel, Henniges v. Treffenfeld. S. 94.
[4] Darüber ist bisher nur äufserst wenig bekannt geworden.

lagerungsgeschützen wurden ebenfalls Leute von der Infanterie kommandiert. Man drängte sich aber zu diesem Kommando durchaus nicht. Als Oberst v. Zastrow, derselbe, welcher die pommerschen Lehnspferde führte, Leute zur Artillerie kommandieren sollte, schrieb er im Juni 1656, die Offiziere würden sich wohl dazu bequemen (nämlich sie herzugeben), „wenn nur die Knechte dazu zu bewegen sein möchten"; er halte es für ratsam, dafs diese erst beim Zusammenstellen der Regimenter abgegeben würden, sonst würden sie unterwegs womöglich davon laufen[1]. Im Sommer 1659 berichtet dann sogar der Statthalter dem Kurfürsten, der blofse Namen der Artillerie sei so verhafst, dafs sich alles verlaufe, er habe daher Knechte unter einem andern Namen abgehen lassen und ihnen Gewehre gegeben[2]. Schöning[3] sieht wie Orlich den Grund dafür in dem anstrengenden Dienste, pflichtet aber diesem nicht bei, welcher meint, die Vorliebe des Kurfürsten für diese Waffe habe die Mifsgunst der anderen erzeugt[4]; Schöning sagt, das hätte vielmehr einen Zulauf zur Artillerie bewirken müssen. Aber es handelt sich hier ja gar nicht um wirkliche Artilleristen, das waren nur die Büchsenmeister, während diese kommandierten Mannschaften Infanteristen waren und blieben, nach dem Frieden auch in ihr Regiment zurückkehrten; sie erscheinen auf keinem Verpflegungsetat der Artillerie. Aufser der Schwierigkeit des Dienstes sehe ich den Grund für die Unbeliebtheit desselben gerade in dieser Abkommandierung von dem Truppenteil. Die Leute hatten wie die Konstabler bei den Geschützen zu kampieren, sie wurden aus Soldaten zu Handlangern, aus Untergebenen ihrer Offiziere zu solchen von Büchsenmeistern, die als Schlosser, Schmiede und Zimmerleute in ihren Augen doch immer nur als halbe Soldaten gelten mufsten[5].

Die Bespannung.

Wie diese Hülfsmannschaften, so wurde auch die Bespannung erst im Mobilmachungsfalle zusammengebracht.

Wenn der Ersatz der Soldaten fast ganz in der neuen Form der Werbung vor sich ging, so geschah derjenige der

---

[1] R 30, 221—24.
[2] Orlich II, 391.
[3] A. a. O. S. 68.
[4] Friedrich Wilhelm hat sich offenbar für Artillerie- und Ingenieurkunst sehr interessiret. Eine Bevorzugung der Artillerieoffiziere verband er damit nicht. 1669 verweist er dem Artillerieobersten die Forderung, den Rang vor den anderen Obersten haben zu wollen. Orlich II, 177.
[5] Ob die Traktamentsverhältnisse dieser Mannschaften vielleicht noch üblere wie bei den Regimentern waren, ob ihnen ihre Gebührnisse von der Artillerie oder weiter von ihrem Truppenteil gegeben wurden, und ob diese Kommandierung in den späteren Kriegen noch ebenso verhafst war, habe ich leider nicht ermitteln können.

Artilleriepferde auf die verschiedenste Weise. Zunächst zog man dazu die Pferdegestellungspflicht der Schulzen und Städte heran. Nachdem durch die Hussitenkriege überall die Wagenburgen eingeführt worden waren, mufsten die Unterthanen Rüstwagen in grofser Zahl stellen. Diese wurden später zur Fortschaffung der Bagage und des Proviants benutzt. Aufserdem lieferten die Städte dazu die Bespannung, welche man auch zur Fortschaffung der Kanonen benutzte. Dieses waren die sogenannten Städtepferde[1].

Sodann hatten die Schulzen wegen Übertragung des Schulzengerichtes dem Lehnsherrn auf 8—14 Tage ein Pferd zu stellen, doch nicht zum Ackerbau oder Kriege[2]. Die letzte Beschränkung wurde nun von der Regierung nicht eingehalten, vielmehr sind es gerade die Schulzen, welche die meisten Artilleriepferde stellen[3].

Aus dem Jahre 1666 haben wir einen die Beschaffung der Artilleriepferde betreffenden, ziemlich ausführlichen Briefwechsel Friedrich Wilhelms aus Kleve mit Sparr, Platen und den Geheimen Räten in Berlin[4]. Am 3./13. Januar schreibt der Kurfürst, die Städter- und Schulzenpferde müfsten um so pünktlicher geliefert werden, als die Leute sie richtig empfangen hätten. Dieses läfst darauf schliefsen, dafs man bei der letzten Abrüstung die Pferde bei den Schulzen und Städten eingestellt hatte, welche sie in der eigenen Wirtschaft gebrauchen konnten, im Mobilmachungsfall aber wieder der Regierung zu übergeben hatten[5]. Kämen die Pferde aus der Kurmark und Hinterpommern richtig ein, so brauche man keine zu mieten. An demselben Tage hatte Platen schon nach den Akten im Archiv den Befehl an die Lehnsschulzen und die andern Schuldigen koncipiert. Danach hatten z. B. zu stellen:

Amt Lebus: 16 Schulzenpferde nebst Sätteln und Geschirr
„ Spandau: 2 „ „ „ „
und 4 Pferde nebst 2 Knechten aus 4 Dörfern.

Überhaupt brauchten die Schulzen keine Kutscher zu stellen, dieses kam nur Dörfern zu, und zwar auf 2 Pferde immer einen. Aus der Neumark sollten so 32 Knechte und 67 Pferde kommen; Kutscher wurden auch gemietet; sie wollten ihren Fuhrlohn für einen Monat voraus haben, erhielten sie ihn nicht, so würden sie nicht bleiben, meinte Sparr. Darauf laufen eine Menge Klagen ein; der Lehnsschulze von Kutzdorf, ein Lieutenant von Schönbeck, schreibt, er habe nur 2 schlechte Pferde um den Acker zu bestellen, und ein anderer,

---

[1] Courbière, Verwaltung. S. 43, 45.
[2] Fidicin, Diplomatische Beiträge zur Geschichte Berlins V S. 22.
[3] Da die Städte auch Schulzengerichte hatten, so mufsten sie für diese natürlich auch Pferde stellen.
[4] R 24 GG.
[5] S. auch S. 77.

er habe zur letzten klevischen Reise Michaelis 1665 ein Pferd gestellt und es nicht wiederbekommen; die ganze Leistung habe ihn 60 Thaler gekostet, denn das Pferd sei gestürzt, dem Knecht aber habe er einen neuen blauen Rock, 1 Paar neue Stiefel und nach dessen Rückkehr 10 Thaler als $3^1/_2$ Monatssold geben müssen. Im ganzen erhielt man 280, wie Sparr später klagte, sehr schlechte Pferde, 420 mietete man dazu[1].

In den westlichen Landen zog man für die Stellung der Artilleriepferde die Sattelmeier heran, so 1651; damals stiefs man dabei aber auf die äufsersten Schwierigkeiten[2].

Die hinterpommersche Regierung findet dagegen 1655 im Archiv, dafs Pferde und Knechte von den geistlichen Gütern zu stellen seien und schreibt deshalb an deren Besitzer, die Herzoginnen von Croy, Treptow und E. v. Burgsdorff. Man hatte 80, später im Juli 100, Pferde und 28 Kutscher verlangt[3].

Wie schon bemerkt, mufste man doch immer den gröfsten Teil der Pferde mieten oder kaufen. Schon 1634 mufste in den Marken zur Beschaffung von 400 Artilleriepferden und 68 Rüstwagen jede Hufe, oder jedes Haus oder jeder Fischer 5 Groschen geben[4]. 1656 bewilligten die märkischen Stände für Artilleriepferde 2100 Thlr., die der Ober-Einnehmer Preunel dem Ober-Zeugmeister E. Francke zur Erhandlung der Pferde auszahlen soll[5].

Da aber das alles die Bereitschaft für den Mobilmachungsfall nicht garantierte, so liefs Friedrich Wilhelm später Pferde in Städten garnisonieren, so 1676 3—400 in verschiedenen Städten des Havellandes und der Mittelmark. Auch dieser wichtige Teil der Heeresbedürfnisse kam so in Staatsverwaltung, es ist einer der frühesten landesherrlichen Artillerietrains Europas[6].

Die Verpflegung.

Zum Schlufs noch Einiges über die Verpflegung der Artillerie. Etwas allgemein Gültiges kann für sie nicht angegeben werden, da sie in den Verpflegungsordonnanzen nicht genannt wird.

1651 waren die monatlichen Gebühren der spandauer Artilleristen die folgenden:

---

[1] F. Hirsch, a. a. O. S. 261.
[2] v. Mörner, a. a. O. S. 301 ff.
[3] R 30, 221—24.
[4] E. Friedlaender, a. a. O. Artillerieposten an 13ter Stelle.
[5] Cölln a. d. Spree, den 6. Juni 1656. R 24, E 5.
[6] v. Gansauge, a. a. O. S. 72. — In Frankreich wurde die Bespannung unter Ludwig XIV durch Privatunternehmer beschafft. Meynert, a. a. O. III S. 226.

1 Zeugwärter   71 Thlr. 2 Gr. 8 Pf.
1 Feuerwerker 56   „   21 „ 4 „
1 Büchsenmeister 35   „   16 „
und 10 Scheffel Roggen nebst Hofkleidung.

1 Rotgiefser, 1 Pulvermacher, 1 Plattenschläger, 1 Stellmacher, 1 Büchsenschäfter, 1 Tischler, 1 Zeugschmied je 25 Thlr. 10 Gr. 8 Pf., 10 Scheffel Roggen und Hofkleidung.

1655 befanden sich in Spandau 12 Konstabler, die meisten derselben arbeiteten noch für sich in der Stadt, deren Bürger sie zum grofsen Teile waren[1].

Auch bei der Artillerie waren die Traktamentsverhältnisse oft sehr mifsliche, und sehr viele Klagen über rückständige Löhnung bringen die Akten. Schon in dem Etat von 1658 trafen wir einen Artilleriekommissar, den Oberkommissar Edlinger, welcher nach seinem Patent vom 16. Nov. 1660 mit Weiler alle Quartal herumreist, die Zeughäuser und Magazine inspiziert, nach den Abrechnungen der Beamten einen Extrakt mit Bemerkungen und Vorschlägen macht[2].

Die Gehälter bleiben seit den siebziger Jahren ziemlich die gleichen. Die Artillerie erscheint in den Etats immer nach den einzelnen Garnisonen geordnet. In dem von 1687 stehen an der Spitze der Oberst und der Oberstlieutenant Weiler, Vater und Sohn mit 163 und 103 Thlr. monatlichem Gehalt; in Berlin sind 105 Personen, darunter 60 Konstabler, in den gröfseren Plätzen wie Spandau, Küstrin, Magdeburg, Kolberg, Königsberg, Minden ein Oberhauptmann oder Hauptmann mit 30 bis 50 Konstablern, in den kleinen ein Lieutenant oder Zeugwärter mit 5 bis 20 Personen. Der Oberhauptmann erhält 30 bis 50, der Hauptmann 30 bis 35, der Lieutenant oder Zeugwärter 12 bis 16 Thlr.; der Konstabler, wenn er das Quartier frei hat 4 bis $4^{3}/_{4}$ Thlr.[3].

Nach dem Quartier- und Servisreglement von 1681[4], der einzigen Verordnung, in welcher neben den andern Truppen auch die Artillerie genannt ist, erhält an Quartiergeld:

Der Oberstlieutenant 8 Thlr.   Der Stückjunker $1^{1}/_{4}$ Thlr.
„ Oberhauptmann   4 „   „ Zeugschreiber 1 „
„ Hauptmann   3 „   „ Handwerker $^{3}/_{4}$ „
Der Lieutenant, Zeug-   „ Konstabel $^{5}/_{8}$ „
wärter, Sekretär, Feuer-
werksmeister je $1^{1}/_{2}$ Thlr.

---

[1] R 21, 138, 4—6.
[2] R 9 A 13 a II.
[3] Mnscr. Bor. Fol. 320.
[4] S. S. 67.

Schluſs.

Indem wir noch einmal das ganze behandelte Gebiet überblicken, erkennen wir folgende Resultate der Thätigkeit des Groſsen Kurfürsten.

Den Anstoſs zu allen Reformen giebt das Streben nach einer starken Waffenmacht zur Sicherung des Landes gegen äuſsere Feinde. Da der Fürst einsieht, daſs die alte Lehns- und Landfolge dazu nicht genügt, geht er endgültig von ihr ab und führt die Ergänzung des Heeres durch Werbung ein. Fortwährende Bedrohungen von auſsen erlauben ihm nicht, seine ursprünglich nur für einen Krieg aufgestellten Truppen wieder ganz zu entlassen. So wird der auf Zeit geworbene Söldner zum miles perpetuus. Aber nur dann kann das stehende Heer dem Lande mehr nützen als schaden, wenn eine geordnete Verwaltung der durch den dreiſsigjährigen Krieg verwilderten Soldateska Subordination und Pflichtgefühl beibringt. Es gelingt, die Quartierverpflegung, welche zum vollständigen Raubsystem entartet war, auf das notwendigste einzuschränken und an ihre Stelle das Barbezahlungssystem zu setzen. Durch eine glückliche Besteuerung wird dieses möglich. In dem Kriegskommissariat entsteht ein geldbezahltes, nur dem Fürsten ergebenes Beamtentum, das den Ausschreitungen und Unredlichkeiten der Offiziere einen Damm entgegensetzt. Die traurige Lage der Gemeinen wird möglichst gebessert, ihre Benachteiligungen durch die Offiziere werden beseitigt. Diese macht Friedrich Wilhelm aus betrügerischen, nur auf den eigenen Gewinn bedachten Unternehmern zu gehorsamen Staatsdienern, aus ihren Händen gehen die Regimenter über in den alleinigen Besitz des Fürsten.

Aber vollendet war trotz alledem das Werk nicht. Die vielen Kriege und die fortwährende Bereitschaft zum Kampfe lieſsen es zu durchgreifenden Verwaltungsreformen, für welche der Frieden die Vorbedingung ist, nicht kommen. Nur die Subsidien fremder Mächte ermöglichen einen Krieg, ermöglichen die Beibehaltung des grofsen Heeres auch im Frieden. Der erbitterte Kampf mit den Ständen hatte sein Ende noch nicht erreicht. Wir sahen, wie die letzten Jahre des Kurfürsten mit Versuchen auf dem Gebiete der Truppenverpflegung ausgefüllt sind. Erst in zwei Provinzen sind die Kriegskammern eingeführt. Noch immer mufste mit den höheren Offizieren eine Kapitulation abgeschlossen werden, die doch mehr war als eine blofse Form. Nur angebahnt war der „specifische" Unterschied zwischen dem Subalternoffizier und dem Unteroffizier. Eine Waffe bewahrte noch für sich eine besondere, genossenschaftliche Verfassung.

Doch der Weg, den man zu verfolgen hatte, war vorgezeichnet. Der Boden war gesäubert, das Material war vorhanden, der Grund für das Gebäude der Verwaltung war gelegt. Da kam nun alles für das Wohl dieses Staates, dessen Bestehen sich an die Zusammenfassung aller seiner Kräfte im Heere knüpfte, darauf an, ob Friedrich Wilhelms Nachfolger dieses erkannten und die Energie besafsen, in der Weise ihres grofsen Vorfahren weiterzuwirken, in der Weise, wie sie dieser in seinem Testament von 1667 niedergezeichnet hatte:

„stehet alzeitt in gutter postur, damit Ihr nachdruck habet, Solches Ich allzeit gethan, vndt durch Gottes gnade viell Vnglücks damit abgewandt, Wan aber notwendig Krieg sein mufs, so lasset in Ewere Landen gutte ordre halten, vndt gebet nicht zu das Ewere Vnterthanen vnterdruckt vndt vorgewaltiget werden, den durch Ihre mittell musset Ihrs aufsfuhren".